新时代思想政治教育专业系列教材

郑永廷 吴潜涛 骆郁廷 编委会主任

网络思想政治教育

主编 艾四林
副主编 张瑜

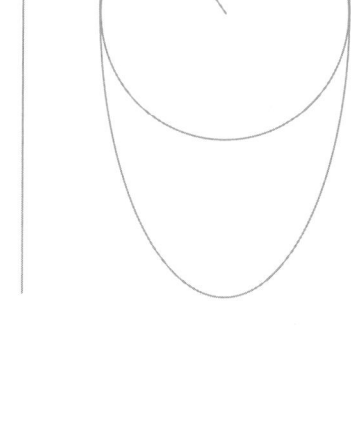

中国教育出版传媒集团
高等教育出版社·北京

内容提要

本书介绍了网络与网络思想政治教育的兴起与发展、网络思想政治教育的要素与结构、网内与网外思想政治教育、网络思想政治教育的信息与安全、网络舆论影响与引导、网络思想政治教育的道德与法治建设、网络思想政治教育的方法创新与平台建设、网络思想政治教育管理等方面的内容。全书分为绪论和八章。绪论对网络思想政治教育的基本概念及其发展历程进行了梳理和分析;第一章对网络思想政治教育的教育者和受教育者,目标、内容和方法,环境及其优化等方面进行了详细论述;第二章区分了网内与网外思想政治教育并阐述了两者之间的关系;第三章阐述了网络思想政治教育信息的类型、特点及其安全维护;第四章基于网络舆论对人的思想和行为的影响,对网络舆论的监测、预警和引导进行了研究阐述;第五章针对网络发展过程中出现的道德与法律问题,分析阐述了网络道德教育和网络法治教育;第六章研究阐述了网络思想政治教育方法创新的时代需求、条件与途径;第七章围绕网络思想政治教育平台建设的现状与问题,结合案例分析论述了不同类型平台建设的策略;第八章围绕网络思想政治教育的管理理论,分别针对制度管理、平台管理、队伍管理以及管理观念和领域拓展等方面进行了分析论述。本书内容结构完整,逻辑清晰,可作为高校思想政治教育专业的本科、研究生教材,也可供广大社会读者阅读学习。

图书在版编目(CIP)数据

网络思想政治教育 / 艾四林主编. -- 北京:高等教育出版社,2024.8(2025.5重印). (新时代思想政治教育专业系列教材). -- ISBN 978-7-04-062563-9

Ⅰ. D64-39

中国国家版本馆 CIP 数据核字第 2024K4U123 号

Wangluo Sixiang Zhengzhi Jiaoyu

| 策划编辑 | 王溪桥 | 责任编辑 | 王 钦 王溪桥 | 封面设计 | 赵 阳 | 版式设计 | 张 杰 |
| 责任校对 | 王 雨 | 责任印制 | 刘弘远 | | | | |

出版发行	高等教育出版社	网 址	http://www.hep.edu.cn
社 址	北京市西城区德外大街4号		http://www.hep.com.cn
邮政编码	100120	网上订购	http://www.hepmall.com.cn
印 刷	天津鑫丰华印务有限公司		http://www.hepmall.com
开 本	787mm×1092mm 1/16		http://www.hepmall.cn
印 张	13.75		
字 数	270千字	版 次	2024年8月第1版
购书热线	010-58581118	印 次	2025年5月第2次印刷
咨询电话	400-810-0598	定 价	29.00元

本书如有缺页、倒页、脱页等质量问题,请到所购图书销售部门联系调换

版权所有 侵权必究

物 料 号 62563-00

总　序

马克思主义理论学科是推进和深化马克思主义理论研究、巩固马克思主义在意识形态领域的指导地位、培养社会主义建设者和接班人的重点学科,思想政治教育学科是马克思主义理论学科的主干研究方向和二级支撑学科。思想政治教育学科自创立以来,获得了迅速的发展。1984年思想政治教育本科专业创立,1990年思想政治教育硕士学位授权点设立,1997年马克思主义理论与思想政治教育博士学位授权点获批。2006年,随着马克思主义理论一级学科博士点的设立,思想政治教育在博士点层次上升为独立的二级学科。从此,思想政治教育学科形成了本科、硕士、博士层次齐全、结构合理的人才培养体系,思想政治教育学科体系也日趋完善。在思想政治教育人才培养体系和学科体系中,思想政治教育本科是基础。基础不牢,地动山摇。思想政治教育本科专业人才培养的质量,直接关系到整个思想政治教育人才培养体系中硕士、博士的培养质量,关系到思想政治教育学科体系和学科大厦基础的坚实。

思想政治教育学科体系建设和人才培养质量的提升,离不开教材建设。教材建设是学科建设之基,人才培养之本。思想政治教育教材建设,对于构建马克思主义为指导的思想政治教育学科体系、学术体系、话语体系,优化思想政治教育教材体系,指导和规范思想政治教育专业的人才培养,提高思想政治教育专业人才培养质量,引领和促进思想政治教育学科建设,服务和推动马克思主义理论学科的整体建设,具有重要的支撑作用。思想政治教育本科专业作为全国马克思主义理论学科发展最快、规模最大的本科专业,亟须在原有教材建设的基础上,加大新教材建设的力度。20世纪90年代,教育部社会科学研究与思想政治工作司组织编写了首批全国思想政治教育本科专业教材,奠定了全国思想政治教育本科专业建设和发展的基础,起到了引领、规范、促进思想政治教育学科发展和人才培养的重要作用。后来,教育部思想政治工作司先后组织编写了《思想政治教育学原理》《思想政治教育方法论》《中国共产党思想政治教育史》等若干本面向21世纪的教材。2004年,中共中央决定实施马克思主义理论研究和建设工程(简称"马工程"),组织编写出版了一系列马工程教材,如《思想政治教育学原理》《中国共产党思想政治教育史》。除此之外,教育部等有关部门还组织编写了高校辅导员培训和研修基地系列教材。这些教材为继续编写思想政治教育本科专业统编教材奠定了良好的基础。然而,随着思想政治教育实践的深入、学科的发展和人才培养质量要求的进一步提升,思想政治教育学科需要适应时代的发展,在对原有一些教材进行修订充实的同时,组织编写一些思想政治教育本科专业的新教材,构建满足新时代思想政治教育本科专业人才培养需要的新的教材体系。

基于思想政治教育学科建设和人才培养的需要,全国高校思想政治教育研究会学术委员会和高等教育出版社共同协商和策划，决定编写新时代新的思想政治教育本科专业教材。2016年5月16日，由全国高校思想政治教育研究会学术委员会主任、中山大学郑永廷教授主持，全国高校思想政治教育研究会学术委员会副主任、武汉大学骆郁廷教授，全国高校思想政治教育研究会学术委员会副主任、清华大学吴潜涛教授以及北京大学、清华大学、中国人民大学、武汉大学、中山大学等学校的一些教授学者及高等教育出版社相关负责人参加，在武汉大学马克思主义学院召开了思想政治教育本科专业教材编写工作会议。会议决定成立思想政治教育本科专业教材编写委员会，由郑永廷教授、吴潜涛教授、骆郁廷教授任编委会主任，负责教材的策划、组织、撰写和审稿工作。这次编写、修订的思想政治教育本科专业系列教材分别是：新修订的《思想政治教育方法论（第三版）》（面向21世纪课程教材），新编的《马克思主义思想政治教育著作导读》《比较思想政治教育学》《思想政治教育心理学》《思想政治教育课程论》《思想政治教育管理论》《网络思想政治教育》《社会思潮评析》《中华优秀传统文化概论》《思想政治主题教育理论与实践》，共10本。这10本教材，配合马克思主义理论研究和建设工程重点教材《思想政治教育学原理》《中国共产党思想政治教育史》，构建起思想政治教育学科教材体系。其中，既有思想政治教育本科专业的基础理论教材，又有思想政治教育的实践应用教材，还有思想政治教育创新发展的教材，如《网络思想政治教育》《中华优秀传统文化概论》等，为思想政治教育本科专业教材体系的创新和学生知识结构的优化，作出了新的探索和有益尝试。

思想政治教育本科专业新教材的编写，旨在促进教材建设的科学化、时代化、专业化、规范化，为加强思想政治教育本科专业建设，提高思想政治教育专业人才培养质量，促进思想政治教育学科发展，提供助力。祈愿教材出版得偿所愿。

本套教材的出版来之不易。高等教育出版社的编辑在策划、组织及出版过程中，付出了辛勤的劳动和大量的心血，在此表示诚挚的感谢。各教材主编在策划、组织及教材的编写过程中，也付出了艰辛的努力，在此一并表示感谢。

各校可根据思想政治教育专业人才培养方案和自身人才培养的实际及需要，规范和改进思想政治教育本科专业教材的使用。本教材编写过程中难免有疏漏之处，敬请专家、师生指正，以臻于完善。

本教材编写委员会
2021年5月30日

目 录

绪 论 网络与网络思想政治教育的兴起与发展 // 1

第一节 网络与网络思想政治教育的内涵 // 1
　　一、"网络"概念辨析 // 1
　　二、网络社会的概念 // 3
　　三、网络思想政治教育的概念 // 7

第二节 网络的兴起与发展 // 11
　　一、互联网的形成与发展 // 11
　　二、移动网络的兴起与发展 // 12
　　三、大数据时代的网络形态 // 13

第三节 网络思想政治教育的发展历程 // 15
　　一、网络思想政治教育实践的发展历程 // 15
　　二、网络思想政治教育实践发展的维度 // 18
　　三、网络思想政治教育研究的发展及主要论题 // 30
　　四、网络思想政治教育研究发展的特点 // 35

第一章 网络思想政治教育的要素与结构 // 38

第一节 网络思想政治教育的教育者与受教育者 // 38
　　一、教育者 // 38
　　二、受教育者 // 40
　　三、教育者与受教育者的关系 // 41

第二节 网络思想政治教育的目标、内容与方法 // 44
　　一、教育目标 // 44
　　二、教育内容 // 46
　　三、教育方法 // 48
　　四、教育内容与教育方法的配合 // 50

第三节 网络思想政治教育的环境及其优化 // 51
　　一、网络思想政治教育环境的要素和特点 // 51
　　二、网络思想政治教育环境的功能及其现状 // 54

三、网络思想政治教育环境的优化 // 59

第二章 网内思想政治教育与网外思想政治教育 // 63

第一节 网内与网外思想政治教育的特征 // 63

一、网外思想政治教育的特征 // 63

二、网内思想政治教育的特征 // 64

第二节 网内与网外思想政治教育的关系 // 67

一、网内与网外思想政治教育的联系 // 67

二、网内与网外思想政治教育的区别 // 68

三、正确处理网内与网外思想政治教育的关系 // 70

第三节 网内与网外思想政治教育的结合 // 71

一、网内与网外思想政治教育结合的必要性 // 72

二、网内与网外思想政治教育结合的原则 // 72

三、网内与网外思想政治教育结合的着力点 // 74

第三章 网络思想政治教育的信息与安全 // 76

第一节 充分认识网络是思想文化建设的重要阵地 // 76

一、网络是思想文化建设的新环境 // 76

二、网络信息安全是思想文化建设的新理念 // 78

第二节 网络思想政治教育信息的类型、特点与辨析 // 80

一、网络思想政治教育信息的类型 // 80

二、网络思想政治教育信息的特点 // 84

三、网络思想政治教育信息的辨析 // 85

第三节 网络思想政治教育信息的资源整合与安全维护 // 86

一、网络思想政治教育信息的资源整合 // 87

二、网络思想政治教育信息的安全维护 // 91

第四章 网络思想政治教育的舆论引导 // 97

第一节 网络舆论的概述与影响 // 97

一、网络舆论的概念与内容 // 97

二、网络舆论的特征与风险 // 100

三、网络舆论对个人和社会的影响 // 103

第二节 网络舆论的监测与预警 // 105

一、网络舆论的汇集与追踪 // 106

二、网络舆论的动态分析与预警 // 109

第三节　网络舆论的引导　// 111
  一、网络舆论引导的作用　// 111
  二、网络舆论引导的原则　// 114
  三、网络舆论引导的策略　// 118
  四、网络舆论引导的经验与误区　// 122

第五章　网络思想政治教育的道德与法治建设　// 126

第一节　网络道德与法治建设的重要性与必要性　// 126
  一、网络道德与法治是网络正常运行的保证　// 126
  二、我国的网络道德与法治建设　// 128
  三、国外网络道德与法治建设的实践与经验　// 134

第二节　网络领域中的道德与法律问题　// 137
  一、网络领域中的道德问题　// 138
  二、网络领域中的法律问题　// 139

第三节　网络道德教育与网络法治教育　// 142
  一、网络道德教育的主要内容　// 142
  二、网络法治教育的主要内容　// 144
  三、网络道德与法治教育的途径与方式　// 148

第六章　网络思想政治教育方法的创新发展　// 150

第一节　网络思想政治教育方法创新发展的时代需求　// 150
  一、巩固网络意识形态安全的需要　// 150
  二、促进人的全面发展的诉求　// 153
  三、推进网络思想政治教育科学化发展的需要　// 155

第二节　网络思想政治教育方法创新发展的条件　// 156
  一、网络思想政治教育方法创新发展的理论条件　// 156
  二、网络思想政治教育方法创新发展的实践条件　// 158
  三、网络思想政治教育方法创新发展的技术支撑　// 159

第三节　网络思想政治教育方法创新发展的途径　// 160
  一、在网络信息技术与传统思想政治教育方法融合中创新　// 160
  二、在借鉴相关学科方法中移植再生创新　// 162

第七章　网络思想政治教育的平台建设　// 165

第一节　高校网络思想政治教育平台建设的现状与原则　// 165
  一、网络思想政治教育平台概述　// 165

二、高校网络思想政治教育平台的发展现状　// 167
　　三、高校网络思想政治教育平台建设的原则　// 169
第二节　网络思想政治教育平台建设的类型与策略　// 170
　　一、思想政治教育主题性教育网站概述　// 170
　　二、思想政治教育网络互动社区概述　// 172
　　三、思想政治教育新媒体平台概述　// 174
　　四、思想政治教育短视频平台概述　// 177

第八章　网络思想政治教育的管理　// 180

第一节　网络思想政治教育管理的组织和制度　// 180
　　一、网络思想政治教育管理组织的结构和职能　// 180
　　二、网络思想政治教育管理制度的变革与创新　// 182
第二节　网络思想政治教育的平台管理　// 185
　　一、网络平台中的内容与信息更新管理　// 185
　　二、网络思想政治教育网站的栏目设置与针对性管理　// 188
　　三、网络思想政治教育平台运行中的监控与安全管理　// 191
第三节　网络思想政治教育的队伍建设与管理　// 195
　　一、队伍建设的目标与原则　// 195
　　二、队伍管理的职业化与专业化建设　// 197
　　三、队伍管理的发展特征与动态趋势　// 200
第四节　网络思想政治教育管理的创新发展　// 202
　　一、网络思想政治教育管理观念的新发展　// 203
　　二、网络思想政治教育管理领域的新拓展　// 206

后　记　// 209

绪论　网络与网络思想政治教育的兴起与发展

互联网的创新发展和广泛普及,既改变着社会的生产和生活方式,也改变着人的思想和行为方式。伴随着信息网络时代的来临,网络思想政治教育应运而生,成为思想政治教育发展的新形态。推进网络思想政治教育的理论研究和实践发展,既是现代思想政治教育科学化发展的必然趋势,也是信息网络社会条件下人的全面发展的客观要求。

第一节　网络与网络思想政治教育的内涵

全面认识网络思想政治教育的内涵,首先要分析和理解网络和网络社会的概念,进而深入把握网络思想政治教育的概念。

一、"网络"概念辨析

从词源学的角度来看,"网络"一词源于古汉语中的"网"与"络"的合成。在古汉语中,"网"是一个象形字,它表示的是捕鱼鳖鸟兽的工具。《说文》有言:"网,庖牺所结绳以渔。"《广雅》中讲:"网,谓之罟。"《盐铁论·刑德》中有"网疏则兽失"一语。"网"的本义相当于英文中的"net"一词。后来,"网"又被引申为"多孔而状如网的东西",如"蜘蛛网"。唐朝文人张仲素所作的《燕子楼》中有"瑶瑟玉箫无意绪,任从蛛网任从灰"之语。"网"又有其比喻义,即法网。《正字通》即释"网"为"法网"。《诗经·大雅·瞻卬》中的"天之降罔(网),维其优矣"的"网"也指的是"法网"。古汉语中"网"的这些用法一直影响到了今天的现代汉语。在今天的日常用语中,存在着大量以"网"称之的事物,如蜘蛛网、渔网、电网、关系网、万维网、因特网等。古汉语中的"络"与"网"意思相近,但是不尽相同。如《广雅》中的"络,缠也",《山海经·海内经》中的"有九丘,以水络之",《楚辞·招魂》中的"郑绵络些",《汉书·扬雄传》中的"绵络天地",乐府诗《陌上桑》中的"黄金络马头"等。"络"字作动词使用较多,"络"通常有"缠绕、包裹"的意思。在现代意义上,在计算机网络诞生之前,"网络"一词就在电学、运筹学和社会学中作为重要概念出现过。①电学中的网络是指由若干元件连接成的一个系统。在运筹学中,有一种方法叫作网络技术,又称网络计划、统筹方法,PERT-CPM 工程规划。在社会学中,有一种研究社会结构

---

① 李超元等:《凝视虚拟世界:网络的社会文化价值》,天津社会科学院出版社 2004 年版,第 236 页。

和社会关系的重要方法叫作"社会网络分析",亦称"社会网分析",是在社会计量法基础上发展起来的一种分析方法。还有一种重要理论叫作"社会网络理论",即"社会网理论",社会网络理论将社会结构看成是一张人际社会网络结构,社会网络的直观形式是一组由节点与节点之间的连线构成的图形。① 另外,在生物学和医学中也有"网络"的概念,如神经网络等。由此可见,现代汉语中的"网络"一词含义非常丰富、复杂以至于含混,因而往往被人们在诸多不同的意义上使用。

具体而言,网络这一概念可以分为三个层次:广义网络、中义网络与狭义网络。它们三者之间是马克思主义哲学上所言的普遍与特殊、共性与个性的关系。

广义网络就是普遍意义上的网络,指的是任何一种相互支持、相互作用、纵横交织、交相为用的关系及这些关系的集合体。星系网络、人际网络、社会关系网、法网等都在广义网络的范围之内。早在计算机网络问世之前的1755年,塞缪尔·约翰森在其所编的《英语词典》中就把网络解释为"任何等距离交织在一起的物体都可称之为网络"②。这里的网络无疑是就其广义而言的。在2016年版的《现代汉语词典》中,"网络"一词有以下四种解释:一是"网状的东西",比如渔网、蜘蛛网;二是"由许多互相交错的分支组成的系统",比如铁路网络、经济网络、社会关系网络等;三是"由若干元器件或设备等连接成的网状的系统",如计算机网络、通信网络等;四是特指计算机网络。③ 前两种释义解释的对象其实都是广义网络。

中义网络就是特殊意义上的网络,指的是所有与计算机相关的、建立在虚拟技术与通信技术基础上的各种网络系统。中义的网络包括局域网与广域网。局域网可以使同一幢建筑物中的不同的计算机进行通信;而广域网则通过高速连线实现远程计算机通信。局域网可以(通过网关)联入广域网,局域网之间也可以进行互联,从而使网络更加复杂化。④ 中义网络还包括因特网(Internet)与万维网(World Wide Web)。它们之间的关系其实是"体"与"用"的关系:人们一般"用'因特网'一词指这个网络的物理结构,包括客户机、服务器和各种线路;而用'万维网'一词指建立在网络硬件基础上的信息交流的内容和方式"⑤。正是由于因特网与万维网之间存在着密不可分的联系,本书在后文中并不刻意区分两者,书中引用的关于万维网的论述同样适用于因特网。实际上,现在绝大部分人所说的因特网就是包含万维网在内的因特网。

---

① 参见罗家德:《社会网分析讲义》,社会科学文献出版社2005年版。
② [英]约翰·诺顿:《互联网:从神话到现实》,朱萍等译,江苏人民出版社2000年版,第146页。
③ 中国社会科学院语言研究所词典编辑室编:《现代汉语词典》第7版,商务印书馆2016年版,第1353页。
④ [美]理查德·A. 斯皮内洛:《世纪道德:信息技术的伦理方面》,刘钢译,中央编译出版社1999年版,第11页。
⑤ 常晋芳:《网络哲学引论——网络时代人类存在方式的变革》,广东人民出版社2005年版,第27页。 关于因特网与万维网之关系的详细阐述,参见[英]蒂姆·伯纳斯—李、马克·蒂谢蒂:《编织万维网:万维网之父谈万维网的原初设计与最终命运》,张宇宏、萧风译,上海译文出版社1999年版。

狭义网络特指 Internet，即国际互联网，简称互联网，本书的主要研究对象就是狭义网络。人们一般而言的网络指的就是 Internet。狭义网络与广义网络、中义网络不是等量齐观的关系，而是特殊与普遍的关系，是部分与整体的关系，是被包含与包含的关系。对于狭义网络之特点的分析未必能够全部适用于广义网络，但是广义网络和中义网络的种种属性却是寓于狭义网络之中的。

二、网络社会的概念

按照从微观到宏观、从局部到整体的脉络，网络社会的概念可以分为三个不同的层面，即微观层面、中观层面和宏观层面。在明确区分和界定这三个层面上的社会形式类型之后，网络社会的概念就自然得以明晰。

（一）微观层面：虚拟社区

在微观层面上，虚拟社区（virtual community）作为现实社区的相对物，是在网络空间中最早出现的因人与人交往而形成的社会形式，是人们关于"网络社会"最早的认识来源，许多关于网络社会的论述都是在虚拟社区这一微观层面上而言的。

按照马克思主义的社会理论，社会的本质是人们交互活动的产物，"社会——不管其形式如何——是什么呢？是人们交互活动的产物"①。马克思认为，任何一种社会关系总是要通过个人彼此之间的交往获得现实的存在形式。通过人与人的交往，社会关系在人们的社会交往活动中得到了现实体现，人类社会就是"直接从生产和交往中发展起来的"②。"社会不是由个人构成，而是表示这些个人彼此发生的那些联系和关系的总和。"③因此，无论社会发展变化表现出何种形式，社会的本质不会改变，我们依然可以从"人们交互活动"的基本原理出发，从社会的本质属性上来认识和界定网络社会。20世纪90年代出现的虚拟社区就是由人们的交往活动和交互作用而产生的网络空间中最早的社会形式。

虚拟社区的概念最早由美国学者霍华德·瑞恩高德提出，他基于自己在 WELL 网络社区中的"生活经历"和思考撰写了《虚拟社区》一书。他论述道，虚拟社群是指一群主要凭借计算机网络彼此沟通的人们，彼此有某种程度的认识、持续的公开讨论，分享某种程度的适合信息，相当程度的如同对待友人般的关怀，通过网络建立个人关系，在虚拟实在中形成社会的集合体。④ 在20世纪90年代，全世界建立了好几万个这种"社群"，大部分

---

① 《马克思恩格斯选集》第4卷，人民出版社2012年版，第408页。
② 《马克思恩格斯选集》第1卷，人民出版社2012年版，第211页。
③ 《马克思恩格斯全集》第46卷（上册），人民出版社1979年版，第220页。
④ Howard Rheingold, The Virtual Community: Homesteading on the Electronic Frontier, Massachusetts: Addison-Wesley, 1993, P.4.

的基地在美国,但是逐渐遍及世界各地。① 一批社团活动家和学者开始研究真实社团与网络中的虚拟社团之间的关系,研究对象包括位于美国加利福尼亚州圣塔莫尼卡(Santa Monica)的"公共电子网络"(PEN),弗吉尼亚州布莱克斯伯格(Blacksburg)的"布莱克斯伯格电子村落"(BEV),华盛顿州西雅图地区的"西雅图社区网络"(SCN)等。② 这些关于虚拟社区的实证调查和研究使得人们对于网络空间中的交往社群有了更深入的认识,卡斯特称之为互动式社会,他在综合了许多学者关于虚拟社区的论述后写道,虚拟社群终究算是真实的社群吗? 答案既是肯定,又是否定。虚拟社群确实是社群,但不是实质的社群,不会遵循实质社群的那种沟通和互动模式。但虚拟社群是人际的社会网络,大部分以弱纽带为基础,极度地多样化且专业化,但也能够由于持续互动的动态而产生互惠和支持。如威尔曼所述,虚拟社群并非其他生活形式的模仿,而是拥有自身的动态——互联网就是互联网。互联网超越了距离,成本低廉,通常不具有同时性,它们结合了大众媒介的快速传播,以及个人沟通的广泛特性,并且容许在局部性的社群里拥有多重成员身份。此外,它们并未与其他社会交往形式分离。它们巩固了朝向"社会交往的私有化"趋势,亦即以个人为中心来重建社会网络,发展个人社群,实质的和线上的社区都包括在内。电脑联结为那些原本可能社会生活狭隘的人提供了社会联系的机会,因为这些联结在空间上日益分散。③

虚拟社区是人类在互联网空间所开拓的崭新生存和发展领域,它的出现及其广泛影响是网络社会崛起的标志性产物之一。对于虚拟社区的具体研究,正是网络社会研究的基础。诸如关于虚拟社区的社会特性、运行机制和发展规律的分析,虚拟社区与现实的关系等,这些研究的展开和深入,对于发现和揭示网络社会的本质规律具有十分重要的作用。因此,虚拟社区成为网络社会概念架构中的关键环节,被研究网络的学者所关注和重视,这是自然而然的。当然,我们也必须认识到,虚拟社区只是整个网络社会中的重要组成部分,不能作为网络社会的概念本身。

(二)中观层面:赛博空间

作为中观层面的"网络社会",赛博空间这个概念涵盖了互联网架构上出现的所有存在形式,指的是以网络技术群为基础承载人类活动所形成的网上社会空间。与之相近的提法还有因特网空间、电子社会、虚拟空间、比特空间、网络空间、线上社会等。以"网络社会"的概念来指称这一空间,彰显出互联网空间是人类劳动实践的创造物,其本质属性是社会性。

计算机技术、现代通信技术和因特网技术的出现,使得人类实践形式和社会空间的演

---

① [美]曼纽尔·卡斯特:《网络社会的崛起》,夏铸九等译,社会科学文献出版社2001年版,第442页。
② [英]戴维·冈特利特主编:《网络研究:数字化时代媒介研究的重新定向》,彭兰等译,新华出版社2004年版,第41页。
③ [美]曼纽尔·卡斯特:《网络社会的崛起》,夏铸九等译,社会科学文献出版社2001年版,第445—446页。

化表现出三个显著特点:信息方式、虚拟实践和赛博空间。信息成为这种新型空间中首要的活元素,它既能表征物质和能量的状态和过程,也能用量化的方式表达自身,信息由此成为一种使世界得以展现的新方式——信息方式。通过对信息的本体论、知识论和价值论的考察,可以进一步揭示出信息的本质:对事物的非现实性表征和再现。这里的非现实性指的是对现实和实在基于认知框架和文化与境的虚拟。作为主体实践的新形式,信息方式和虚拟既基于现实性,又是对现实性的超越。[①] 而虚拟概念一经提出,就超越了纯粹技术的界限,具有深刻的哲学意蕴。它一方面为我们提供了界定人类认识和实践活动本质的全新视角,另一方面也揭示出一种新型的实践活动形式——虚拟实践。虚拟现实与虚拟实践是相互赋予内涵、必然关联的两个方面。一方面,主体在其意向和想象的作用下,不断地在赛博空间中寻找各种信息,并对信息作出回应;另一方面,这种基于意向和想象的信息寻找,又决定了赛博空间的存在,规定了赛博空间的"空间关系"。换言之,赛博空间是虚拟实践的场所,虚拟实践即意味着赛博空间的构建和拓展。虚拟现实是人类符号中介系统的一种革命。虚拟实践是将可能性转换为现实性的创造性实践,从而是对现实的超越和扬弃。但无论是信息方式的非现实性表征和再现,还是虚拟对现实性的超越及其中介层面的革命性,都基于赛博空间这样的基础性平台。赛博空间使得物理空间与信息空间、物质实体与信息表征、现实存在与虚拟建构之间的交互联系更加紧密,界面渐趋模糊。因此,赛博空间包括两个方面的内涵:一是数字化信息流动的空间,二是文化交往的空间。

赛博空间中的虚拟交往实践、虚拟现实活动引发了哲学层面的本体论、认识论的再思考,这种虚拟空间的社会结构、社会行为和社会问题也已经成为社会学学者关注和研究的新领域,一些学者称这种虚拟空间为虚拟社会,认为这是有待人类探索的自然空间、社会空间之上的另一空间。虚拟社会作为人类劳动创造的产物,其本质上是现实社会的延伸。虚拟社会空间与现实空间是密切联系与相互渗透的,网络社会的研究愈加深入,就会愈加清晰地发现虚拟生活与现实生活是紧密地交织在一起的,虚拟世界与现实世界的互动与融合是网络社会最为鲜明的特征。因此,仅仅把网络社会的概念定位在虚拟空间,已经无法适应网络社会的发展实践,网络进入人类社会的广度和深度已经到达前所未有的程度,虚拟社会业已成为重要的组成部分,与现实社会一同建构出人类社会的崭新形式——网络社会。

(三)宏观层面:网络社会

作为宏观层面的"网络社会",指的是包括了虚拟社会和现实社会,即网上与网下两个社会空间在内的整个社会形态,这是完整意义上的网络社会的概念。网络社会的全景

---

① 曾国屏等:《赛博空间的哲学探索》,清华大学出版社2002年版,第11—12页。

可以用两个坐标轴来刻画,一个是社会网络的发展脉络,另一个是从现实到虚拟的发展脉络。

在第一个坐标轴上,网络是其关键词,卡斯特(又译卡斯特利斯)所言的网络社会就是在这一意义上阐述的。卡斯特在《网络社会的崛起》一书中对网络社会进行了阐述,正如其英文名称中"network"一词所标识的,网络社会植根于社会基本结构的网络化逻辑。正如卡斯特所言:"作为一种历史趋势,信息时代的支配性功能与过程日益以网络组织起来。网络建构了我们社会的新社会形态,而网络化逻辑的扩散实质地改变了生产、经验、权力与文化过程中的操作和结果。虽然社会组织的网络形式已经存在于其他时空中,新信息技术范式却为其渗透扩张遍及整个社会结构提供了物质基础。"[①]在卡斯特看来,社会组织的网络形式已经存在于新信息技术范式出现之前的其他时空中,但在信息时代扮演了核心的角色。由于社会学领域中关于社会网络的研究由来已久,因此一些学者认为卡斯特的网络社会之"网络"源于传统的网络研究视角,卡斯特是把"网络"作为一种分析当今信息时代社会发展和整体结构的有力工具和视角。[②] 正如他在谈论网络社会的社会学时所言:新型社会是由各种网络构成的,由网络对社会实践进行组织改变了当今社会的社会结构。当今的社会结构表现为一个多向度的动态网络发展系统,对它的分析可以有助于解释信息时代的社会发展。同时,社会学的概念和方法也有助于对作为组织和关系的特殊形式的网络进行研究。因此21世纪的社会学必须重视以网络为基础的观念来分析社会整体结构。[③]

因此,网络作为人类社会的社会组织形式在漫长的历史变迁中不断发展变化,家庭、社群、民族、国家等作为社会网络早已存在,人类社会正是由这些种类繁多的具体社会网络所组成。随着20世纪90年代信息技术革命的兴起,产生了不同于以往任何网络的崭新"网络"——基于计算机技术、通信网络技术以及虚拟现实技术的互联网。由此,人们把已有的各种社会网络延伸到互联网空间,同时也在互联网上通过虚拟实践创造出新型的虚拟社群网络,并实现着现实网络与虚拟网络的相互渗透和融合。这样,网络化的逻辑最终将扩散成为整个社会的基本结构形态,进而形成网络社会。在这一坐标轴上,网络社会是一种建立在普遍交往实践之上的社会结构,是人类社会已有的关系网络与信息技术网络相互作用的产物。可以说,网络社会是在人类社会关系和结构的发展变迁过程中,由人类交往实践活动产生的各种社会关系网络所组成的连续体。

第二个坐标轴所刻画的是由现实到虚拟的发展,作为对现实的延伸,虚拟是人类超越自身和现实社会的创造物。有观点认为,从根本上说,虚拟是标志人的超越性和自由度的

---

① [美]曼纽尔·卡斯特:《网络社会的崛起》,夏铸九等译,社会科学文献出版社2001年版,第569页。
② 郑中玉、何明升:《"网络社会"的概念辨析》,《社会学研究》2004年第1期。
③ [美]M. 卡斯特利斯:《论网络社会的社会学》,《国外社会科学》2001年第3期。

哲学范畴。在狭义上，当代语境中的虚拟特指当代的数字化的表达方式、构成方式和超越方式，是我们时代的数字化的生存方式、发展方式和创造方式。而在广义上，虚拟指的是人借助于符号化或数字化中介系统超越现实、观念地或实践地建构"非现实的真实世界"的能力、活动、过程和结果。虚拟是人的活动的一种普遍特性，是人的创造性、超越性的重要源泉和动力。① 通过由现实向虚拟的迈进，人的本质力量得到了进一步的体现，虚拟世界正是人类在探索和认识自然空间和现实社会之后，向新型生存空间进军的产物。

虚拟作为对现实的延伸和超越体现在三个方面，即对现实的复制和模仿、对现实的可能性的模拟和对现实的不可能性的虚构。有观点认为，虚拟作为一种数字化的存在，它对现实性的背离不是完全否定性的。一般来说，有三种不同形式的虚拟：(1) 对实存事物的虚拟，即对象性的虚拟或现实性的虚拟；(2) 对现实超越性的虚拟，即对可能性或可能性空间的虚拟；(3) 对现实背离的虚拟，一种对现实而言是悖论的或荒诞的虚拟，即对现实的不可能的虚拟。无论是现实的、可能的、不可能的虚拟，还是悖论的、荒诞的、梦幻的虚拟，都表明虚拟对现实性的超越是有等级和层次的，有着各种各样的意义和层次上的虚拟。一个虚拟时代，作为它的内核的虚拟，是多样化多维空间的。②

在这一坐标轴上，现实社会延伸出了虚拟的网络社会空间，虚拟社会和现实社会一起构成了网络社会的全部形态。在这条轴线上认识网络社会，现实与虚拟之间的矛盾构成了网络社会的一对重要的矛盾。这一矛盾关系可以分为四个方面，即虚拟与现实的差异性：虚拟社会与现实社会之间存在不同的方面；虚拟与现实的同一性：虚拟社会与现实社会之间存在相同或者相似的方面；虚拟与现实的对立性：虚拟社会与现实社会之间存在着一定条件下的相互否定和相互排斥；虚拟与现实的统一性：虚拟社会与现实社会之间存在着一定条件下的相互依存和相互转化。③ 因此，在这一坐标轴上，网络社会是人们在现实实践和虚拟实践基础上创造的社会结构形态，是现实社会和虚拟社会互动作用的产物。可以说，网络社会是人在自身本质力量的增长过程中，由对现实的改造到对虚拟的创造所产生出的社会连续体。

三、网络思想政治教育的概念

随着网络社会的来临，思想政治教育迈入崭新的时代。网络思想政治教育兴起，并伴随着互联网的发展演变而不断丰富与深化。从既有研究来看，无论是关于网络思想政治教育的专著还是学术论文，成果显著且数量繁多，而对网络思想政治教育概念的研究是其中首要的、同时也是最为基础性的问题，一直以来得到学界的广泛关注和探讨。目前学界

---

① 张明仓：《虚拟实践论》，云南人民出版社 2005 年版，第 60 页。
② 陈志良：《虚拟：哲学必须面对的课题》，《光明日报》2000 年 1 月 18 日。
③ 冯务中：《网络环境下的虚实和谐》，清华大学出版社 2008 年版，第 116 页。

对网络思想政治教育概念的研究主要有以下几种代表性观点。

工具论。所谓"工具论",即基于对互联网本身技术特征和工具属性的理解,将网络视为开展思想政治教育工作的一种新手段、新工具和新方法。这种观点在互联网发展初期的思想政治教育研究中占有十分重要的位置,从工具属性和载体属性角度将网络思想政治教育解释为"根据传播学原理和思想宣传的理论,利用计算机网络所进行的思想政治教育"[1],或者是"一定阶级、政党、社会群体用一定的思想观念、政治观点、道德规范,通过现代传媒——计算机网络对其受众施加有目的、有计划、有组织的影响,使他们形成符合一定社会、一定阶级所需要的思想品德的社会实践活动"[2]。这类观点在网络思想政治教育的最初发展阶段获得广泛认可,不过随着实践的发展和认识的深化,工具论的观点得到进一步的反思和发展。

场域论。所谓"场域论",也可以称之为"环境论"或"空间论",即从网络空间、网络社会、网络环境等角度来理解互联网,将网络视为进行思想政治教育的新的社会空间和环境条件。这种观点是在对互联网的认识逐渐丰富和深化的基础上形成的,力图摆脱对互联网工具属性的过分强调,从更广阔的视角审视网络思想政治教育的内涵。这一观点指出:"网络思想政治教育,作为思想政治教育实践一种新的发展形态,指的是网络环境下的思想政治教育活动。其中,网络主要指互联网。网络环境指以网络作为基础要素的环境,可以分为宏观层面的网络社会、中观层面的赛博空间和微观层面的虚拟活动领域。"[3]这一观点至今在探讨网络思想政治教育问题时仍占有重要位置,但是并未对网络思想政治教育概念的内涵和外延进行详尽的阐述。

价值论。所谓"价值论",即通过对互联网和思想政治教育中价值属性的把握,从人的生存方式角度来审视网络思想政治教育,以此来明晰网络思想政治教育的内涵。这种观点在一定程度上扬弃了以往概念界定中对互联网工具属性的片面强调,突出了传统思想政治教育所蕴含的育人本质。这一观点认为"网络思想政治教育是指抓住网络的本质,针对网络影响,利用网络有目的、有计划、有组织地对网民施加思想观念、政治意识、道德规范和信息素养教育方面的影响,使他们形成符合一定社会发展所需要的思想政治品德和信息素养的虚拟实践活动"[4]。这种观点基于对传统思想政治教育育人使命的理解,以及对网络本身价值属性的强调,指出了网络思想政治教育的人文性价值,在一定程度上弥补了以往概念界定中过于强调工具性的倾向,但在对网络与思想政治教育的关系问题的阐述上依然不够明确。

---

[1] 刘梅:《思想政治教育的现代方式——论网络思想政治教育建设》,《河南师范大学学报(哲学社会科学版)》2000年第2期。
[2] 曾令辉等:《网络思想政治教育概论》,广西民族出版社2002年版,第47页。
[3] 张再兴:《网络思想政治教育研究》,经济科学出版社2009年版,第1页。
[4] 韦吉锋:《网络思想政治教育研究》,新华出版社2005年版,第143页。

融合论。所谓"融合论",既包含对以往网络思想政治教育概念的整合归纳,也包含对网络和思想政治教育彼此影响和相互作用程度的描述分析,同时还包含对网络思想政治教育与传统思想政治教育的关系比较。"广义狭义说""虚拟现实说""延伸拓展说"是"融合论"中最典型的几种观点。"广义狭义说"力图整合互联网的多元属性,从不同视角审视网络思想政治教育,认为广义上的网络思想政治教育指网络环境下的思想政治教育,而狭义上的网络思想政治教育主要指基于网络的思想政治教育。[①] 可以说,前者是环境论的一种体现,后者是对工具论的具体理解。"虚拟现实说"将互联网视为与现实社会和空间有所区别的虚拟社会和空间,在此基础上将网络思想政治教育界定为"在虚拟时空中运行的旨在提高虚拟社会中人的思想政治素质,促进人的虚拟生存与发展并进而促进虚拟社会良性运行和协调发展的思想政治教育"[②]。"延伸拓展说"将网络作为现实社会的拓展和延伸,认为网络思想政治教育是网络与思想政治教育的融合和联姻,提出"网络思想政治教育是伴随着网络信息技术的发展,传统思想政治教育向网络空间的延伸和在网络条件下的创新,既包括针对互联网特点开展的思想政治教育,也包括以网络为载体,运用网络技术,整合网络资源开展的思想政治教育,还包括通过网上网下互动开展的思想政治教育"[③]。上述几种观点综合了以往概念界定中的思想,同时也弥补了之前的不足,是当前网络思想政治教育概念研究中比较常见的界定。

从上述梳理来看,关于网络思想政治教育概念的研究,大致包含了"工具论""场域论""价值论""融合论"等代表性观点。其中,对互联网的本质和属性、对网络思想政治教育与传统思想政治教育的内在联系以及对网络思想政治教育的新样态和新特征的分析和研究是目前学界最为关注同时也是最有争议的问题。显然,既有研究对网络思想政治教育的认识不断深化,研究视野更为广阔,对网络的多元属性也有了更为清晰的了解。不过,当前研究中依然存在诸多不足,如对网络本身的特点与传统思想政治教育的内在联系把握不够深刻,倾向于将网络属性与思想政治教育方法进行简单拼接,缺乏从更深层探究网络思想政治教育的本质内涵及其理论外延。

因此,在对网络思想政治教育概念的研究中,必须明确网络的多元属性,网络与现实的关系,网络与思想政治教育的内在联系。同时,网络思想政治教育研究应集中于四点,一是"网",二是"人",三是"内容",四是"关系"。网络思想政治教育归根到底是在网络条件下做人的思想工作,既包括网络与思想政治教育的相互影响和相互作用,也包括思想政治教育在网络社会生态条件下的新样式和新发展。基于以上分析,我们将网络思想政治教育界定为:在网络信息技术迅猛发展的时代背景下,以马克思主义为指导,抓住网络

[①] 张再兴:《我国高校网络思想政治教育的十年历程与发展》,《思想教育研究》2005年第7期。
[②] 王智慧:《网络思想政治教育是虚拟世界人的存在方式》,《教育学术月刊》2008年第3期。
[③] 夏晓虹:《高校网络思想政治教育》,泰山出版社2008年版,第6—7页。

本质、立足网络社会、运用网络思维、采取网络手段,对网民的思想政治素质、道德观念、网络素养等方面进行有目的、有计划、有组织的思想政治教育。

具体而言,对网络思想政治教育的概念可以做如下理解。

第一,网络思想政治教育中的"网"。互联网作为一种传播媒介和技术手段,属于生产力范畴,是思想政治教育的有力工具和手段,网络思想政治教育首先应当理解网、应用网和管好网。但不同于以往其他传播媒介,互联网具有多维属性,需要以丰富的视角进行审视。尤其是移动互联网迅猛发展的今天,网络已经不单纯是信息工具和手段,更成为一种生存方式和思维方式,网络本身所具有的共享、平等、交流等特征,也应当成为网络思想政治教育倡导的价值。此外,作为现实社会的一部分,网络甚至已经成为现实社会的一种新的样态,在此意义上,网络思想政治教育既可以说是在网络空间中开展的思想政治教育,也可以说是现实社会样态中一切与网络有关的思想政治教育。

第二,网络思想政治教育中的"人"。思想政治教育中的"人"主要有两类,即教育者和受教育者。传统思想政治教育中的教育者和受教育者具有相对清晰的界限,且强调自上而下的单向传播,在很大程度上忽视了受教育者的主观能动性。而网络思想政治教育中的"人"是所有使用网络或者受网络影响的社会成员,即最广泛意义上的网民,青年大学生是其中重要的群体,教育主客体界限由于互联网本身的多元平等、交流共享等特征而逐渐模糊,且日益呈现出圈层性、互动性等特征。因此,网络思想政治教育研究必须根据群体的不同层次和网络思想行为特点进行有针对性的分析。

第三,网络思想政治教育中的"内容"。思想政治教育作为一种社会实践活动,发挥着培育具有一定思想政治素质、道德观点和价值观念的社会成员的重要使命,网络思想政治教育同样承担着上述使命。但网络思想政治教育的内容和目标不止于此,作为网络条件下思想政治教育的新样式,网络思想政治教育的内容还应包含对网民媒介素养、现代互联网价值以及信息科技伦理等方面的教育,这种教育不仅针对受教育者,也对教育者有所要求。换言之,网络思想政治教育不仅要承担传统思想政治教育的使命和任务,同时也要倡导网络信息技术发展所带来的一系列有益内容和价值,批判对社会成员的思想行为产生不利影响的内容。

第四,网络思想政治教育中的"关系"。这里的"关系"主要指网络思想政治教育与传统思想政治教育之间的内在联系。一方面,网络思想政治教育是思想政治教育学的一个新的研究领域,与传统思想政治教育并不是割裂的,都属于广义上的思想政治教育学科范畴。网络思想政治教育重点关注现实社会生活中一切与网络相关、受网络影响的思想政治教育活动,同时也关注思想政治教育发展的网络化趋势。在互联网不断革新的背景下,网络思想政治教育可以说是思想政治教育发展的新方向。另一方面,网络思想政治教育生成于互联网的发展和思想政治工作的实际需要,与传统思想政治教育在教育方法手段上、思维模式上都有着显著差异,在教育主客体、教育环境和教育途径等方面也呈现出诸多新的特征。可以说,网络思想政治教育既是对传统思想政治教育的有效补充,也是基于网络发展和社会实践而作出的现实选择,成为思想政治教育学科未来发展的新趋势和新的生长点。

第二节　网络的兴起与发展

互联网的兴起是信息技术革命的产物,逐步改变着社会生产生活的方方面面。当前,移动互联网、大数据、人工智能是互联网创新应用的前沿,推动着人类网络实践的不断深入发展。

一、互联网的形成与发展

互联网(Internet,又称网际网路、因特网、英特网等)是网络与网络之间的庞大网络,这些网络以一组通用的协议,形成逻辑上单一的、巨大的国际网络。这种将计算机网络互相连接在一起的形式称作"网络互联",在这个基础上发展出覆盖全世界的"互联网络"。

互联网是20世纪人类的重大科技发明之一,是当代先进生产力的重要标志。互联网的发展和普及引发了前所未有的信息革命,已经成为经济发展的重要引擎、社会运行的重要基础设施和国际竞争的重要领域。

建立互联网这项庞大工程真正开始的时间是在1962年,它是冷战的产物。当时的美国国防部认为,如果仅有一个集中的军事指挥中枢,万一这个中枢被敌人的核武器摧毁,全国的军事指挥将会陷入瘫痪状态,其后果不堪设想。因此,有必要设计出一种分散的指挥系统,它由一个个分散的指挥点组成,当部分指挥点被摧毁后,其他指挥点仍能正常工作并且这些点能够绕过那些已被摧毁的指挥点而继续保持联系。为了对这一构思进行验证,从20世纪60年代末到70年代初,由美国国防部资助,建立了一个名为ARPANET(阿帕网)的网络,这个网络把加利福尼亚大学洛杉矶分校、斯坦福研究机构的增强研究中心、加州大学圣巴巴拉分校和犹他大学连接起来,这个网络采用的是分组交换技术,这种技术能够保证如果上述四所大学之间的某一条通信线路因某种原因被切断(如核打击)以后,信息仍能够通过其他线路在各主机之间传递,这个ARPANET(阿帕网)就是今天互联网最早的雏形。1986年,美国国家科学基金会(NSF)为了让全国的科学家能够共享计算机中心的资源,决定利用网络的通讯能力连接美国的6个超级计算机中心和各个大学,采用ARPANET技术重新组建一个网络,也就是后来的NSFnet,1994年更名为Internet。

我国高度重视信息化基础设施的建设,注重互联网的建设。1986年,由北京计算机应用技术研究所(即当时的国家机械委计算机应用技术研究所)和德国卡尔斯鲁厄大学合作,启动了名为CANET(Chinese Academic Network)的国家互联网项目。1987年9月,在北京计算机应用技术研究所内,我国第一个 Internet 电子邮件节点正式建成,连通了 Internet 的电子邮件系统。随后,在国家科委的支持下,CANET 开始向我国的科研、学术、教育界提供 Internet 电子邮件服务。1990 年 10 月,我国正式向国际互联网信息中心(InterNIC)登记注册了最高域名".CN",开通了使用自己域名的 Internet 电子邮件的连接。继 CANET 之后,国内其他一些大学和研究所也相继开通了 Internet 电子邮件的连接。1994 年 4 月,我国实现全功能接入国际互联网。

从 1994 年开始至今,中国实现了和互联网的 TCP/IP 连接,从而逐步开通了互联网的全功能服务;大型计算机网络项目正式启动,互联网在我国进入了飞速发展的时期。1995 年 1 月,邮电部电信总局分别在北京、上海设立的 64Kbps 专线开通,开始向社会提供 Internet 接入服务。3 月,中国科学院完成上海、合肥、武汉和南京四个分院的远程连接,开始了将 Internet 向全国扩展的第一步。4 月,中国科学院启动京外单位联网工程(简称"百所联网"工程),其目标是把网络扩展到全国 24 个城市,实现国内各学术机构的计算机互联。5 月,中国公用计算机互联网(ChinaNET)全国骨干网开始筹建。7 月,中国教育和科研计算机网(CERNET)连入美国的 128Kbps 国际专线开通。12 月,"百所联网"工程完成,同月,CERNET 一期工程提前 1 年完成并通过了国家计委组织的验收。1996 年 1 月,ChinaNET 全国骨干网建成并正式开通,全国范围的公用计算机互联网络开始提供服务。

1997 年 5 月 30 日,国务院信息化工作领导小组办公室发布《中国互联网络域名注册暂行管理办法》,授权中国科学院组建和管理中国互联网络信息中心(CNNIC),授权中国教育和科研计算机网网络中心与 CNNIC 签约并管理二级域名".edu.cn"。1997 年 6 月 3 日,受国务院信息化工作领导小组办公室的委托,中国科学院在中国科学院计算机网络信息中心正式组建了中国互联网络信息中心(CNNIC),行使国家互联网络信息中心的职责。1997 年 11 月,中国互联网络信息中心(CNNIC)发布了第 1 次《中国互联网络发展状况统计报告》。

根据中国互联网络信息中心(CNNIC)于 2023 年 8 月发布的第 52 次《中国互联网络发展状况统计报告》显示,截至 2023 年 6 月,我国网民规模达到 10.79 亿,互联网普及率达到 76.4%,网民规模持续增长。网络已经深深浸入我们的日常生活,成为"日用而不觉"的一部分,甚至成为一种生活方式。

二、移动网络的兴起与发展

移动互联网是移动无线通信和互联网融合的产物,由移动通信运营商提供接入,互联网企业提供各种应用,继承了移动通信随时、随地、随身和互联网开放、共享、互动的特点。① 移动互联网包括终端、软件和应用三个层面,终端层包括智能手机、平板电脑、电子

---

① 上海社会科学院信息研究所编著:《信息安全辞典》,上海辞书出版社 2013 年版,第 24—25 页。

书等;软件层包括操作系统、中间件、数据库和安全软件等;应用层包括休闲娱乐类、工具媒体类、商务财经类等不同应用与服务。随着3G等移动网络的兴起以及以iPhone为代表的新一代智能终端的普及,全球进入了一个崭新的移动互联网时代。全球智能手机用户从2007年的近30亿人增长到2011年的近60亿人,这给移动互联网发展注入了强大动力。

移动通信技术的日益成熟是移动互联网发展的基本保障。2000年,中国移动互联网投入运行,推出"全球通WAP"服务。2008年5月,美国的CDMA2000、欧洲的WCDMA、中国的TD-SCDMA被国际电信联盟确立为第三代移动通信标准。2009年1月,中国政府开始发放第三代移动通信(3G)牌照:中国移动获得TD-SCDMA牌照,中国电信获得CDMA2000牌照,中国联通则获得了WCDMA牌照,标志着中国正式进入3G时代,手机上网飞速发展。根据中国互联网络信息中心(CNNIC)于2010年1月发布的《第25次中国互联网络发展状况统计报告》显示,截至2009年底,我国手机网民规模一年内增加了1.2亿,达到2.33亿人,占整体网民的60.8%。截至2012年6月底,手机网民规模达到3.88亿,手机首次超越台式电脑成为第一大上网终端。用户上网设备向手机端转移、移动通信基础设施的改善、上网成本下降,促使手机端高流量应用的使用率激增,手机网络音乐、手机网络视频、手机网络游戏、手机网络文学,以及手机在线支付、手机购物、手机团购和手机网上银行的用户规模保持较高增长率。2013年,以移动社交平台为代表的微应用迅速发展,标志着中国已全面进入移动互联网"微"时代;12月,工信部向三大运营商发放4G牌照,中国正式进入4G时代。2019年6月,中国颁发5G牌照,成为全球第一批进行5G商用的国家。

当前,全球5G网络建设稳步推进,进入商用新阶段,多个经济体开始6G战略布局。根据全球移动供应商协会(GSA)统计的数据显示,截至2023年第一季度末,全球有156个国家和地区的524家运营商已投资5G网络,包括网络试验、获取频谱、网络规划、网络部署和商业推出等,97个国家和地区的249家运营商推出符合第三代合作伙伴计划(3GPP)标准的5G商用服务。中国移动互联网发展迅速,数字基础设施规模能级大幅提升,多项指标位居全球前列。国家互联网信息办公室于2023年4月发布的《数字中国发展报告(2022年)》指出,截至2022年底,中国累计建成开通5G基站231.2万个,5G用户5.61亿户,全球占比超60%;移动物联网终端用户达18.45亿户,成为全球主要经济体中首个实现"物超人"的国家;IPv6活跃用户超7亿,移动网络IPv6流量占比近50%。

三、大数据时代的网络形态

由于网络技术的发展,科学数据处理、商业智能数据分析等具有海量需求的应用变得越来越普遍,面对如此巨大的数据量,无论是从形式上还是内容上,已无法用传统的方式进行采集、存储、操作、管理、分析和可视化了。而找出数据源,确定数据量,选择正确的数据处理方法,并将结果可视化就变得非常现实和迫切。网络是大数据的主要载体之一,可以说没有网络就没有今天的大数据技术。美国互联网数据中心指出,互联网上的数据每年将增长50%,每两年将翻一番,而世界上90%以上的数据是最近几年才产生和被人们逐渐认识的。当然数据并非单纯指人们在互联网上发布的信息,全世界的工业设备、汽车、电表上有着无数的数码传感器,时刻测量和传递着有关位置、运动、震动、温度、湿度乃至空气中化学物质的变化,这必将产生海量的数据信息。大数据的意义在于它可以通过人类日益普及的网络行为附带生成,并被相关部门、企业所采集,蕴含着数据生产者的真实意图、喜好。①

随着互联网技术的不断发展,云计算(Cloud Computing)被认为是继大型计算机到客户端-服务器模式的大转变之后的又一巨变。云是网络、互联网的一种比喻说法。云计算提供可用的、便捷的、按需的网络访问,是可配置的计算资源共享池,资源包括网络、服务器、存储、应用软件、服务,这些资源能够被快速提供,只需投入很少的管理工作,或与服务供应商进行很少的交互。云计算是基于互联网的相关服务的增加、使用和交付模式,是通过互联网提供的动态易扩展的虚拟化资源。随着云计算时代的来临,大数据(Big Data)也吸引了越来越多的关注。大数据通常用来形容一个公司或行业创造的大量非结构化数据和半结构化数据。大数据分析和云计算之所以常被联系在一起,是因为实时的大型数据集分析需要数十、数百甚至数千台电脑协同工作。对于大数据,麦肯锡全球研究所给出的定义是:一种规模大到在获取、存储、管理、分析方面大大超出了传统数据库软件工具能力范围的数据集合。

随着人类社会数据量的海量增长和大数据技术的深度应用,社会信息化进程不断加速。大数据资源与深度学习、超级计算等技术相结合,引发了人工智能发展的第三次浪潮,智能搜索、智能问答、智能助理、智能推荐、机器翻译、机器写作、机器视觉、语音识别、自动驾驶、机器人等人工智能应用不断普及,互联网进入智能发展的新阶段。大数据不但为基于深度学习的人工智能算法提供基础资源,而且作为记载人类社会行为和文化生活的数字写真,有力促进了虚拟空间与现实空间的同构化。以大数据为基石的人工智能逐渐由单一功能向通用智能升级,改变了社会的主体结构和交往模式,改变着人的认知和思维方式。

大数据和人工智能的广泛应用和深入发展,改变了人们对网络的理解,一个智能化的互联网呼之欲出,展现出高速移动网络、大数据挖掘和分析、智能感应和处理等多方面的综合能力,这些能力整合起来,形成的力量是传统互联网不可比拟的。当前,互联网发展进入新的阶段,世界正在经历一场更大范围、更深层次的科技革命和产业革命,随着数字

---

① 娄岩编著:《大数据技术概论》,清华大学出版社2017年版,第2页。

化、网络化、智能化的深入发展，人们的生产方式和生活方式正在发生着新的革命性变化。

第三节　网络思想政治教育的发展历程

对网络思想政治教育发展历程的认识和把握可以从实践和理论两个层面进行，网络思想政治教育实践的发展推动着理论的持续创新，与此同时，网络思想政治教育研究的不断深化为工作实践的深入发展提供价值引导和理论支撑。

一、网络思想政治教育实践的发展历程

自1994年我国全功能接入国际互联网以来，网络思想政治教育工作实践经历了近三十年不断发展与创新的历程，而且一直处在随着实践发展而继续深入探索的过程之中，这一过程具体可以分为应对网络挑战、建设网络阵地、营造网络环境、深化新媒体运用四个阶段。

（一）应对网络挑战

1994年我国正式成为接入国际互联网的国家，此事被我国新闻界评为1994年中国十大科技新闻之一，被国家统计公报列为中国1994年重大科技成就之一。由此互联网这一新鲜事物开始引起社会的广泛关注。随着1994年中国教育和科研计算机网（CERNET）建设的全面启动，我国进入互联网的建设与发展时期。从1994年到1998年，我国互联网得到快速发展，高校校园网的建设与应用初步展开，大学生走在使用互联网的前列。由于互联网所带来的是一个新环境，产生的是新问题，这使得高校思想政治教育面临新的挑战，主要表现在：一是部分高校思想政治教育工作者的信息素质不足，对网络知识和技术了解不多，上网经验少，对学生的网络行为和思想心理特点缺乏认识。二是传统的思想政治教育方法不适应网络环境。网络信息传播对学校思想教育工作的信息权威地位产生冲击，使学校对信息传播的有效控制变得困难起来，大学生的注意力向网络转移，学校正面的宣传教育缺乏具有吸引力和影响力的网络载体。三是大学生在使用网络的过程中受到一些负面信息的影响，引发了一些道德失范行为。总的来看，在这一个阶段，互联网在我国得到快速发展，一部分大学生走在网络使用的前列，同时也不可避免地受到了来自网络的负面影响，这引起了高校思想政治教育工作者的高度关注。由于基于网络的思想政治教育研究和工作实践刚刚起步，虽然高校校园网络的硬件设施建设发展较快，但是在教育软环境开发与建设上尚有不足，缺乏有效的网络思想政治教育途径，因而面对互联网带来的负面影响，高校思想政治教育工作中突出地表现为以"防、堵、管"为主要特点的防御策略。

(二) 建设网络阵地

从 1999 年起我国互联网建设进入快速发展期,随着中国教育和科研计算机网(CERNET)的高速主干网顺利建成,到 2000 年底,CERNET 连接了 800 多个教育科研机构,覆盖了全国 150 个城市,用户超过 500 万人。① 在这个基础上,高校信息网络建设快速发展,一些高校实现了包括教学楼、办公楼、图书馆、实验室、教职工宿舍和学生宿舍在内的校园网建设。如清华大学在规划和试点学生宿舍楼接入互联网后,到 2000 年学生宿舍全部接入了互联网;北京大学的研究生宿舍和本科生宿舍分别在 1999 年和 2001 年先后接入互联网。网络建设的发展为思想政治教育工作提供了条件,思想政治工作队伍主动走上网络,开辟网上思想政治教育的新阵地。1999 年 4 月,清华大学汽车工程系汽 71 班党课学习小组为解决同学理论学习时间冲突的问题,在一台宿舍楼的联网计算机上推出了班级的党课理论学习主页,起名为"红色网站"。作为网络条件下学生党建的新生事物,"红色网站"为在互联网上推进学生思想教育工作提供了重要契机,开拓出大学乃至全国思想政治教育工作的新空间。"红色网站"的建立被认为是全国高校思想政治工作进网络的第一步,在全国高校乃至社会范围内引起了强烈反响。② 1999 年中共中央印发的《关于加强和改进思想政治工作的若干意见》和 2000 年教育部印发的《关于加强高等学校思想政治教育进网络工作的若干意见》进一步推动了网络思想政治教育工作的开展。在 2000 年前后,在许多高校的校园网上,一批承担网络思想政治教育工作的红色网站先后建立起来。如北京大学"红旗在线"、北京师范大学"学生党建之窗"、北京科技大学"红旗飘飘"、南开大学"觉悟网站"、南京大学"网上青年共产主义学校"、华中科技大学的"党校在线"等,这些红色网站作为高校传播马克思主义的网络阵地,成为思想政治教育工作的重要载体。

(三) 营造网络环境

2001 年 2 月,清华大学"学生清华"网站建立,这个以"新闻传播的新媒介、集体建设的新途径、信息发布的新窗口、事务管理的新平台"为主要功能的校内学生门户网站在半年时间内访问量达到 85 万人次,最高日访问量达 12 000 人次,迅速成为校园网上的强势媒体。③ 同年,天津大学"天外天"网站建设实现二次飞跃,进入到"以教育为主,以信息服务为载体,兼顾兴趣与娱乐"的网络思想政治教育新阶段,形成了全方位、多层次、综合性的网络结构体系。④ 2001 年 10 月,上海交通大学"交大焦点"网站建设进入网络化阶段,

---

① 《中国教育和科研计算机网 CERNET 大事记(2000~2001)》。数据来源:中国教育和科研计算机网官网。
② 中共北京市委教育工作委员会编:《互联网对高校师生的影响及对策研究》,首都师范大学出版社 2002 年版,第 127 页。
③ 中共北京市委教育工作委员会编:《互联网对高校师生的影响及对策研究》,首都师范大学出版社 2002 年版,第 228—233 页。
④ 谢海光主编:《互联网与思想政治工作案例》,复旦大学出版社 2002 年版,第 33 页。

成为全国高校第一批融新闻时事报道、思想政治教育、学术文化交流以及校园生活服务于一体的校园门户网站之一。① 随着以"学生清华""天外天""交大焦点"为代表的高校校园信息门户网站的建设,高校校园网络建设与应用向着综合性方向发展,网络进入到大学生活的方方面面,主要表现在:一是网络在高校管理、教学与科研活动中广泛应用,学校办公系统、教务管理系统、网络教学平台、科研信息资源网络平台和管理信息平台等广泛使用校园网络信息系统;二是网络实现了综合服务功能,新闻信息、后勤服务、就业服务、心理咨询等通过校园网络进行;三是网络普遍进入学生宿舍,为大学生的课外生活创造出一个新空间,从课外学习、生活服务、人际交往以及休闲娱乐等方面拓展了大学生的活动领域,并且成为大学生社会信息获取的重要途径。针对网络发展与应用的新形势,许多高校开始大力建设综合性的校园信息门户网站②,通过综合性的网络信息服务满足广大学生的上网需求,以此把大学生们吸引和凝聚起来,开展网络思想政治教育工作。2004年8月,中共中央、国务院印发的《关于进一步加强和改进大学生思想政治教育的意见》指出,要全面加强校园网的建设,使网络成为弘扬主旋律、开展思想政治教育的重要手段。同年,教育部、共青团中央印发的《关于进一步加强高等学校校园网络管理工作的意见》进一步制定了校园网络建设和管理的具体内容,推动了全国各高校的网络思想政治教育工作。许多高校在校园网建设和应用逐渐完善的基础上,积极建设综合性的校园信息网站,引导和管理校园BBS的发展,用健康向上的校园网络文化阵地和生活服务平台吸引和凝聚大学生。在学校综合信息网站建设不断发展成熟的基础上,高校校园网络逐渐形成了丰富多样的信息环境,网络思想政治教育进入到大学生日常学习生活的方方面面。

(四)深化新媒体运用

2005年,中国互联网迎来了博客元年,Web2.0时代开启。人人网、微博、微信等互联网新媒体应用不断推陈出新,相继进入大学校园社区。各高校顺应网络技术创新与发展应用趋势,把握大学生网络使用特点和规律,推动以各类新媒体为平台的网络文化阵地建设,在新媒体时代推动网络思想政治教育不断深入。其中,校园新媒体联盟的建设是网络新媒体发展趋势下开展高校网络思想政治教育工作的有效途径。许多高校针对各类新媒体日益成为大学生信息获取、人际交往、学习生活的主要载体的发展态势,根据"新闻宣传""理论教育""学术科研""校园文化""功能服务"等不同类型,建立和完善布局合理、分工明确的思想政治教育新媒体矩阵。与新媒体相伴而来的是大数据时代,大数据为思想政治教育带来了新的机遇和挑战,面对大数据蕴含的巨大变革力量,网络思想政治教育需要把握前沿,主动运用大数据分析手段,从宏观和微观两个层面把握网络思想政治教育对象。在宏观层面,大学生的思想状况可以通过分析其网上活动和现实生活中产生的种

---

① 谢海光主编:《互联网与思想政治工作案例》,复旦大学出版社2002年版,第370页。
② 门户网站就是有明确目标群体的综合信息服务网站,一般具有网络信息分类导航功能。

种数据来进行总体把握,了解群体的思想状况、把握群体的思想规律、精细分析群体思想与各类事件的联系,从而有效提升教育活动的覆盖面和系统性。在微观层面,教育对象的个体行为通过数字化的持续记录和积累后,可以通过大数据分析清晰地展现其思想行为的特点,从而为网络思想政治教育开展个性化、定制化的教育活动提供有力支撑,可有效提升教育活动的针对性和实效性。基于大数据分析的宏观层面的群体思想政治教育与微观层面的个体思想政治教育的结合,是大数据时代网络思想政治教育的两个重要着力点。面对人工智能的快速发展和广泛应用,思想政治教育注重工具理性与价值理性相统一,在发挥人工智能积极效用的同时主动防范可能出现的各类风险和挑战。

二、网络思想政治教育实践发展的维度

(一)网络思想政治教育发展的技术之维

对于大学生思想政治教育工作而言,网络带来的是思想政治教育环境的新发展。以往我们对思想政治教育环境,是把它看作一种自然环境、一种制度环境、一种精神文化环境,而没有在技术这一视角上给予过多的关注。正是网络技术的出现,使得技术要素在思想政治教育活动中第一次显示出如此重要的地位和作用。在新的思想政治教育环境下,网络技术已经成为教育活动的基本要素之一,人们也基于网络技术开发出新的人的发展性资源。"在马克思看来,科学是一种在历史上起推动作用的、革命的力量。"[1]网络技术的不断创新、发展与应用是一种能够推动教育实践发展和进步的力量,只要我们以马克思主义为指导,坚持思想政治教育的基本原理,在教育实践中努力掌握规律性、增强科学性,就一定能够驾驭好网络技术,使之成为服务于青年学生健康成长的积极力量。

网络技术在思想政治教育过程中的重要性空前增长,它已经广泛渗透到思想政治教育的基本结构之中。对于思想政治教育主体而言,网络技术的掌握和运用能力、网络媒介素养和网络所内含的技术理念成为教育者在网络时代亟待充实和发展的主体素质,教育者如何适应网络新环境、把握教育主导权有待深入研究。在思想政治教育介体方面,网络带来思想政治教育中介的革命性变化。思想政治教育活动作为人的实践活动,突出地表现为人与人的互动和交流行为,表现为各种形态的思想、情感、信息的传播与交流。思想政治教育的介体伴随着人类生产能力的发展和技术的进步而不断发生变化。在这个意义上,思想政治教育的方式、方法、手段、途径等都取决于实现这些方式、方法、手段、途径的物质基础。在网络时代,技术网络是思想政治教育最基本的实现基础和运行机制。[2] 在思想政治教育环体方面,网络使其显示出更为深刻的发展变化。在网络技术的作用下,思想政治教育环境已经成为现实空间与虚拟空间密切互动的立体环境,成为全新的人际交

---

[1] 《马克思恩格斯选集》第3卷,人民出版社2012年版,第1003页。
[2] 张再兴:《我国高校网络思想教育的十年历程与发展》,《思想教育研究》2005年第7期。

往和文化环境,成为意识形态斗争"短兵相接"的重要阵地。总而言之,网络从最初仅仅作为一种信息传递的工具和手段,逐渐发展成为一种新的技术环境,改变着人的存在方式、交往关系,重构着社会的话语体系、组织模式,生发出新的道德伦理和价值观念。

思想政治教育理论在当代的创新与发展,必须要从网络技术及其带来的人类活动方式的深刻变革入手,实现对网络思想政治教育理论建构的真正突破。从历史发展的视角来看,网络思想政治教育实践已经经历了近三十年的发展过程,从强调"内容为王"的思想政治教育门户网站建设,到注重人际互动与沟通的BBS、QQ、微博、微信以及短视频社区等网络新技术应用,网络思想政治教育立足于不断发展的网络技术环境,经历着动态发展的历程。按照高校思想政治教育对网络技术的应用状况以及工作模式的主要特点,可以将网络思想政治教育分为三个重要的实践发展阶段,即"内容阵地建设"阶段、"网络群体引导"阶段和"个性化沟通"阶段。

"内容阵地建设"阶段指的是20世纪90年代中后期,这是一个我国高校校园网络建设快速发展、各类思想政治教育网站得到广泛建设的时期。在这一时期,文件传输技术(FTP)、万维网技术(WWW)是网络思想政治教育的主要应用工具。FTP服务器被高校的院系、部门以及学生组织广泛使用,提供了管理文件、公共信息、教学课件、学生作业、专业资料以及学生课外文化生活的大量信息等,是大学生在课内学习和课外生活中必不可少的重要工具。而WWW网站则是网络思想政治教育工作中最为主要的技术应用,各个高校都建立起包括思想理论网站、新闻宣传网站、学生工作网站、生活信息网站在内的各类思想政治教育网站。网络思想政治教育的工作方式主要体现为建立在"服务器—客户端"模式之上的正面信息发布和思想理论教育,思想政治教育者通过多种类型的网站建设开展教育工作,用马克思主义的信息内容占领网络阵地。

在这一时期形成的一个重要教育规律就是主动发挥思想政治教育网站在内容上的综合性、真实性、导向性。首先,内容的综合性可以吸引青年的注意力。作为网络的建设者和管理者,教育者通过网络媒介开展理论教育、新闻宣传、信息发布、生活服务等工作,形成全面服务于青年学习生活的具有综合性内容的信息空间,这是网络思想政治教育能够吸引和凝聚青年学生注意力的重要优势。其次,内容的真实性可以赢得青年的信任感。由于教育者是网站建设的信息源和把关人,这使得作为信息接收者的青年学生对于信息的来源具有明确认知,能够把信息内容与相应的信息发布者对应起来,实现了网络空间与现实的一致性,从而使得其信息内容真实可信。最后,内容的导向性满足了青年学生的成长需要。网站的信息内容以正面信息为主,服务于青年学生的成长成才。理论教育突出教育的目的性和内容的系统性,新闻宣传传递教育者的声音、发布权威性的信息和引导舆论的发展,丰富多样的服务类信息内容则在满足大学生各种需要的同时实现了教育者对受教育者的积极沟通和有效引导。总体而言,思想政治教育网站的建设把现实中的思想教育活动延伸到了网络空间,基于现实生活中学生对教师的信任感、受教育者对教育者的认同感、个人对集体的归属感,网络空间中的红色阵地能够发挥出新闻宣传的权威性和公信力、正面教育的导向性和凝聚力、理论教育的有效性和影响力。

2001年前后,许多高校校园BBS以及以强国论坛为代表的一些网络论坛逐渐显示出较大的社会舆论影响,同时,网络群体的大量形成以及网络舆论的巨大影响力,使得思想政治教育必须面对网络空间新型结构性力量的挑战。在这种形势下,高校思想政治教育工作者深入校园BBS和网络论坛,参与网络社群交往和网络社区建设,引导网络舆论的发展。这一时期可以称之为"网络群体引导"阶段,其网络技术载体主要是校园BBS。BBS技术的基本功能有阅读文章(Read)、张贴文章(Post)、话题讨论(Topic)、在线交流(Message)、私密聊天(Chat)等。BBS的初期定位类似于现实生活中的"公告栏",发展到后来则成为熙熙攘攘的公共广场。高校BBS在20世纪90年代中后期开始建立,其中比较著名的有水木清华、北大未名、饮水思源、日月光华、白云黄鹤、小百合等。经过短短数年的发展,BBS在我国多数高校中承担起校园信息平台、网络舆论平台、人际交往平台和休闲娱乐平台的功能,成为青年大学生学习生活中不可缺少的部分。在这一时期,思想政治教育者主动深入网络社区,与青年学生进行平等对话和交流,努力把握网络社群建设和舆论发展的主导权。一是加强高校网络社区建设,推动网络集体发展,实现网上和网下的工作合力。通过建立与现实集体对应的网络集体,把现实生活中的学校、院系、学生班级、社团协会等延伸到网络空间,为网络思想政治工作的开展提供有效的组织基础。二是关注并合理引导各类网络群体的发展:积极鼓励学习型群体的发展,在网络上提倡热爱学习、互相帮助的积极取向;为兴趣型群体的发展提供空间,在网络上提倡热爱生活、健康友爱的氛围;关注偏离主流价值和行为规范的消极群体的发展,在网络上提倡讲究道德、遵纪守法的社会责任,并在现实中解决好青年学生的心理危机和生活困难。三是完善多层次的沟通渠道,加强师生互动,把握网络舆论的正确发展方向。注重发挥网络论坛作为青年思想晴雨表的作用,完善青年学生参与学校公共事务的现实渠道。健全快速、透明、客观的信息发布机制,以具有公信力的媒体实现新闻宣传的权威性,引导校园网络舆论的发展方向。

2005年之后,以博客、播客、微博、微信等为代表的自媒体蓬勃兴起,在青年学生中得到广泛应用,网络思想政治教育工作进入了基于自媒体的"个性化沟通"阶段。自媒体具有个人化、自主性、多样化、快速性等媒介特征,要求思想政治教育者在思想理论修养、能力素质建设以及网络教育方法等方面不断提升,把现实中"师表楷模"的作用延伸到网络空间,始终发挥好教育者的主导作用。思想政治教育自媒体具有信息"发布者"、"把关人"、网络舆论引导主体的性质,应注重发挥出思想政治教育主体性、目的性和导向性的重要价值。通过运用微博、微信等自媒体开展思想政治教育,教育者与受教育者之间可以形成"双向关注"的沟通模式,实现"平等对话"的思想交流,建构起具有"主体间性"特征的交往式思想政治教育模式。面对"网络原住民",思想政治教育工作者需要主动自觉地创建自媒体阵地,运用好个人博客、微博和微信公众号等来联系、吸引和凝聚起受教育者,从而开展基于日常生活的思想交流、心理沟通、行为指导,并在突发事件过程中做好思想疏导和舆论引导工作。

伴随着网络技术创新和思想政治教育实践探索的不断深入,思想政治教育的基础理论、管理理论和方法理论都需要从其逻辑起点、基本范畴、内容体系等方面进行重新反思,不断地调整、充实、创新、完善,以同步于实践的发展。在这个意义上说,我们不能仅仅从手段和方法的意义上看待网络技术对思想政治教育的影响,而应当从网络技术环境的视角出发,把网络思想政治教育视为思想政治教育的新形态,全面推进思想政治教育实践的深入发展。

(二) 网络思想政治教育发展的交往之维

媒介的形式与人们的交往方式有着密切的关系。人类社会历史上每一种新媒介技术的出现,都会给人们的社会交往结构和形态带来新的改变。从口语到文字,从印刷媒介到电子媒介,媒介形式的变化伴随着人类社会交往方式的发展历程。网络时代的到来,是人类媒介发展史上的一个重要里程碑,产生着更为深远的影响。在一定意义上,媒介的多种形式就是多样化的社会交往形式的体现。当前社会进入到社交媒体时代,各种形式的新型媒体与传统媒体在网络中得到了广泛而深度的融合,与之同时呈现出的是具有多样化形态的网络社会交往空间。

马克思指出,社会是人们交互活动的产物。网络社会依然如此。人类借助网络媒介技术保存和延续了社会既有的交往关系和互动模式,并使之更加深入,更加具有活力。当前的社交媒体环境作为人存在与发展的新型网络社会场域,从其社会本质而言,不外乎是人们交互活动的产物,只是具有了新的技术条件和媒介形式而已。因此,对于社交媒体环境而言,无论其媒介如何演进变化、呈现面貌如何多样,我们仍然可以从社会交往实践的视角来把握其中不变的规律性。换言之,依据马克思主义的交往理论,从社交媒体环境作为网络时代人们交互活动产物的性质出发,我们可以把主体之间的互动关系作为一条有效研究进路,并在此基础上研究和把握高校思想政治教育创新的路径和方法。

在社会学研究中,迪尔凯姆所作的诸如机械团结社会和有机团结社会的阐述,滕尼斯关于共同体与社会的划分,韦伯关于传统支配、法理支配、人格魅力支配的支配社会学理论,都是以互动模式和社会整合为视角的社会类型学说。社会的技术条件和媒介形式对于社会互动模式发挥着重要的影响作用,社交媒体把人们的互动与交往活动推向了一个新的水平,表现出各种互动模式竞争发展的多样性,各类主体间互动关系平等共存的共生性,虚拟与现实相互渗透的整体性,媒介与主体互为依赖关系的依存性等特征。总体而言,社会交往视角下的社交媒体环境不再是一种外在于人的外部实体,而是一种反映多样化的主体间互动关系与交往场域的社会性生态空间。其中,科层关系场域、熟人关系场域、陌生人关系场域是三种主要的主体交往场域类型。在科层关系的社交媒体场域中,主体之间存在明显的社会地位和角色差异,互动关系建立在具有明确的规章和程序要求的科层结构之上。这一场域的典型体现是校园网络空间中的师生交往。熟人关系场域指的是主体之间主要以朋友、熟人等关系进行互动的网络场域,微信朋友圈是此类交往场域的典型体现。陌生人关系场域指的是主体间互不熟识、不存在稳定交往关系的陌生人互动模式,微博公共空间、新闻客户端的网友评论区都是此类场域的典型体现。

从思想政治教育的视角来看,科层关系的社交媒体场域主要是教师与学生以正式的身份和角色关系进行互动的网络空间。在这一场域中,教师在师生互动关系的模式下对学生进行知识传授和价值传递,发挥其教育引导作用。例如在学校主导建设的官博、官微、手机客户端和网络学堂中,教师作为制度化的教育权威,在师生互动结构中居于主导地位。熟人关系的社交媒体场域主要是校园网络空间中的"朋友圈",是校园交往社区在社交媒体环境下的发展产物。一些高校出现的"校园社交网络传播圈"现象就明确地显示出,校园交往关系是虚拟网络空间中吸引和凝聚大学生群体的重要因素和连接纽带。在社交媒体环境下,微信等社交媒介进一步强化和提高了"熟人交往"在大学生进行信息传递、社会联系过程中的重要地位,校园网络社群、微信朋友圈等成为融合人际网络和信息网络的新型社交空间。在这样的社交媒体场域中,社交网络被普遍应用于大学生的学习生活,与各类学生组织、兴趣团体产生对应与互动关系,有效承载和强化了大学生的现实社会交往。与此同时,社交媒体的技术特性还促成了大量的弹性交往关系的出现,使得大学生社交行为更加即时便捷、活跃广泛,社会关系更加丰富多样。陌生人关系的社交媒体场域主要是网络空间中的大型公共空间,如微博公共平台、匿名交往的网络社群等。在这类网络场域中,行为主体来源广泛、数量巨大、流动迅速,由于匿名机制而缺乏明确的社会身份,也无法保持稳定、持久的交往关系,信息内容的个性化、多样化、碎片化特征非常显著。这里的社会结构特性使其成为大学生进行公共表达和社会参与的重要平台,围绕校内外的各类热点和重大新闻、突发事件而形成的大量公共舆论,建构出一个连接校园与社会的公共信息空间和交往场域。

科层关系场域在实质上是各类正式社会组织与社会关系形态的网络延伸,因此这一网络场域具有正式性、权威性和理性化的显著特点。在科层关系场域中,交往主体的身份真实、角色明确,互动行为遵循一定的规范和准则,有利于发挥思想政治教育的主导性作用。这主要表现在以下三个方面。一是基于正式关系的正面教育引导。科层关系场域是真实社会关系的网络映射和社会结构力量的网络延伸。这一场域的重要价值在于建设思想政治教育正面阵地,发挥思想政治教育主导性。教育者通过大力建设各级各类网络平台,有目的、有计划地组织实施思想政治教育工作,旗帜鲜明地开展思想理论教育和正面舆论引导。当前,网络思想政治教育最为重要的任务是要推动信息技术与思想政治教育阵地建设高度融合。正如习近平在全国高校思想政治工作会议上所强调的:"要运用新媒体新技术使工作活起来,推动思想政治工作传统优势同信息技术高度融合,增强时代感和吸引力。"①教育者要能够始终把握网络创新发展前沿,着力打造技术先进、形态多样、具有吸引力和影响力的思想政治教育新媒体矩阵,形成立体多样、交叉融合的正面阵地格局。二是坚持一元主导的思想理论教育。在多元思想文化传播的网络环境下,要坚持以马克思主义引领社会思想文化的健康发展,既尊重差异,包容多样,又要旗帜鲜明地巩固和发展主流意识形态,有力抵制各种错误思潮。互联网作为当前意识形态斗争的前沿阵地,应当成为宣传思想阵地建设的重中之重。要增强网络阵地意识,大力加强主流意识形态阵地建设,巩固和加强马克思主义在网络意识形态领域的指导地位。科层关系场域是互联网上马克思主义一元主导的主阵地,近年来我国网络文化建设与管理的实践证明,互联网上的思想舆论越是复杂多样,马克思主义的主流声音就越是要鲜明响亮。要理直气壮地唱响网上主旋律,不断巩固和加强主流思想理论阵地建设,增强主流意识形态的网络传播力、引导力、影响力。三是立足教育者人格魅力的价值观传递。科层关系场域所建构的是教育者和受教育者的互动关系,教育者的引领和示范是实现思想政治教育主导性的途径。"其身正,不令而行;其身不正,虽令不从。"(《论语·子路》)只有教育者以表里如一、言行一致的作风真正赢得教育对象的认同,教育者所传递的思想理论、价值观念才能得到教育对象的接受。在网络科层关系场域中开展思想政治教育工作,要强调树人先树己,身教重于言教,"打铁还需自身硬",以理想信念、道德情操、扎实知识和仁爱之心塑造出教育者的人格魅力。教育者通过以身作则,率先垂范,把现实中的人格力量延伸转化为网络思想政治教育中的吸引力和感召力,产生网上与网下互动传播的倍增效应,大力提升思想政治教育的影响力和实效性。

熟人关系场域是一种主体与主体之间基于熟识关系、情感纽带和文化认同所结成的网络交往形态。在这样的网络场域中,教育者与受教育者之间形成良性的互动关系,极大提升了教育活动的有效性。教育者与受教育者主体作用的发挥,有助于实现有效互动与深入交流,提升思想政治教育活动的实效性。这一场域中思想政治教育的创新实践,主要体现在以下三个方面。一是建设积极健康的网络社群文化。社群文化是网民群体共创共建共享的文化,承载着特定社群的归属感、认同感、独特感。作为网络世界中的一个个"凝结核",网络社群文化以一种自组织的强大力量把网民吸引、凝聚在一起,并且借助网下与网上的互动进一步增强群体自身的团结。例如校园网络文化社区,即是青年学生群体的文化认同对象之一。这一场域中包括了电子班级、网络社团以及借兴趣纽带而结成的各类校园社群,学生群体通过校园网络文化建设在多元化的网络空间中创造出属于自己的精神空间。思想政治教育工作要充分利用网络社群文化的吸引凝聚作用和思想教育价值,引导网民通过共建共创共享的网络实践活动,主动营造风清气朗、积极健康的网络精

---

① 《习近平在全国高校思想政治工作会议上强调:把思想政治工作贯穿教育教学全过程 开创我国高等教育事业发展新局面》,《人民日报》2016年12月9日。

神家园。二是创设情理交融的思想政治教育沟通情境。马克思、恩格斯曾经指出:"既然人的性格是由环境造成的,那就必须使环境成为合乎人性的环境。"①思想政治教育情境的创设是培养和提高人的思想政治素质的重要途径。在网络熟人关系场域中,熟识关系、情感纽带等因素为教育者与受教育者的理性交流、对话沟通和达成共识提供了条件。在这样的交流情境下,人与人之间可以实现有效的相互倾听、理性的讨论以及力求共识的沟通。思想政治教育者要因势利导,利用社交网络主动营造出情理交融、有效对话的思想政治教育情境,与教育对象建立起密切交往的"朋友圈"关系,从而实现深入的思想交流和积极的对话引导。尤其是在对突发事件或者社会热点的舆论引导工作中,要发挥这一网络场域的沟通优势,立足社交网络传递正面积极的主流声音,构建客观理性的舆论氛围,实现深入有效的思想引导。三是加强思想政治教育的心理疏导工作。心理疏导是教育者和受教育者在建立良好的人际信任关系的基础上,围绕心理问题进行倾诉交流、沟通理解,以达到消除心理障碍、增进心理健康的目的。熟人交往关系中所蕴含的人际信任因素能够增强心理疏导的效果。信任作为一种人际互动的心理态度和思想交流的价值倾向,为稳定交往关系的建立奠定基础。同时,长期稳定的人际联系和互惠行为反过来也不断增强信任关系。教育者要关心、爱护、尊重受教育者,利用社交网络建立起信息共享、情感交流、心理辅导的沟通机制,逐步建立起与受教育者之间的信任关系,在深入了解其心理状况和问题的基础上给予关怀和支持,实施思想疏导或心理救助措施。

  陌生人关系场域是网络环境中具有开放、虚拟、多样、多变等特征的普遍交往空间和公共舆论场域。在这一场域,教育者和受教育者的真实身份被隐匿在虚拟的交往空间中,网络主体之间不存在稳定的交往关系和人际纽带,信息内容丰富广泛却又良莠不齐,思想舆论激荡交融产生多重影响。针对这一场域的特点,思想政治教育要因势利导,趋利避害,推进工作发展创新,始终站在时代潮头。一是建立思想政治教育的网络舆情系统,发挥社会思想动态"晴雨表"作用。"知屋漏者在宇下,知政失者在草野。"掌握舆论动态、引导社会思潮是政府了解社情民意、加强思想建设的重要途径。而陌生人关系场域是信息的聚合地和公共舆论场,各种社会思想文化和价值观念竞相发声,主流和非主流意识形态并存,多样化的社会思潮纷纭激荡。针对这一特点,思想政治教育者要建立舆情收集和分析机制,开展及时、持续的数据挖掘和研究工作,分析各类社会思潮的传播规律和状况,在全面深入掌握民情民意的基础上开展舆论引导工作。习近平在网络安全与信息化座谈会上指出,网民来自老百姓,老百姓上了网,民意也就上了网。群众在哪儿,我们的领导干部就要到哪儿去。各级党政机关和领导干部要学会通过网络走群众路线,经常上网看看,了解群众所思所愿,收集好想法好建议,积极回应网民关切、解疑释惑。② 密切联系群众是

---

① 《马克思恩格斯全集》第2卷,人民出版社1957年版,第167页。
② 习近平:《在网络安全和信息化工作座谈会上的讲话》,人民出版社2016年版,第7页。

思想政治教育工作的优良传统,在新形势下应注重发挥互联网"草野"的民意反映功能,及时掌握社会思想动态和舆论热点问题,完善多层次多渠道的回应机制,有针对性地开展深入细致的思想工作。二是主动发挥"减压阀"机制,疏导社会压力,加强人文关怀。陌生人关系场域是互联网上的公共广场,人们在利益取向、价值观念以及情感认同等方面的差异和碰撞都在这里显现,意见交锋、思潮碰撞、情绪发泄、舆论博弈等现象比较常见。思想政治教育的一个重要功能在于化解社会矛盾,疏导社会压力,维护社会秩序。在网络公共舆论场域中,思想政治教育的疏导和协调功能显得更为重要。社会冲突论学者刘易斯·科塞认为,在不毁坏结构的前提下使对抗的情绪释放出来以维持社会整合的制度,是一种社会安全机制。①网络公共广场上"人人都有麦克风"的意见表达机制,有利于及早释放社会矛盾所形成的张力,发现深层次的社会问题。思想政治教育工作要顺势而为,主动发挥网络公共场域的"减压阀"机制,释放社会压力,疏导社会心态,加强人文关怀,促进社会和谐。三是建立网络舆论生态的"平衡器"机制,把握网络思想文化的发展方向。随着人们思想活动独立性、选择性、差异性、多变性的不断增强,公众的精神文化需求日益多样,网络公共场域成为丰富多彩、包容多样的思想文化公共空间,形成了既碰撞冲突又相互融合的网络舆论生态。而对于思想政治教育而言,首先要立足网络舆论生态的现实状况,把握各类思想文化交流交融交锋的态势,认真分析和梳理各类舆论生态圈之间的联系与共通之处,在尊重差异性的基础上力促"最大公约数",形成思想共识。其次要发挥思想政治教育对各类舆论思潮和思想文化的协调与整合功能,鼓励百花齐放、百家争鸣,打破网络圈层壁垒,避免群体极化,进而促进对话交流,求同存异,引导不同社会群体思想文化的平等对话、合理发展。最后要大力培育网络主流思想文化,主动调节网络舆论生态格局,发挥思想政治教育在网络思想文化发展中的引领和导向作用。

(三)网络思想政治教育发展的观念之维

思想政治教育网络观的演进,反映了思想政治教育随网络实践的发展而不断发现问题、分析问题和解决问题的进程,同时也反映了信息网络时代思想政治教育的理论不断得以丰富和发展的进程。在网络思想政治教育发展的初期,互联网成为思想政治教育的新技术新手段,思想政治教育与网络表现为主体的实践活动与技术工具的关系,我们把这一时期称为思想政治教育的网络工具观阶段。随着新媒体的发展以及社交网络的深度应用,人们的信息交互模式和社会交往关系发生巨大变化,互联网构建出主体实践活动的新型社会空间,由此深刻改变了思想政治教育环境,思想政治教育与网络之间演进为主体实践活动与网络环境的关系,我们以网络环境观来概括这一时期思想政治教育实践发展与理论研究的主要特征。近年来随着大数据、物联网、人工智能等新兴技术的蓬勃发展,互

---

① 侯钧生主编:《西方社会学理论教程》,南开大学出版社2010年版,第215页。

联网呈现出智能化的发展趋势。由于智能机器的进场,思想政治教育的主体结构发生变化,人机交互带来新的实践形式和思维方式,思想政治教育与网络正在形成一种主体实践活动与人机共生的智能社会的关系,我们把这一日趋深入的发展进程称为思想政治教育的网络智能观阶段。

1. 思想政治教育的网络工具观

作为信息时代的一项革命性的技术,互联网首先是作为思想政治教育的技术工具和信息媒介而得以应用的。在教育实践中,教育者通过网站、邮件群组、电子公告板、论坛等网络手段来开展教育活动,建立起基于互联网的思想政治教育工作体系,主动把网络作为新的载体和手段,积极探索思想政治教育新方法。从思想政治教育的过程而言,教育者是主体,受教育者是客体,教育者通过网络工具同受教育者进行互动,促进教育目标的达成,这是网络工具观视野下以"主体—介体—客体"为结构的思想政治教育模式。在这一时期,网络的应用带来思想政治教育结构要素理论的发展变化。作为主体和客体相互联系和作用的思想政治教育新介体,互联网所具有的开放性、交互性、虚拟性等新特点,促进了教育主体、教育内容、教育方法等思想政治教育要素的深刻变化。

作为一种新的技术手段,互联网促进了思想政治教育主体能力素质的建设。网络技术要求教育者一方面学习和掌握互联网的知识、特性和信息传播规律,另一方面要不断提升自身在网络思想政治教育实践中的能力,包括网络新媒体使用技能、网络社区建设方法、网络话语表达技巧、网络舆论引导艺术、网络宣传动员能力等,从而提高思想政治教育工作的科学性。网络不是单一形式的媒介,它具有显著的融媒体性质,在媒介功能方面包括了人际传播、群体传播和大众传播,在媒介形态上涵盖网络报刊、网络广播、网络电视以及各类新媒体,在传播模式上表现出分众化、差异化传播的显著特征。从BBS、WWW网站、SNS社区到微博、微信、抖音等各类社交媒体,每一种新型媒介都会带来崭新的信息交流方式和思想传播载体,改变着网络思想政治教育的内容、对象和方法之间的结合方式和作用机制。这要求思想政治教育主体不断提升在网络实践中的认识水平和实践能力,努力成为各类新媒体新技术的行家里手,始终走在应用新技术的前列,把握好思想政治教育的主动权。

作为一种新的信息工具,互联网改变着思想政治教育内容的生产方式。不同于农业时代的手工书写和工业时代的机械印刷,信息时代的信息生产工具是计算机,计算机网络构成了人类社会进行知识传播、思想传承和文化交流的信息架构。基于计算机网络的思想政治教育内容生产具有更高的效率、超大的规模、多媒体的手段等特点,产生出思想政治教育内容"供给侧改革"的丰富成果,如优秀传统文化通过数字虚拟技术"活"起来发挥文化育人的作用,国内外时事新闻经由网络采集加工成为最新的形势教育内容,思想政治理论课利用在线开放课堂增强教学育人主渠道功能等。与此同时,思想政治教育的内容形态因数字化技术变得更加丰富多样,文字、声音、图像都融合于计算机网络,内容的可视化、形象化、直观化特征更加凸显出来。在思想政治教育与信息技术不断融合的发展趋势下,教育内容的呈现方式、载体形式、话语形态等都发生着新的变化。内容建设服务于教育目标的实现,教育者在坚持思想政治教育目标和任务"不变"的前提下,深入研究内容生产方式"变化"的规律,掌握网络信息方式与思想政治教育内容建设相融合的规律和方法,不断增强思想政治教育的实效性。

作为新的传播媒介,互联网推动思想政治教育方法的发展和创新。方法是理论转化为实践的桥梁。信息传媒作为思想政治教育的介体,发挥着连接教育者与受教育者、传递教育内容、达成教育目标的重要功能,网络作为现代信息媒介,能够促进思想政治教育方法的发展。一是促进思想政治教育传统方法的更新。最直接的体现是网络提升了思想政治教育手段的信息化水平。例如,传统上收集分析受教育者思想信息的方法多为问卷调研法、访谈法等,互联网带来了电子邮件访谈、网络问卷调研等新方法,进一步提升了信息采集的效率和规模;而大数据技术手段在思想政治教育实践中的应用,进一步增强了思想信息的采集、分析、评估和预测能力,促进了思想政治教育方法的现代化发展。二是推动思想政治教育新方法的创建。人的意识即信息,思维活动是信息的运动。在此意义上,思想政治教育的过程是教育主客体进行信息交互的过程。网络媒介的不断更新演变,促进思想政治教育主体与客体信息交流方式的变化,产生出新的思想政治教育方法。例如立足思想政治理论网站的正面宣传教育法,基于社交网络的网上集体建设法、培养自媒体意见领袖的舆论引导法等,这些都是网络媒介催生出的思想政治教育新方法。三是推进网络思想政治教育的方法理论创新。互联网技术变革方兴未艾,思想政治教育的网络技术手段和方法不断推陈出新。在网络思想政治教育实践中,互联网的工具属性及其自身特性与思想政治教育方法的发展变化有着重要的联系和作用。这要求教育者深入研究网络发展应用的一般规律并加强理论转化,不断总结和发展思想政治教育的方法理论,推进网络思想政治教育的创新发展。

2. 思想政治教育的网络环境观

随着互联网的影响从局部领域拓展至整个社会生态,网络逐渐改变了人的生存环境,建构出一个全新的网络社会。人们对思想政治教育与网络关系的认识也随之深化,由网络工具观逐渐演进为网络环境观。思想政治教育的网络环境是以网络为基础要素的环境,分为宏观层面上的网络社会、中观层面上的赛博空间和微观层面上的虚拟社区。网络环境为思想政治教育带来的变化是根本性的,要求思想政治教育从实践发展与理论研究上给予充分的回应,通过破解新问题和建构新理论来推进思想政治教育的实践发展。

虚拟与现实的和谐成为网络思想政治教育的发展要求。随着网络社会的崛起,虚拟环境成为人生存和发展的崭新空间。在技术维度上,虚拟环境以信息技术为社会基础架构,促进了人的虚拟认识和虚拟实践的发展;在社会维度上,虚拟环境扩大了人的社会交往空间,丰富了人的交往关系,对人的发展带来多层次、多重性的复杂影响;在文化维度上,虚拟环境在为人的精神世界发展创造良好条件的同时,也带来了更多的价值矛盾和文化冲突。"人创造环境,同样,环境也创造人。"①虚拟环境的出现带来人的生存环境的变革,社会交往关系、话语体系、组织模式、道德伦理都发生了新的变化,因而虚拟与现实的和谐成为网络思想政治教育的重要价值目标。这要求我们深入分析和掌握网络环境下思想政治教育的特点和规律,在教育实践中积极促进虚拟环境与现实环境的良性互动,实现人的发展和社会发展在虚拟和现实两个层次上的和谐。

思想政治教育主客体关系在网络环境中产生新的发展。由于受教育者在网络实践中的主体性得到极大提升,成为与教育者具有平等地位的实践主体,从而使得两者之间的互动关系出现显著的主体际性特征。但与此同时,思想政治教育的灌输性本质规定了教育者应当发挥主导和引领作用,反映在网络思想政治教育过程中,实践主体必然存在着主动的、引导的一方和被动的、追随的一方,由此形成主体际意义上的新型主客体关系。这一新型主客体关系表现出建构性、场域性和流变性三个主要特点。建构性是网络思想政治教育主客体关系的生成性特征。网络交往实践的发生是以主体之间的主动连接为前提的,因此,作为网络主体的受教育者是否主动连接教育者主体,是网络思想政治教育活动发生的前提。场域性是网络思想政治教育主客体关系的条件性特征。网络交往实践的展开以主体之间的连接方式与交往关系为运行条件,结构各异的连接方式和不同性质的交往关系建构出多元异质的网络场域。网络思想政治教育的主客体运动必然是在这些具体的网络场域中得以发生和展开的。流变性是网络思想政治教育主客体运动的过程性特征。网络交往实践的环境是一个开放的非平衡系统,信息的自由流动和交换、节点连接的扁平化和去中心化、网络主体之间非线性的相互作用等因素,使主客体关系不可能始终维持在某一稳定不变的平衡状态,任何新的变化都可能造成系统的涨落甚至重构。因此,网络思想政治教育主客体关系表现出持续性变化的特点以及复杂系统的运动状态,引导者和追随者之间的互动呈现出主客体交替重叠、交互关系动态变化的运动过程。

调控和优化网络环境成为思想政治教育工作实践发展的重点。针对多维的环境层次、丰富的环境要素、普遍的主体交往、变化的媒介形态等网络环境特性,正确处理虚拟性与现实性、技术性与人文性、知识性与价值性、开放性与封闭性、主导性与自主性、社会性与个人性、继承性与创新性等矛盾关系,成为认识和调节网络思想政治教育环境的重要原则。主体的虚拟交往活动建构出思想政治教育新的实践空间,虚拟是现实的延伸,现实是虚拟的根源。网内思想政治教育必须与网外思想政治教育紧密结合,构建虚实互动的思想政治教育模式,努力实现虚实和谐的价值目标。网络思想政治教育的生态理念进一步

---

① 《马克思恩格斯选集》第1卷,人民出版社2012年版,第172—173页。

得以强化,遵循各类网络场域中的主客体关系和交往机制,出现了师生关系情境下的主导型思想政治教育模式,熟人关系情境下的交往型思想政治教育模式和陌生人关系情境下的疏导型思想政治教育模式。网络舆论日益显现出重要的社会影响和思想政治教育价值。深入认识网络舆论空间的复杂系统特性,提高"因势利导"和"造势引导"的实践能力,加强网络内容建设,掌握正面教育的主动权,提高应对突发事件、批判错误思潮的网络舆论引导力。

3. 思想政治教育的网络智能观

人工智能等技术的不断发展深刻改变着人们的生产方式和生活环境。网络社会正在进入机器智能大发展的新阶段,一个日益智能化的社会环境成为思想政治教育面临的新境域。人机交互的主体际性在教育活动过程中凸显出来,人机融合促使思想政治教育的实践方式发生延展,并改变着人的认知和思维方式。可以说,思想政治教育实践中的互联网,从最初作为一种技术工具,到逐渐成为一种环境,再发展成为一种人机共生的智能社会。"网络智能观"是对这一新的发展趋势及其主要特征的理论概括。

在人工智能时代,正确而全面地认识和把握人与智能机器的关系是思想政治教育发展的重要方面。在认识层面,要在正确认识人与社会关系的基础上来研究和把握人与智能机器的关系,把服务于社会的文明进步和人的全面发展作为利用人工智能推进教育实践发展的价值遵循。在实践层面,要深入研究人类智能面对机器智能所显现出来的优势和劣势,从而扬长避短、趋利避害,主动把人工智能带来的挑战转化为人发展和提升的动力。在人工智能不断发展的趋势下,思想政治教育最为关切的方面应当在于深刻思考人自身的发展,而这种发展也正是人改变自身以适应智能环境的必然结果。智能机器是我们认识和改造自身的重要参照系和比较对象,人类与机器之间要建立起"人类强,则机器强;机器强,则人类强"的良性互动机制,在人机交互的过程中不断提高学习能力,反省自身局限,增强全面素质,提升精神境界,在改造环境的过程中不断改造自身,始终保持人的主体地位和发展进步。

人与智能机器的互动作用和融合发展推动思想政治教育实践创新。思想政治教育的网络实践经历了技术工具系统、虚拟符号系统,进而到智能控制系统的延展过程,持续产生了从操作层面、交往层面到认识活动层面的变化。人工智能以人脑的"信息化在场"方式促进了思想政治教育实践的发展,体现为思想政治教育过程中主观与客观关系的变化。主观和客观是人的认识活动中的一对基本关系,贯穿于认识运动的整个过程。在一定意义上,思想政治教育是解决人的思想认识问题的教育实践活动,其过程是主观与客观之间不断进行相互作用、循环往复并最终实现认识发展和提高的过程。人工智能提供了主观与客观交互作用的崭新方式。如人工智能的脑机接口技术具有"知行接口"功能,人的主观意识通过脑机接口可以与实践对象建立直接的联结关系,从而摆脱知行之间的传统区隔而产生出主观见之于客观的效果。这使得思想政治教育过程中的主客观互动关系发生新变化,一方面通过人机协作与融合实现知与行之间新的联结和贯通,另一方面还可以通过提高主观与客观的互动效率更好地实现科学预见、超前反映等理论对实践的作用。当然,人工智能本质上依然是人的实践活动的产物,无论机器智能如何发展,人的自觉的能动性始终是实践发展水平的标志。这就决定了人工智能时代思想政治教育发展的重要目标在于增强人的实践自觉,通过掌握新的实践现象与规律,实现人对改造主观和客观世界的能动性以及实践水平的提升。

三、网络思想政治教育研究的发展及主要论题

互联网的发展和普及为思想政治教育学科带来了新的挑战和机遇。作为重要的学科分支领域,网络思想政治教育的研究发展经历了近三十年的历程。在新的形势下,深入开展网络思想政治教育的基础理论与实践研究,是建设与发展富有中国特色的思想政治教育学科的必然要求。

(一)网络思想政治教育研究的发展历程

1994年至1999年是网络思想政治教育研究的发生期。1994年,我国正式成为接入国际互联网的国家。与我国互联网建设与发展的实践相同步,网络思想政治教育实践与研究应运而生。在这一时期,互联网在我国得到了初步发展和应用,思想政治教育遇到互联网技术革命所带来的新挑战,实践中的突出问题对相关理论研究提出了新的更高要求。这一时期的实践特点是:青年大学生对互联网的使用走在社会前列,他们在思想、道德、心理等方面受到网络技术带来的多重影响;面对突如其来的网络冲击与挑战,思想政治教育者主动应对,开启了认识和探索网络思想政治教育的历程。在理论研究层面,互联网发展实践中的重大问题促成了网络思想政治教育研究的产生。网络时代思想政治教育新问题的发现和在网络环境下对马克思主义意识形态阵地建设的迫切需要,成为网络思想政治教育研究产生的基础和发展动力。尽管这一时期的研究文献数量不多,但其重要意义在于揭示了现象,提出了问题,启发了意识,推动了实践。

2000年至2004年是思想政治教育进网络的实践探索和网络思想政治教育研究的全面启动期。2000年,根据《中共中央关于加强和改进思想政治工作的若干意见》,教育部制定印发了《关于加强高等学校思想政治教育进网络工作的若干意见》。这些文件作为来自国家层面的顶层设计,强有力地促进了网络思想政治教育实践的发展,推动了网络思想政治教育研究方向的确立。关于思想政治教育进网络的研究成果陆续在专业学术刊物上大量出现,围绕网络思想政治教育的论著也开始出版。在这一时期,新形势下国家意识形态工作的新要求推动了思想政治教育进网络的全面展开,实践的深入发展极大地促进了网络思想政治教育研究的科学化进程。对网络特点与发展趋势、网络思想政治教育阵地建设的规律和方法、网络环境下青年学生思想和行为发展新特点等的分析是这一时期研究的主要内容,研究方法的科学性也得到进一步加强。总体而言,国家意识形态建设的

要求确立了网络思想政治教育研究的方向，大量的实践研究成果积累了丰富的基础性材料，为网络思想政治教育的学科化发展创造了条件。

2005年至2011年是网络思想政治教育研究的学科化探索时期。在这一时期，每年在核心期刊上发表的以"网络思想政治教育"为主题的论文数量上升到百位数，以"网络思想政治教育"为主题的硕士学位论文数量在2007年突破了百位数，而博士学位论文在2010年之后突破了个位数，在2011年度达到24篇。在这一时期，以"网络思想政治教育研究""高校网络思想政治教育学""大学生网络思想政治教育研究"等为主题的研究著作陆续出版；以网络思想政治教育的概念内涵、发展历史、原理和方法等为内容的研究成果不断丰富；以"网络思想教育研究"为主题的全国性学术会议陆续举行；以"网络思想政治教育原理研究"为题的国家社会科学基金获得立项，教育部哲学社会科学重大课题攻关项目"网络思想教育研究"成果正式出版。在这一时期，网络思想政治教育立足于网络社会崛起的时代背景，呈现出宏观的研究视野和体系化的发展趋势，在学科建构方面的理论探索不断深入，对重大实践问题的有效解决不断突破。总体而言，在这一时期，网络思想政治教育研究逐渐把握住了较为明确的研究对象，积累了一定的规律性认识；构建出反映自身特殊性的学术话语体系，形成了具备一定理论边界的研究场域；凝聚起了一支具有归属感的研究队伍，呈现出富有生命力的发展态势。

2012年以来是网络思想政治教育研究的深入推进时期。党的十八大以来，以习近平同志为核心的党中央高度关注网络安全与信息化工作，作出了建设网络强国的战略部署，这将网络思想政治教育实践发展和理论研究的目标推向更高定位。与此同时，移动互联网、虚拟现实、人工智能等信息技术日新月异，深刻影响着社会和人的发展，对于网络思想政治教育理论研究提出了新的要求。在这一时期，网络思想政治教育研究立足于人与网络环境相互联系和作用而构成的网络生态系统，呈现出更为宏观的研究视野和更加精细的发展态势，基础理论的论域得到进一步拓展，诸多学科理论得到进一步凝练。展望未来，我国建设网络强国的战略目标指明了网络思想政治教育研究发展的方向，维护国家意识形态安全和网络安全对网络思想政治教育发展提出了更紧迫的任务，信息技术革命为网络思想政治教育创新发展提供了更强大的动力。网络思想政治教育研究进入更为系统而深入的基本原理和方法理论研究阶段，力争在以学科体系化建设为目标的基础理论研究和以解决重大实践问题为目标的实践研究上取得更大突破。

（二）网络思想政治教育研究发展的主要论题

基于对网络思想政治教育研究发展状况的梳理，本书以网络思想政治教育的根源性、本质性、实践性问题为主线，围绕网络思想政治教育为什么会产生、存在和发展，网络思想政治教育是什么，如何做好网络思想政治教育这些基本问题，对于网络环境、虚拟实践、网络主客体的基础理论问题和网络社区、网络舆论、网络民主、网络管理、网络心理、网络话语等重要实践问题展开系统阐述。

第一,网络思想政治教育之所以产生,其深刻原因在于网络环境改变了人的活动环境。这种新的网络环境的实质是人的新的生存状态、交往空间和发展条件。在这个意义上,对于网络环境的研究是网络思想政治教育理论研究的起点。这一观点已成为许多理论研究者的共识。教育部首批哲学社会科学研究重大课题攻关项目"网络思想教育研究",正是以网络社会的崛起作为立论基点,以对思想政治教育环境变迁的解析为主线,针对网络思想政治教育的基础理论问题而展开。该研究认为,在网络社会条件下,技术环境作为思想政治教育环境要素的基础性地位和作用第一次被人们所认识。信息技术的不断创新促进了社会交往的变革,各种人际互动模式在网络社会环境中获得前所未有的发展可能性,不同形态的社会交往场域取得了平等的地位,主要典型场域包括了公社型交往场域、科层型交往场域和广场型交往场域。① 网络环境改变了人的成长与发展条件,育人环境的深刻变化是思想政治教育创新发展的根本性要求。当前互联网发展进入到一个新的阶段,进一步的研究需要更加注重比较研究、逻辑分析、实证分析的方法,以新媒体、大数据、元宇宙环境为重点,深入把握网络环境的独特特性、内在机制和发展趋势。

第二,网络思想政治教育存在和发展的基础在于人的虚拟实践。虚拟实践是网络环境下人的活动方式,是人的思想意识发展的重要基础。有研究者通过对人的网络实践活动进程的分析来回答"网络思想政治教育在何处发生"的理论追问,并以之作为网络思想政治教育的逻辑出发点和理论进路。在实践的形式上,网民的网络实践进程可以分为"人—器物"互动、"人—界面"互动、"人—网络空间"互动、"人—网络生活世界"互动四个阶段。基于此,网络思想政治教育可分为四个层次:器物层的网络思想政治教育、界面层的网络思想政治教育、网络空间层的网络思想政治教育、网络生活层的网络思想政治教育。② 对于虚拟实践的理论把握是深入开展网络思想政治教育基本原理研究的必然要求。虚拟是现实的延伸,虚拟也具有与现实不同的本质特性。进一步的研究工作要注重把握虚拟与现实的关系,以人的虚拟实践活动的演进为逻辑进路,系统梳理和分析虚拟实践进程中各个阶段的思想政治教育问题和方法。

第三,网络思想政治教育开展的重要理论基础在于对网络主客体关系的认识与把握。当前学界关于网络思想政治教育主客体关系的观点较为多样。比较突出的有"情境论"和"取代论"这两种主要观点。"情境论"认为网络环境下的思想政治教育主客体关系,是教育者和受教育者所共同建构的交互主体,是在具体情境中发生的主动—被动、能动—受动之关系。网络思想政治教育的主客体关系具有客观存在性,同时又呈现出建构性、流变性和情境性的新特点。③ "取代论"认为在网络思想政治教育中,传统思想政治教育主客

---

① 张再兴等:《网络思想政治教育研究》,经济科学出版社2009年版,第42页。
② 谢玉进、胡树祥:《网络实践活动的基本进程与网络思想政治教育的切入点》,《高校理论战线》2009年第12期。
③ 张瑜:《论网络信息环境下德育主客体关系的新发展》《思想理论教育》2007年第19期。

体之间的界限不再明晰。人们在网络社会空间中形成了主体与主体之间的复杂互动关系,这就是网络思想政治教育的主体间性,即在网络生存空间中因思想政治教育主体内部或外部之间的相互运动而形成的复杂关系,具体可分为网络人机互动关系、网络人际互动关系和网络自我互动关系。① 当前关于网络思想政治教育主客体问题的研究尚需进一步深入而系统地展开,尤其要关注人工智能时代人与机器的关系。

第四,网络社区问题是网络思想政治教育实践研究的一个基本问题。网络从最初的信息工具逐渐发展成为一种交往方式和生活环境,形成了以"网络社区"为形态的新型实践空间,催生出以网络社区为核心的网络思想政治教育实践研究课题。网络社区研究可以说是网络思想政治教育基本理论建构最为重要的实践认识来源。在实践意义上,主动建设网络社区、深入走进网络社区是网络思想政治教育的一个重要突破点。高校校园网络文化的建设与发展,基于"中国大学生在线"等大学生网络社区平台的建设,基于微博、微信、短视频等社交网络平台的大学生新媒体社区的快速发展,基于"慕课"等在线教育平台的大学生课程学习网络社区的创新扩张,都反映出需要进一步深入开展网络互动社区的理论与实践研究,特别是针对新媒体、移动网络平台以及虚拟现实空间的思想政治教育社区建设研究。

第五,作为社会意识形态的重要载体,网络舆论在思想政治教育实践研究中的地位和价值显得尤为重要。"谁在说、说什么、在哪说"反映当前舆论环境的现状与特征,"谁来说、说什么、如何说"则是掌握思想政治教育话语权要解决的基本问题。关于网络舆论及其引导的研究,进一步的规律性探索尚需伴随工作实践的深入展开而进行。其中,科学建构网络舆论的描述指标体系和测量方法,有效运用大数据工具和新媒体传播方式,是把握网络舆论规律、有效开展思想政治教育和舆论引导工作的基础。尤其对于高校而言,基于校园网络舆情把握及其相关的危机管理是网络思想政治教育实践研究的重点和难点问题。② 网络舆论环境下思想政治教育的话语权问题是当前实践研究亟待突破的重要方面。

第六,主要网络心理问题的研究当前聚焦在网络心理障碍的研究和网络心理发展的研究。网络心理障碍的研究主要针对大学生网络依赖、网络成瘾等问题;网络心理发展的研究主要以网络受众的心理机制和信息接受问题为重点。在研究发展的过程中,关于网络依赖与成瘾问题的研究开始较早,出现于"网络危害论"认识时期;关于网络受众的心理机制和信息接受问题的研究后来居上,在网络思想政治教育研究进入"网络社会观"认识阶段后得到了深入发展。随着网络环境下受教育者主体性的增强,关于互联网思维、网络心理及其规律的研究与把握成为提高思想政治教育有效性的关键,是网络思想政治教

---

① 丁科、胡树祥:《网络思想政治教育的主体间性新论》,《毛泽东思想研究》2013年第4期。
② 张再兴等:《网络思想政治教育研究》,经济科学出版社2009年版,第205页。

育实践研究亟待深入的重要问题。尤其是当前慕课课程的兴起对于网络主体的认知心理机制与规律的研究提出了更为紧迫的要求。

第七,网络话语不同于网络语言,是一种政治、经济、社会、文化的综合建构。网络思想政治教育对网络话语的研究,从对网络语言的分析发展到对具有社会文化整体性意义的网络话语研究,反映了思想政治教育实践研究的不断深入。网络话语权是网络话语研究的关键问题。有研究指出,提升大学生思想政治教育的网络文化话语权,要熟识网络领域的文化话语,分析网络领域的文化话语,创新、传播和调控网络领域的文化话语。大学生思想政治教育网络文化话语权的提升路径在于:加强网络信息技术建设、增强网络文化话语设置自觉、促进网络文化话语广泛传播、主动参与网络文化话语交锋、提高网络思想政治教育话语能力。[①] 进一步的研究重点是网络话语权的实现机制,其中包括网络意见领袖的特点、形成规律及其培育和建设方法等问题。

第八,由于大学生民主参与实践的不断发展,使得网络民主问题成为网络思想政治教育实践研究中的突出问题。从当前研究发展的现状而言,大多数研究吸收借鉴了政治学的政治参与概念,在政治参与的范畴体系中探讨大学生的网络政治参与。也有研究以"民主""网络民主"和"大学生网络民主"为分析进路,对大学生网络民主参与发展进行研究。无论是在狭义的范围内研究大学生的网络政治参与,还是在广义的范围内探讨大学生的"网络民主"问题,当前的研究工作都得出了一定的规律性认识,尤其是对大学生的"群体极化"效应,基于"校园网络亚传播圈"模式的民主参与机制,校园群体性事件危机应对和网络治理等问题的研究取得了积极的成果。随着我国政治文明建设的发展,对这一实践问题的研究必将继续深入下去。

第九,对于网络社会治理问题的研究是网络思想政治教育管理研究的重要内容。网络思想政治教育的管理研究伴随着网络技术与网络文化的不断创新发展而逐渐深入,当前的研究在网络信息管理、网站建设管理、网络行为管理、网络社群管理以及危机管理、管理队伍建设等方面都产生了一些成果,对于虚拟社会治理的研究也在借鉴相关学科研究成果的基础上逐渐深入。网络管理的研究进程有着清晰的发展路线,网络技术的创新是网络管理实践与研究发展的牵引力,国家互联网文化建设与管理战略部署是网络管理实践与研究发展的推动力。进一步的研究要紧紧围绕建设网络强国的战略目标,面向国家意识形态安全和文化安全的现实需要,针对当前互联网技术创新发展的新特点和趋势,研究分析网络管理实践中的突出问题,提出网络社会治理的理念、对策与方法。

第十,对于人工智能时代思想政治教育发展的前瞻研究。随着移动互联网、社交网络以及物联网等深入发展,人类社会产生的数据量呈现海量增长趋势,社会信息化进程不断

---

① 骆郁廷、魏强:《论大学生思想政治教育的网络文化话语权》,《教学与研究》2012年第10期。

加速。大数据资源与深度学习、超级计算等技术相结合引发了人工智能发展的第三次浪潮,深刻改变着人们的生产方式和生活环境。网络社会进入到智能化发展的新阶段,思想政治教育的环境要素、实践方式以及主客体关系进一步得以丰富和发展。大数据成为思想政治教育环境的重要组成部分,智能机器改变了社会的主体结构和交往模式,思想政治教育的实践方式发生延展,人机交互的主体际性在教育活动过程中凸显出来。智能社会环境的出现及实践发展必然导致人的思想和行为方式的变化,进而促进思想政治教育的理念、过程和方式产生与之相应的变化,因此,进一步的研究要深入到人与智能机器的交互关系和实践特性,在把握规律的基础上改变和提升主体的思维方式,从而推进网络思想政治教育的创新发展。

四、网络思想政治教育研究发展的特点

(一) 在比较中发现与反思

网络思想政治教育是思想政治教育在网络环境下的新发展。网络社会的崛起使得思想政治教育从传统的现实世界延伸到了崭新的网络世界。正是在从现实社会向虚拟社会深入的过程中,思想政治教育的目标、内容、对象和方法都具有了新的内涵,从而使网络思想政治教育有了新范畴。可以说,虚拟与现实的对立统一关系始终作用于网络思想政治教育。网络思想政治教育理论研究发现,网络思想政治教育存在两个层次不同的基本矛盾,一是网络世界内部虚拟性与现实性的矛盾,二是网络世界与现实世界的矛盾。同时,这两个层次的矛盾之间也存在着联系:正是由于存在着网络世界与现实世界的交互作用,网络世界才不仅仅具有虚拟性,而且也具有现实性,从而存在虚拟性与现实性之间的矛盾。同理,也正是由于现实世界与网络世界之间存在交互作用,现实世界也必然是受网络世界影响的现实世界;这种受网络世界影响的现实世界与网络世界产生之前的现实世界又是不同的。这两个不同层次的基本矛盾贯穿于网络思想政治教育实践的方方面面,深刻影响着网络思想政治教育理论的发展。正是基于这样的认识,网络思想政治教育研究无论是在理论体系的建构上还是在实践问题的破解上,都离不开与传统的思想政治教育进行比较。比较作为方法论,是网络思想政治教育研究的重要特点。通过网络思想政治教育与传统思想政治教育的比较,可以发现新问题、探索新规律;通过网内思想政治教育与网外思想政治教育的比较,可以发现特殊性、把握独特性。尤其是在网络思想政治教育理论体系的构建中,需要在思想政治教育理论体系的基础上进行系统思考、充分比较,确立反映自身特殊规律的范畴和理论。与此同时,比较的过程不仅是创新的过程,还是反思的过程。通过系统的比较,深入思考新变化、新发展背后的深层次原因,透过现象看本质,改进已有的认识模式,发展既有的思维方式,才能在认识和改造客观世界的同时实现主观世界的提升和发展。

(二)在实践中推进与深化

实践是网络思想政治教育研究形成、发展与深化的基础。作为人类社会进入到信息时代的产物之一,网络思想政治教育成为思想政治教育发展的新形态和新领域。而新技术革命的发展与人类网络实践的深入不断催生出新的实践问题亟待解决,网络思想政治教育研究需要不断追踪和把握人的生存方式的变革,以进行持续创新。伴随着互联网波澜壮阔的创新浪潮,网络经济、政治和文化的发展日益广泛和深入,实践对网络思想政治教育研究提出了大量现实问题,需要得到理论回应。作为现代思想政治教育学的新兴学科分支,网络思想政治教育的应用性特点更加显著,对当前思想政治教育工作实践的发展具有很强的指导意义。只有全面深入地研究和把握网络实践的特点和规律,有力回答社会信息化、网络化发展所提出的时代问题,才能使理论体系的基本范畴更加科学和准确,才能使理论更有效地解释现实问题和指导工作实践。因此,网络思想政治教育工作创新,要从世界眼光、中国情怀、时代特征三个维度把握工作前沿,找到工作生长点,提升网络思想政治教育的科学化水平。[①] 网络思想政治教育的研究发展,要坚持从实践出发,以问题为导向,深入实践,直面问题,把握规律,指导工作,实现理论性与应用性的高度统一。

(三)在借鉴中攻关与突破

网络思想政治教育研究具有显著的综合性。作为现代思想政治教育学的分支,网络思想政治教育的理论基础是马克思主义,坚持以马克思主义为根本指导思想,是网络思想政治教育学学科体系科学建设、健康发展的根本条件,也是实现网络思想政治教育科学化的根本保证。与此同时,网络思想政治教育研究要积极借鉴、吸收相关学科的理论和方法,综合运用多学科知识进行理论问题和实践问题的研究。譬如在网络社会问题的研究中,社会学的学科理论和方法具有重要的借鉴作用;在虚拟实践问题、主客体关系问题的研究中,哲学、教育学等学科的基本理论及其发展成果给予网络思想政治教育研究重要的启示;在诸如网络民主、网络心理、网络社区、网络舆论、网络管理等实践问题的研究中,政治学、伦理学、心理学、传播学、管理学以及信息科学的理论和方法对于实践问题的分析和破解具有重要的价值。从更深的层面而言,以互联网为代表的新科技革命深刻改变了人的生存方式和社会形态,这一革命性变化方兴未艾。网络思想政治教育研究作为这一历史发展阶段的认识实践活动,必须以整个社会历史发展为背景,及时吸收和借鉴各个学科在信息时代背景下的新认识和新成果,在融合各领域学术成果的基础上综合性地开展研究工作,实现理论的突破与创新。

网络思想政治教育研究经历了近三十年的发展历程,源于信息时代所伴生的现实问题,发展于思想政治教育进网络的实践要求,进入到学科化建设和理论体系的建构过程

---

① 冯刚:《创新网络思想政治教育的几点思考》,《学校党建与思想教育》2014年第5期。

中。在网络思想政治教育研究的发展中,在基础理论体系研究、理论与实践问题研究、应用平台建设研究等方面凝聚起具有归属感的研究队伍,产生了卓有成效的研究成果,形成了初具理论架构的学科话语。在新的形势下,国家意识形态安全和网络安全的需要对网络思想政治教育研究提出了更紧迫的任务,信息时代科技创新与应用的发展对网络思想政治教育研究提出了更广泛的需求,现代思想政治教育学科建设的深入发展对网络思想政治教育研究提出了更高的要求。当前研究工作的成绩固然可喜,但差距依然可见,网络思想政治教育研究仍在路上。作为思想政治教育的新兴学科分支,网络思想政治教育研究工作任重道远,需要研究者努力探索,不断积累,在理论攀登的道路上取得新的成绩。

第一章 网络思想政治教育的要素与结构

以互联网为代表的信息技术迅猛发展,引领了社会生产新变革,创造了人类生活新空间,催生了网络思想政治教育新形态。在网络思想政治教育中,教育者、受教育者、教育目标、教育内容、教育方法、教育环境等要素以一定的方式相互联结和相互作用,构成了网络思想政治教育的系统结构。结构决定着功能,决定着网络思想政治教育整体效应的发挥。因此,研究网络思想政治教育的基本要素,分析网络思想政治教育的整体结构,对于提高网络思想政治教育的质量与实效,具有重大的理论意义和现实价值。

第一节 网络思想政治教育的教育者与受教育者

教育者和受教育者是网络思想政治教育的两个基本要素,在网络思想政治教育中起着基础性和决定性作用。正确认识网络思想政治教育的教育者和受教育者,科学处理二者之间的关系,对于加强和改进网络思想政治教育,彰显出网络思想政治教育的时代价值具有重要意义。

一、教育者

网络思想政治教育的教育者是网络思想政治教育活动的发动者、组织者和实施者。受教育者与教育者相对应,是网络思想政治教育活动的接受者。

主体性是网络思想政治教育者的根本特点,这是能否成为教育者的关键所在。区分教育者与受教育者的重要标准是是否具备主体性,是否履行网络思想政治教育的职能。若不具备主体性,没有履行网络思想政治教育的职能,就不能成为教育者。只有具备了主体性,并主动履行网络思想政治教育的职能,自觉组织和实施网络思想政治教育活动,才能成为真正意义上的教育者。因此,是否具备主体性,决定着能否成为教育者。主体性的强弱,决定着教育者主体作用的发挥程度,决定着网络思想政治教育整体效能的发挥状况。在网络化生存背景下,网络思想政治教育者的主体性,表现为教育者的主动性和主导性。

网络思想政治教育者的主动性指教育者能积极主动地开展网络思想政治教育活动。具体来讲,一是网络思想政治教育者积极主动承担网络思想政治教育的责任。思想政治教育活动关系着培养什么人、怎样培养人、为谁培养人的根本问题。思想政治教育者承担着重要使命,肩负着培养德智体美劳全面发展的社会主义建设者和接班人的重大任务。

因此,网络思想政治教育者要增强责任感和使命感,自觉认识到网络思想政治教育工作的重要性,积极主动承担网络思想政治教育的责任。

二是网络思想政治教育者积极主动组织和实施网络思想政治教育活动。思想政治教育是有目的、有计划、有组织的教育活动,教育者要自觉主动组织和推进思想政治教育活动。首先,要确定网络思想政治教育目标。目标是预期达到的效果,是网络思想政治教育活动的方向。没有目标的网络思想政治教育活动是盲目的、松散的活动。其次,要选择网络思想政治教育内容与方法。内容体现着目标,是一定社会和一定阶级的要求,是网络思想政治教育的关键与核心;方法制约着目标的实现,是人的实践活动的中介因素,是提升网络思想政治教育效果的保障。最后,要优化网络思想政治教育环境。人是环境的产物,人的思想的形成与发展离不开环境的影响。"既然人的性格是由环境造成的,那就必须使环境成为合乎人性的环境"①。教育者应开发和优化网络思想政治教育环境,发挥环境的导向和感染功能。

网络思想政治教育者的主导性指教育者在网络思想政治教育过程中主导着思想政治教育活动的方向、议题和进程,发挥着指导和引领作用。究其原因,一是网络意识形态斗争的复杂性,需要网络思想政治教育者发挥主导性,引领正确舆论方向。互联网的开放性和经济全球化的推进,形成了开放的世界市场,不同的文化在此交流交融交锋。亨廷顿认为,每一个文明都把自己视为世界的中心,并把自己的历史当作人类历史主要的戏剧性场面来撰写。②有些西方国家总是试图利用发达的网络传媒、信息技术加速向他国进行意识形态渗透,将自己的文化强加于他人之上,压制并垄断文化的发展,主要表现为资本主义的文化霸权和大国沙文主义,企图用资本主义文化摧毁其他国家的文化。这需要网络思想政治教育者坚持正确政治方向,站稳政治立场,牢牢占领网络舆论阵地,维护意识形态安全。

二是网络信息的多元、多样、多变性,需要网络思想政治教育者进行思想引导和价值引领。互联网的开放性使国家的与民族的、主流的与非主流的、东方的与西方的、高雅的与低俗的文化在网络中汇聚,形成了不同的价值理念和社会思潮;互联网的低门槛性使得人人都可以成为信息的发布者、传播者和掌握者,打破了信息资源的垄断,传播队伍的扩大也就带来了信息的多样性与海量化;互联网的虚拟性形成了与现实世界不同的虚拟空间,使人可以虚拟生存,在虚拟社会中,部分用户无视制度和道德的规约,以匿名的方式发布各种信息,使海量的信息鱼龙混杂、真假难辨,加之部分受教育者正处在特殊的成长阶段,自身知识有限,缺乏良好的辨别能力,容易受到网络信息的影响,这就需要网络思想政治教育者发挥在网络思想政治教育中的主导性,实现对受教育者的思想引导和价值引领。

---

① 《马克思恩格斯全集》第2卷,人民出版社1957年版,第167页。
② [美]亨廷顿:《文明的冲突与世界秩序的重建》,新华出版社2010年版,第33页。

网络思想政治教育者具有不同的类型。大体来说,可以分为两类:一类是网络思想政治教育者个体。这主要是指承担、组织和实施网络思想政治教育的个人,如宣传思想战线的工作者、教师等。另一类是网络思想政治教育者群体。这主要是指发动、组织和实施网络思想政治教育的阶级、政党或社会群体,如中国共产党等政党组织、中国共产主义青年团等群团组织、思想政治工作研究会、各类理论性社团等。

应当指出的是,互联网的迅猛发展给网络思想政治教育带来了深刻变革,网络思想政治教育者的广泛性特征也愈发显著。在网络化生存背景下,网络是开展思想政治教育活动的载体和平台,只要能够上网,人人都可以进行文化交流、观点碰撞、思想交锋。从这个角度而言,人人都可以成为网络思想政治教育者。但是,只有具备教育主体性,主动履行网络思想政治教育职能,教育、引导和影响他人思想和行为的人才可称为网络思想政治教育者。

二、受教育者

网络思想政治教育的受教育者是网络思想政治教育活动的接受者。思想政治教育活动是教育主体作用于教育对象的实践活动,受教育者与教育者相对应,是教育者作用的对象。网络思想政治教育的受教育者是网络思想政治教育活动不可缺少的基本要素。教育者与受教育者构成了矛盾的两个方面,二者相互依存、相互作用,不可分离。若缺少网络思想政治教育的受教育者,这一矛盾就无法成立,网络思想政治教育活动就无法开展。

大体来说,网络思想政治教育的受教育者的基本特点是可塑性、从属性、主动性。可塑性是指在网络思想政治教育活动中,受教育者可以在教育者的教育、引导和影响下,思想和行为发生教育者所希冀的变化。也就是说,通过网络思想政治教育,社会要求与规范能够为受教育者所认同和接受,内化为自身的思想道德素质,外化为良好的道德行为习惯。究其原因,一是受教育者是有生命的、现实的、实践的人。虽然网络空间是虚拟的,但运用网络空间的主体是现实的。根据历史唯物主义基本原理,"现实的人"作为历史活动的存在物,是一种未完成的存在物,需要不断提升和发展。"现实的人"的无限性提升与发展构成了网络思想政治教育存在与发展的前提。二是环境的改变可以引起人的改变。"人创造环境,同样,环境也创造人。"①社会存在的变化与发展也会引起人的变化与发展。这种发展既包括物质生活的提升、社会关系的丰富,也包括精神需求的满足。

从属性是指在网络思想政治教育活动中,受教育者是网络思想政治教育活动的接受者,是网络思想政治教育者作用的对象,在思想政治教育过程中处于从属和被支配的地位。在网络思想政治教育活动中,教育者是活动的发动者、组织者、实施者,主导和支配着

---

① 《马克思恩格斯选集》第1卷,人民出版社2012年版,第172—173页。

网络思想政治教育活动的开展。受教育者是教育活动的接受者,是接受教育的一方,是被影响和塑造的对象,在网络思想政治教育活动中要服从教育者的安排,积极参与、配合并支持网络思想政治教育活动,促进自身素质的提高。

主动性是指在网络思想政治教育活动中,受教育者不同于一般的物质客体,而是活生生的、有生命的、现实的人,是有目的、有意识、能动的人,因而受教育者具有主动性和能动性。尤其是在网络化生存背景下,网络开发了人的自由自觉特性,使人可以超越现实社会的种种限制而获得更大的自由,为人的个性发展与主体意识提升提供了条件。这一特点主要表现在:第一,由于网络思想政治教育是以教育为中心的实践活动,既是"教"的过程,又是"学"的过程,因此,受教育者的主动性表现在受教育者积极主动参与教育过程,即不仅主动配合教育者,与教育者产生良好的思想与行为互动,还会对教育效果作出反馈,为做好下一阶段的思想政治教育奠定基础。第二,受教育者可以进行自我教育与自我完善。在网络思想政治教育过程中,受教育者将自身作为认识和改造的对象,加强对自身主观世界的改造,通过自我建构实现自我完善与自我发展。网络为思想政治教育提供了良好的载体与平台,受教育者通过网络可以自主选择教育者、教育内容、教育方法、教育形式等,通过自主学习、分析和判断将知识和价值进行选择性内化和吸收,外化为良好的行为。

网络思想政治教育的受教育者具有不同的类型。与教育者类似,大体来说可以分为两种类型:一类是网络思想政治教育的受教育者个体。这主要是指接受网络思想政治教育的个体,如学生、网民等。另一类是网络思想政治教育的受教育者群体。这主要是指接受网络思想政治教育的群体,如学生群体、网民群体等。

需要指出的是,互联网越来越成为人们学习、工作、生活的新空间,越来越成为人们获取信息与服务的新载体,所有网民都有可能成为网络思想政治教育的受教育者。同时,网络化的生存方式大大提高了人的主体意识,赋予了受教育者在思想政治教育过程中更多的自主权和主导权。因此,开展网络思想政治教育需要注重发挥受教育者的积极性、主动性和创造性,坚持教育与自我教育相结合的原则,提高网络思想政治教育的针对性和实效性。

三、教育者与受教育者的关系

"生产力与交往形式的关系就是交往形式与个人的行动或活动的关系。"① 互联网技术的发展催生了新的生活方式,改变了人与人之间的交往形式,创新了网络思想政治教育的教育者与受教育者交互活动的方式,也就改变了教育者和受教育者之间的关系。

---

① 《马克思恩格斯选集》第1卷,人民出版社2012年版,第203页。

（一）民主平等的关系

网络思想政治教育的教育者与受教育者之间是一种民主的、平等的关系。这一关系具体表现为两个方面：一是教育者与受教育者的地位平等。在网络时代，思想政治教育的教育者与受教育者之间的交往转变为"教育者—网络—受教育者"这一间接的交往方式。网络成为连接教育者与受教育者的载体与中介。网络具有虚拟性，在虚拟的网络空间中，教育者与受教育者的身份淡化甚至隐匿。现实生活中的社会地位、文化背景、职业差别等人际交往的条件都被弱化，转而形成的是网民之间民主的、平等的交往关系。

二是教育者与受教育者的权利平等。首先，在网络时代，受教育者不再是被动接受教育的客体，网络大大提高了受教育者的主体意识。通过网络平台，受教育者不仅可以表达自己的观点、认识，提出所思所感，也可以转发、评论他人的观点，实现互联互通。其次，网络化的生存方式赋予了受教育者在教育实践活动中更多的自主权和选择权，主要表现为教育参与的自由权、信息获取与选择的自决权、意见表达的自主权、信息反馈的主动权等。这是因为网络改变了传统的信息传播结构。在传统思想政治教育过程中，信息的传播是由权威部门、大型媒体主导进行的"自上而下"的单向传播，教育者处于信息资源的控制与支配地位，享受着对信息资源的占有权与支配权。但是，在网络时代，信息传递转变为双向流通，教育者失去了对信息资源的优先权与垄断权，话语权面临着去权威化、去中心化的传播环境。受教育者通过互联互通的网络平台可以自由获取教育资源，自主选择感兴趣的教学内容、教学时间、教学地点。总之，在网络环境中，教育者和受教育者之间的关系更加民主平等。

（二）多向互动的关系

网络思想政治教育的教育者与受教育者之间是一种双向互动或多向互动、动态互动的关系。从共时态角度来说，网络思想政治教育将单向灌输式教育转变为双向互动式或多向互动式教育。思想政治教育的主体是活生生的、有血有肉的"现实的人"，是有目的性、意识性、主体性的人。随着互联网技术的迅猛发展，受教育者的主体意识大大提升。作为主体性的存在，教育双方应该是平等的、民主的、共生的关系，而不是等级化的关系。据此，网络思想政治教育活动的教育者与受教育者需要在民主、平等关系的基础上，构建互动对话式的教育关系，以促使二者在相互交往、相互沟通的基础上实现对话式沟通、沟通性理解。可以说，在网络思想政治教育活动中，教育者与受教育者之间存在着一对一、一对多、多对一、多对多的关系。这既表现为多个教育者与多个受教育者之间相互作用的关系，也表现为教育者与教育者、教育者与受教育者、受教育者与受教育者之间的相互交流、相互沟通的关系。在自由、开放、共享的网络环境中，网络思想政治教育的教育者与受教育者之间可以多向度地沟通、交流与互动，达到信息知识的生产、传递、交换、流通与创新，实现思想的碰撞与情感的交流。

从历时态角度来说，人的思想观念的形成与良好行为习惯的养成是一个长期积累的过程。尤其是人的世界观、人生观、价值观的确立与转变,不可能通过一次、两次的思想政治教育就可以实现,这需要经过反复多次的了解、对比、选择、接受、践行等复杂过程。在这一过程中,受教育者的思想会受到多方面的影响,尤其是在网络环境中,多元、多样、多变的网络文化会影响受教育者的思想与行为,表现为多变性与不确定性。即使在网络思想政治教育过程中,原有的问题解决了,也会不断出现新的问题。这就需要教育者与受教育者之间进行多次沟通、交流与互动,推动受教育者实现观念的更新,树立正确的世界观、人生观、价值观。另外,为应对网络环境中意识形态斗争的长期性与复杂性,教育者与受教育者之间也需要进行长期互动交流。

(三)主客体相互转化的关系

思想政治教育者与受教育者在一定条件下是可以相互转化的,表现为双方属性和地位的相互转换,这种转换在网络思想政治教育活动中表现得更为突出。一是教育者与受教育者相互转化的速度加快、频率增多。网络思想政治教育的教育者与受教育者是在网络思想政治教育的特殊场域中形成的,网络是教育者与受教育者相互作用的载体。现代信息科学技术迅猛发展,移动网络、固定网络、无线网络流量的扩容和提升以及智能手机、平板电脑、笔记本电脑等移动终端设备的不断普及,使教育者和受教育者可以随时随地上网。网络已经成为获取知识的重要渠道,也成为人们日常生活中不可或缺的一部分。网络条件发生变化,教育者与受教育者相互交流、相互作用的方式也会发生变化。在网络环境下,教育者与受教育者相互交流、相互作用的频率大大增加,两者之间的流动转变也就进一步加快。

二是教育者与受教育者的界限愈发模糊。首先,教育者向受教育者转化。"教育者本人一定是受教育的"[①],教育者作为传道者首先要明道和信道。在网络环境下,随着科学技术的发展,知识更新的速度加快,教育者要先受教育,努力成为先进思想文化的传播者、党执政的坚定支持者、学生健康成长的指导者。特别是教育者由于受到年龄、思维等的影响,接受和掌握新鲜事物的敏锐度往往低于受教育者,在一定程度上,受教育者处理信息的技术能力和运用新媒体技术的能力超过了教育者。教育者要主动向受教育者学习,吸收受教育者的智慧,在这个过程中,教育者也就转化为受教育者。同时,互联网是一个社会信息大平台,受教育者在上面获取信息、交流信息,这会对他们的认知方式、思维方式、价值观念产生影响。教育者要全面、客观、真实地了解受教育者,关注受教育者的需求特点、发展变化,从而增强网络思想政治教育的针对性。

其次,受教育者向教育者转化。这表现为受教育者更加积极主动参与教育以及注重自我教育。一方面,在网络环境下,网络不仅开发了受教育者的自由自觉特性,而且网络

---

① 《马克思恩格斯选集》第1卷,人民出版社2012年版,第138页。

媒介具有的大量信息运载、信息自由共享、传播手段兼容的特征,也大大调动了受教育者参与思想政治教育的积极性和主动性。网络思想政治教育突破了传统思想政治教育的时间、地点、人数等的限制,使受教育者可以根据自己的需要以及兴趣随时、随地自主选择教育内容,通过与教育者或他人的互动性交流、交流后反馈,加深自己对知识的认知和理解。另一方面,以互联网为代表的信息技术迅猛发展,加速了受教育者向教育者主体地位的转变,即受教育者自觉进行自我教育、自我建构、自我发展。也就是说,在网络思想政治教育活动中,受教育者不仅是教育客体,是教育作用的对象,而且也是教育的主体,对自己进行主动性、经常性的教育。受教育者通过利用网络技术提供的平台将自己的需要、目标与行为内在统一起来,提高自我教育、自我管理、自我完善的能力,以达到"教是为了不教"的目的。

第二节 网络思想政治教育的目标、内容与方法

网络思想政治教育目标是一定社会对教育所要造就的社会个体在网络领域中的思想政治素质的质量和规格的总的设想。网络思想政治教育内容是根据一定社会要求和受教育者在网络领域的身心特征与思想实际,经教育者选择设计后有目的、有计划地传授给受教育者的思想意识、价值观念和道德规范等信息,是为实现网络思想政治教育目标、完成网络思想政治教育任务服务的。网络思想政治教育方法是教育者根据网络传播的特征,考虑网络环境的影响,以网络平台为基础,为达到网络思想政治教育目标、传播网络思想政治教育内容所采取的一系列途径、方式和手段的总和。网络思想政治教育的目标、内容和方法相辅相成,共同作用于网络思想政治教育的全过程。

一、教育目标

"目标"一词,本义指瞄准、观察或打击的对象,后逐渐引申为个人、部门或整个组织所期望达到的境界或目的。在《现代汉语词典》中,目标被解释为:射击、攻击或寻求的对象;想要达到的境地或标准。恩格斯在提到人与动物的本质区别时曾指出:"而人离开动物越远,他们对自然界的影响就越带有经过事先思考的、有计划的、以事先知道的一定目标为取向的行为的特征。"[①]网络思想政治教育目标是网络思想政治教育工作所要取得的预期效果,也是网络思想政治教育的起点和归宿。作为引领网络思想政治教育工作发展的鲜明旗帜和评价网络思想政治教育工作的价值标尺,网络思想政治教育目标的制定科

---

① 《马克思恩格斯选集》第3卷,人民出版社2012年版,第996页。

学与否,不仅决定着教育内容、方法、评价和管理等重大问题,还直接关系到网络思想政治教育工作的实效性。在网络思想政治教育过程中,教育目标也发挥着导向、激励和调控等重要功能,并与教育内容和教育方法共同构成网络思想政治教育的工作格局。正确把握网络思想政治教育目标的内涵和依据,是增强网络思想政治教育针对性和实效性的关键所在。

网络思想政治教育是思想政治教育在网络空间的一种延伸,是现代思想政治教育发展的重要表现。作为思想政治教育的一种延伸和扩展,网络思想政治教育目标与传统思想政治教育目标并无根本区别,不会因网络空间的特殊性而发生根本转变。但与传统思想政治教育目标相比,网络思想政治教育目标更加微观和具体。具体而言,网络思想政治教育目标是传统思想政治教育目标在网络领域中的体现和表征,同样着眼于网络领域中人的全面发展和人们思想政治素质的提高。在我国,网络思想政治教育目标的确定是以马克思主义关于人的全面发展理论和社会发展的客观要求为主要依据的。

一方面,马克思在对人的本质进行分析的基础上,通过对社会历史发展进程的研究,形成了科学的人的全面发展思想。马克思认为,"人的本质不是单个人所固有的抽象物,在其现实性上,它是一切社会关系的总和"①。人的全面发展,就是按照人应有的本质,"以一种全面的方式,就是说,作为一个完整的人,占有自己的全面的本质"②。马克思主义关于人的本质理论,决定了人的全面发展不仅包括人的物质生产能力和精神生产能力的全面发展,更重要的是人的德、智、体、美、劳等各方面的和谐发展。人的全面发展是各方面的能力都获得全面协调的发展,也是在丰富的社会交往和社会关系中获得的全面发展,更是人的自由个性的全面发展。网络环境下全面发展的人,不仅是现实社会中具有各方面才能和素质的人,同时也是网络虚拟社会中具备各项素质和能力的人,而教育就应该"培养社会的人的一切属性"③,促进人的全面发展。网络领域中人的全面发展是网络思想政治教育的根本目标,网络思想政治教育是实现网络领域中人的全面发展的重要途径。网络思想政治教育的目标实际上是对网络社会所要造就的网络个体在思想政治素质方面的规定和要求,是为网络社会培养具有良好思想政治素质和健全人格心理的网络公民。

另一方面,社会发展的客观要求是网络思想政治教育目标确定的另一依据。社会发展的客观要求既包括党和国家的教育方针在网络领域中的具体规定,也包括随着社会发展水平的提高,网络思想政治教育面临的更高的要求。教育方针是党和国家在一定历史条件下关于教育发展的总方向和指导思想,是对教育性质、目标、内容和方法等要素的总的概括和规定。思想政治工作关系培养什么人、怎样培养人、为谁培养人这一根本问题。

---

① 《马克思恩格斯选集》第1卷,人民出版社2012年版,第135页。
② 《马克思恩格斯文集》第1卷,人民出版社2009年版,第189页。
③ 《马克思恩格斯选集》第2卷,人民出版社2012年版,第715页。

要坚持把立德树人作为中心环节,把思想政治工作贯穿教育教学全过程,实现全员育人、全过程育人、全方位育人。网络思想政治教育是实现全员、全过程、全方位育人的重要途径和方式,这不仅是贯彻落实党和国家的教育方针的新要求,也是确定网络思想政治教育目标的重要依据。与此同时,网络思想政治教育是网络社会发展的产物,随着网络社会的发展而发展。网络思想政治教育要服务于网络社会的发展,其目标就必须反映网络社会发展的客观要求。科学技术和生产力的发展对网络社会的文明程度提出更高的要求,网络思想政治教育目标也随之提高。正是科学技术和生产力的发展推动着网络社会的政治、经济和文化的快速发展,而网络社会中政治、经济、文化的发展状况又会进一步影响网络思想政治教育目标的确定。网络思想政治教育目标依据网络社会发展水平而确定,并反映网络社会政治、经济、文化发展的客观要求。

二、教育内容

网络思想政治教育内容是网络思想政治教育目标的体现和表征,是为了达到网络思想政治教育目标,教育者向受教育者传授的知识、情感、价值观的总和。网络思想政治教育内容是网络思想政治教育系统的要素之一,是由相互联系、相互作用的内容要素按照特定的层次结构有机构成的,是具有提高受教育者网络思想政治素质等功能的有机系统。网络思想政治教育内容要根据时代的进步要求、社会的发展方向和人的全面发展需要来确定。在我国,网络思想政治教育内容的要素是多方面的,主要包括网络政治教育、网络伦理教育、网络法治教育、网络心理教育等内容要素。

(一)网络政治教育

网络政治教育是指教育者根据网络传播特点,借助网络传播手段向受教育者进行马克思主义的教育,使受教育者在网络社会树立正确的政治观,坚定正确的政治方向。"马克思主义是我们立党立国、兴党兴国的根本指导思想。实践告诉我们,中国共产党为什么能,中国特色社会主义为什么好,归根到底是马克思主义行,是中国化时代化的马克思主义行。拥有马克思主义科学理论指导是我们党坚定信仰信念、把握历史主动的根本所在。"[①]马克思主义是科学的理论,创造性地揭示了人类社会发展规律。马克思主义是人民的理论,第一次创立了人民实现自身解放的思想体系。实践证明,无论时代如何变迁、科学如何进步,马克思主义依然显示出科学思想的伟力,依然占据着真理和道义的制高点。毛泽东思想是马克思列宁主义在中国的创造性运用和发展,是被实践证明了的关于中国革命和建设的正确的理论原则和经验总结。邓小平理论、"三个代表"重要思想、科学发展观回答了什么是社会主义、怎样建设社会主义,建设什么样的党、怎样建设党,实

---

① 习近平:《高举中国特色社会主义伟大旗帜 为全面建设社会主义现代化国家而团结奋斗——在中国共产党第二十次全国代表大会上的报告》,人民出版社 2022 年版,第 16 页。

现什么样的发展、怎样发展等重大问题,形成中国特色社会主义理论体系。党的十八大以来,以习近平同志为主要代表的中国共产党人,坚持把马克思主义基本原理同中国具体实际相结合、同中华优秀传统文化相结合,就新时代坚持和发展什么样的中国特色社会主义、怎样坚持和发展中国特色社会主义,建设什么样的社会主义现代化强国、怎样建设社会主义现代化强国,建设什么样的长期执政的马克思主义政党、怎样建设长期执政的马克思主义政党等重大时代课题,提出一系列原创性的治国理政新理念新思想新战略,创立了习近平新时代中国特色社会主义思想。习近平新时代中国特色社会主义思想是当代中国马克思主义、二十一世纪马克思主义,是中华文化和中国精神的时代精华。党和国家的指导思想是网络思想政治教育的重要内容。在网络时代背景下,各种信息传播扩散迅速,互联网也成为西方国家对我国进行文化渗透和意识形态输出的重要途径,而西方国家也以"和平演变"为手段妄图对我国进行"西化""分化"。对此,占领网络舆论高地就成为思想政治教育的题中应有之义,而用马克思主义及其中国化时代化的理论成果来武装头脑,并抵御西方意识形态的渗透也就成为网络思想政治教育的重要内容。

(二) 网络伦理教育

网络伦理教育是指教育者在网络环境中,根据网络传播机制对受教育者进行伦理道德教育,使受教育者在网络环境中自觉规范自己的网络言行,树立正确的网络伦理道德观。网络社会是相对于现实社会而存在的,网络社会的特殊性决定了其中社会关系的复杂性。相比现实社会中人们的各种行为而言,网络社会中人们的各种言行缺乏有效监督,情绪化和非理性因素容易引发人性的弱点,并导致人们在网络社会中的各种不当言行,由此产生了适用于网络社会的伦理和道德要求,这就决定了网络伦理教育应成为网络思想政治教育的重要内容。"君子慎其独"(《礼记·中庸》)说的就是品德高尚的人在无人监督、个人独处时,也能谨慎小心,自觉遵守伦理道德规范,防止出现违背道德观念和不符合道德要求的言行。网络伦理教育重在引导人们在网络社会中自觉遵守伦理规范和道德要求,自觉约束自身的网络言行。同时,随着科技的迅猛发展,随之而来的是各种新的伦理难题,而通过网络传播机制进行生命伦理、网络公德、技术伦理、生态伦理和人际伦理教育也成为网络伦理教育的重要课题。另外,借助网络的强大功能,传播人类文明发展中的传统美德,帮助人们形成良好的网络道德和网络伦理,也成为网络伦理教育的重要内容。党的十九大报告提出要"加强互联网内容建设,建立网络综合治理体系,营造清朗的网络空间"[①]。网络思想政治教育是营造风清气正的网络空间的重要途径,网络伦理教育是网络思想政治教育的重要内容。

(三) 网络法治教育

网络法治教育是指教育者以培养受教育者的网络法律意识为核心,根据网络环境的

---

① 《习近平谈治国理政》第3卷,外文出版社2020年版,第33页。

特点,对受教育者进行基本法律知识和法治观念的教育,帮助受教育者树立正确的网络权利义务观和符合网络社会规范的法律观。网络社会是区别于现实社会的虚拟空间,信息传播的匿名性和交互性使得网络社会的无序性更加明显。净化网络环境,营造清朗的网络空间,仅靠对人们进行网络伦理教育是不够的,社会必须制定和完善相关法律法规,通过法律手段规范人们的网络言行。网络法治教育是对受教育者进行网络法律规范的教育,重在规制网络社会中人们各种不当的网络言行,维持网络社会秩序的稳定。在发挥网络伦理"自律"作用的同时,也要发挥网络法律法规的"他律"作用,二者相互作用,共同致力于营造风清气正的网络空间。与此同时,网络法治教育还重在培养受教育者遵纪守法的良好品质,推动受教育者明确自身在网络社会的各种权利和义务,这是网络社会政治规范和道德规范得以正常执行的重要保障。

(四)网络心理教育

网络心理教育是指教育者针对受教育者在网络领域的身心特征,根据心理学的相关理论,利用网络传播机制对受教育者施加影响,帮助受教育者形成良好的心理素质和人格特征,提高受教育者在网络社会的心理调适能力、人际交往能力和社会适应能力。网络社会的虚拟性和交互性,使其容易成为人们情绪宣泄和舆论传播的集散地,甚至引发网络暴力等极端行为,成为影响网络社会秩序的潜在威胁。因此,对受教育者进行正确的网络心理教育就成为一个重要课题。网络受众在网络空间的行为心理分为个体心理和群体心理。一般而言,人的行为是其现实心理的反映,个体因现实社会事件的刺激而产生的心理失衡和落差,会在网络空间以情绪宣泄等非理性的形式展现出来;群体则通过网络交流形成群体情境和心理,加之从众心理的驱使,会在网络空间以网络舆论暴力等极端化的形式表现出来,这不管对受教育者个体还是整个网络空间而言都会产生严重的负面影响。对此,教育者应该有针对性地对受教育者进行网络心理教育,帮助受教育者进行心理疏导和情绪调控。与此同时,情感是心理的深层反映,网络在促进人们沟通便捷的同时,也在一定程度上加剧了人们的自我封闭和情感淡化,进而带来各种心理疾病和心理障碍。因此,网络心理教育要帮助受教育者提升心理素质,预防和治愈受教育者的网络心理障碍和疾病,这也是网络思想政治教育的重要内容。

三、教育方法

"方法"一词,最早见于春秋战国时期,"中吾矩者谓之方,不中吾矩者谓之不方,是以方与不方,皆可得而知之。此其故何?则方法明也"(《墨子·天志》)。最初的"方法"是指测定规矩之法。在西方,希腊文中的"方法"多指"方向""道路",英语中的"方法"指手段、工具或方式,此用法较接近现代常见的方法之意。方法是人们在思维和实践过程中,尊重客观规律和发挥主观能动性以认识和改造客观对象的方式、手段和工具的总和,是实现一定目的的中间环节。网络思想政治教育方法是教育者根据网络以及人们在网络领域中的思想行为特点,为利用网络传播工具进行有目的、有计划、有组织的思想政治教育活动而采取的各种途径、方式和手段的总和。网络思想政治教育方法是实现网络思想政治教育目标、传播网络思想政治教育内容的途径和方式,是网络思想政治教育工作不容忽视的重要组成部分,其科学与否、选择是否恰当,不仅关系整个网络思想政治教育的工作格局,也直接决定了网络思想政治教育的针对性和实效性,在网络思想政治教育过程中具有重要作用。正确把握网络思想政治教育方法体系,是顺利开展网络思想政治教育的关键环节。

(一) 网络思想政治教育原则方法

网络思想政治教育原则方法是在网络思想政治教育过程中需要遵循的指导原则和基本理念,在网络思想政治教育方法体系中居于指导地位,具有规定其他方法的方向和要求的功能,是网络思想政治教育的基本方法。具体而言,网络思想政治教育原则主要包括科学性与价值性相结合的原则、虚拟性与现实性相结合的原则、主体性与主导性相结合的原则、主动传播与引导选择相结合的原则等。这是根据网络思想政治教育的特征和要求确定的基本原则,它们指导着网络思想政治教育的工作进展,网络思想政治教育的开展实施也以此为基础。

(二) 网络思想政治教育具体方法

网络思想政治教育具体方法是网络思想政治教育原则方法在网络思想政治教育过程中的具体运用,规定和指导着网络思想政治教育各环节的开展,对其具有主导作用,是网络思想政治教育原则方法具体落实的必要方法。具体而言,网络思想政治教育具体方法主要包括网络信息收集方法、网络舆情分析方法、网络思想政治教育决策方法等认识方法,以及网络思想政治教育的一般方法、综合方法、特殊方法等具体工作方法。

(三) 网络思想政治教育操作方法

网络思想政治教育操作方法是网络思想政治教育具体方法在网络思想政治教育过程中的实际运用,是具体方法适用于网络思想政治教育不同环节和不同阶段时的特殊形式。具体而言,主要包括网络疏导方法、网络互动方法、网络咨询方法、网络自我教育方法等具体操作方法。

网络思想政治教育原则方法、具体方法和操作方法共同构成网络思想政治教育的方法体系。虽然它们在网络思想政治教育方法体系中分别居于不同的地位和层次,具有各自的特点和适用范围,但它们彼此之间相互联系、相互作用,不能相互替代。低层次的方法要以高层次的方法为原则和指导,符合高层次方法的规定和要求;高层次的方法只有通过低层次的方法才能落到实处,操作可行。网络思想政治教育原则方法是网络思想政治教育具体方法和操作方法的应遵循的指导原则,规定着具体方法和操作方法的实际运用,也只有通过网络思想政治教育具体方法和操作方法才能将原则方法落到实处,转化为网络思想政治教育工作者的实践智慧和工作技巧。只有三者共同作用,才能真正发挥网络思想政治教育方法的重要作用,为实现网络思想政治教育目标、传递网络思想政治教育内容服务。

四、教育内容与教育方法的配合

网络思想政治教育系统由网络思想政治教育目标、内容、方法等要素有机构成,每个要素在系统中都具有各自的特征和地位,发挥着不同的作用,各要素之间也是相互联系、相互作用,共同致力于增强网络思想政治教育工作的实效性。其中,网络思想政治教育内容和方法的配合是实现网络思想政治教育目标的关键,没有教育内容和教育方法的配合就难以实现教育目标,因此,二者的相互配合对于网络思想政治教育最终的实效至关重要。

首先,网络思想政治教育内容决定网络思想政治教育方法的选用,网络思想政治教育方法要适应网络思想政治教育内容的特点。网络思想政治教育内容不是单一的,而是由网络政治教育、网络伦理教育、网络法治教育、网络心理教育等有机构成的内容体系,包含许多部分和环节,每个部分和环节都有各自的特点和功能,也有不同的表现方式和适用范围。网络思想政治教育的内容比传统思想政治教育的内容更加丰富多样和复杂多变,呈现方式也更加生动形象,这就决定了网络思想政治教育方法的选用要适应网络思想政治教育内容的特点。同一种网络思想政治教育内容在不同的环境条件下具有不同的特点,呈现出不同的表现形式,而网络思想政治教育要发挥自身功能、实现自身价值,就要根据网络思想政治教育内容的不同特点选择不同的方法,进而实现网络思想政治教育的目标。与此同时,网络思想政治教育方法的适用性特点也决定了其必须适应网络思想政治教育内容。任何方法的运用及其实施效果都受到不同内容以及同一内容在不同环境和条件下的不同要求的影响。对于同一种内容而言,选用不同的方法,往往会产生不同的效果。网络思想政治教育方法要取得预期的教育效果就必须适应网络思想政治教育内容,这不仅是网络思想政治教育方法的特性使然,也是传递网络思想政治教育内容的客观要求。

其次,网络思想政治教育内容与网络思想政治教育方法相统一,是实现网络思想政治教育目标的关键。网络思想政治教育内容与方法之间不是并列的关系,二者在网络思想政治教育过程中是辩证统一的关系,它们共同致力于网络思想政治教育目标的实现。其中,网络思想政治教育内容起主导作用,决定着网络思想政治教育方法的选用;网络思想政治教育方法具有反作用,是传递网络思想政治教育内容的手段。网络思想政治教育内容决定网络思想政治教育方法,网络思想政治教育方法服务于网络思想政治教育内容,二者在网络思想政治教育过程中共同推动目标的实现。任何网络思想政治教育内容都承载着网络思想政治教育的客观要求,任何网络思想政治教育方法都是完成网络思想政治教育任务的手段,二者的统一是实现网络思想政治教育目标的关键。没有网络思想政治教育内容,网络思想政治教育方法就无法存在;没有网络思想政治教育方法,网络思想政治教育内容就缺乏传递的工具。二者相互依赖、相互制约,以对方的存在为自身存在的条件,在共同作用的过程中,促进网络思想政治教育目标的实现,推动网络思想政治教育工作不断发展。

第三节 网络思想政治教育的环境及其优化

环境与人的关系、环境与思想政治教育的关系是一个时代性课题。马克思主义所阐释的环境决定人、人能动地作用于环境、连接人与环境的中介是实践的原理是思考人与环境关系、思想政治教育与环境关系的理论基础。网络思想政治教育环境是复杂的,有其自身的特点;网络思想政治教育环境的影响也是复杂的,有泛化性和自发性。因此,要充分发挥网络思想政治教育环境的积极影响,必须在认真研究环境的基础上不断优化环境。

一、网络思想政治教育环境的要素和特点

(一)网络思想政治教育环境的要素

环境是一个众多学科通用的概念,其内涵与语义初创时差别不大。《辞海》对环境的界定有两个:一是围绕所辖的区域;周匝。《元史·余阙传》言:"环境筑堡寨,选精甲外捍,而耕稼于中。"二是围绕着人类的外部世界。在汉语中,人们关于环境的最普遍认识多源于这两个界定。在英语中,有许多词都可以被译为环境。其中 environment 和 situation 是出现频率较高的两个。人们通常把前者译为环境,泛指自然环境和社会环境;把后者译为情境(或情景),特指一个人在进行某种行动时所处的社会环境,是人们社会行为产生的具体条件。

网络思想政治教育环境就是指影响网络思想政治教育的一切外部因素的总和。首先,网络思想政治教育环境的中心项是思想政治教育。有的环境虽然对人们产生了影响,但是并没有影响思想政治教育,就不能称其为思想政治教育环境。比如,相对于人类生存的地球而言,宇宙中的其他星球虽然引起了人们的遐想,成为了影响人的外部条件,但是其对思想政治教育的影响则不明显,因而不能称其为思想政治教育环境。其次,网络思想政治教育环境的要素是一切外部因素的总和。网络思想政治教育环境的要素十分广泛而复杂,既包括物质性要素,也包括行为性要素;既包括现实性要素,也包括虚拟性要素。

从内容来看,环境的要素可以分为物质要素和行为要素,其中行为要素包括制度要素和精神要素。物质要素是指环境中不以人的主观意志为转移的客观存在,主要包括地理条件、气候状况、人口数量和质量、生产力、经济水平、物质条件等。物质要素既包括以自然状态存在的要素,也包括经过人改造以后的社会存在。在生产力相对落后的情况下,自

然要素对人的思想行为的影响尤为突出;在生产力不断发展的情况下,人化自然要素对人的发展的影响越来越大。制度要素是指为了决定人们的相互关系而设定的一些制约。按照制约内容的不同,制度可以被划分为经济制度、政治制度、法律制度、业务制度等。精神要素是指以思想观念形态存在并能够对人们的行为产生影响的要素。这些要素主要包括习俗、舆论、社会风气、观念、信仰、社会心理等。

此外,网络舆论场是网络思想政治教育非常重要的环境要素。网络舆论场可以被认为是一种"拟态环境"(Pseudo-environment),在这种环境中,"我们可以看到,它带给我们的消息时快时慢,但只要我们信以为真,我们似乎就会认为那就是环境本身"[①]。网络思想政治教育过程中存在两个舆论场:一个是国家电视台、国家通讯社等营造的主流媒体舆论场,另一个是在微博、微信等平台形成的民间舆论场。

从存在形态看,环境的要素可以分为现实形态和虚拟形态。现实形态环境是物理意义上或者功能意义上影响网络思想政治教育环境要素的总和。虚拟形态环境有狭义和广义之分。狭义上,虚拟环境(Virtual Environment,VE)也称虚拟现实(Virtual Reality,VR),是一种高度逼真地模拟人在自然环境中的视、听、动等行为的人机界面技术。在技术领域,虚拟环境的应用相当广泛。它既可以用于飞行模拟,也可以用于人造环境、远程再现等。广义上,虚拟环境指使用了虚拟技术的计算机化的世界,是一种动态的、去中心化的数字化空间。我们所说的网络思想政治教育的虚拟形态环境是从广义角度理解的,是指影响网络思想政治教育的一切以数字化为主要特征的要素的总和。虚拟形态环境和现实形态环境相对应,但虚拟形态环境和现实形态环境并不是彼此对立的、截然相反的,而是相互联系、相互影响的,它们共同构成了网络思想政治教育的环境系统。

基于社会网络的虚拟社区是网络思想政治教育的机遇,也是挑战。虚拟社区是一种包括虚拟生活、虚拟文化、娱乐等在内的社区,是由众多人共同参与的比较稳定的交往平台。人们出于特定的目的进入虚拟社区,比如加强社会联系、传播信息、收获经验、寻求支持等。虚拟社区给人提供安全感、归属感,满足人们的社会性需要和精神性需要,进而可能形成集体行动。互联网特别是移动互联网的广泛应用催生出大量的网络社区,各类"朋友圈"是其中的典型。

(二)网络思想政治教育环境的特点

网络思想政治教育环境的特点主要体现在以下几点。

第一,多维性。社会存在的多样性是导致环境具有多维性的客观原因。社会发展越复杂,环境的分化就越细。在以农业为主的传统社会,人类认识自然、改造自然的能力有限,人与人的关系、人与社会的关系也处于相对简单、相对稳定的状态,因而环境的多维性

---

① [美]沃尔特·李普曼:《公众舆论》,阎克文、江红译,上海人民出版社2006年版,第4页。

并不明显。而在现代社会,随着科学技术的进步和生产力水平的提高,人化自然不断丰富,社会关系越来越复杂,环境的多维性也随之增强。人的主观选择的多向度,是导致环境具有多维性的主观原因。网络思想政治教育环境是包括历史维度、现实维度、空间维度等不同维度的存在,既包括自然的,又包括社会的;既包括历史的,又包括现实的;既包括物质的,又包括精神的;既包括现实的,又包括虚拟的。这些不同维度的环境要素在社会生活中都可以影响人们的生活、学习、工作、交往思想和行为,影响网络思想政治教育活动。

第二,虚拟性。随着现代信息技术的发展,互联网已经嵌入到现代社会之中,这不仅表现在固定互联网的普及,还表现在移动互联网及其与电信网、电视网的融合。因此,网络思想政治教育的现实要素与虚拟要素不断融合,虚拟性的特征越来越明显。现实要素中有虚拟要素的影子,虚拟要素中有现实要素的根基。首先,虚拟性表现为真实生活的复制和再现。由于计算机数字化技术可以把图像、声音等以高保真的方式再现出来,综合了电影、电视等多种媒体资源,可以使现实性向虚拟性延伸。其次,虚拟性表现为虚拟实在。当人们在局外思考虚拟实在时,虚拟实在是计算机仿真和感觉共同创造出来的实在,而不是真实的实在。当虚拟实在的使用者沉浸于虚拟实在之中时,虚拟实在在感觉上跟真实实在是一样的。当虚拟实在的使用者通过虚拟实在研究和反思真实实在时,虚拟实在是可能的真实实在。[①] 最后,虚拟性表现为网络交往的虚拟化。虚拟交往突破了制约传统交往的两个主要条件。一是克服了交往主体身体自然状况的限制。传统交往受到性别、年龄、身体状况等因素的影响,而这些因素在虚拟交往中则不具有决定性的作用。二是克服了人们在传统交往中的社会地位的限制。传统交往具有明显的等级差别,导致等级差别的原因很多,其中交往主体社会地位不同是一个主要的因素。虚拟交往则很少受到交往主体社会地位的影响。因此,虚拟交往比传统交往更加平等和自由。同时,虚拟交往并不一定指向现实活动,却可以直接满足交往主体的精神需要。

第三,开放性。网络思想政治教育的开放性主要表现在如下方面:首先,影响因素在空间上没有固定界限。思想政治教育是作用于人的思想的活动,环境影响的广泛性导致思想政治教育环境的范围很难被界定,也不能完全封闭起来。这与物质生产、自然科学的研究等活动不同,这些活动的环境可以被界定,甚至可以人为地封闭起来,以获得最佳效果。思想政治教育的实践对象是人的思想,而影响人的思想产生、发展和变化的因素相当广泛。特别是互联网具有无中心、无边界的特点,使得互联网成为一个世界性的网络,这是一个没有物理边界的空间。互联网使人类"全球一村"的梦想成为现实,而在其中出现的问题也是全球性的。全球问题的实质在于,只要一个点出现问题,就会波及全球。由

---

① 段伟文:《网络空间的伦理反思》,江苏人民出版社2002年版,第71页。

此,影响人的思想的环境在空间上就没有固定的界限了。至于思想政治教育的微观环境,虽然它在一定的条件下可以人为地封闭起来,隔绝与其他外界环境因素的联系。但是,这种封闭状态也会随着社会的发展和个体主体性的增强而被逐渐突破。其次,影响因素在时间上没有严格的界限。人们的思想观念,与现实社会的发展并不是完全同步的,一方面可能预见未来社会发展,表现出超前性;另一方面也可能落后于现实社会的发展,表现出相对滞后性。在网络世界中产生的"脱域共同体"不仅拓展了空间,而且颠覆了时间,使时间变得更加模糊。比如对话在时间的管理上变得更加灵活,可以实现时间延迟,某些人昨天的信息,另一些人可以今天回复。人的思想观念与现实社会发展的不完全同步性从时间的纵向层次打破了思想政治教育环境的封闭状态。

第四,互动性。网络思想政治教育与环境不是截然分开的。作为手段,网络是思想政治教育的新载体,产生了网络思想政治教育这一新形态;作为空间,网络又是网络思想政治教育存在与发展的条件,影响其发展变化。互联网的扁平化、去中心化等特点,使网络思想政治教育者与受教育者之间、教育过程与环境影响之间的相互影响、相互作用实现了前所未有的互动。在互联网基础上形成的虚拟环境所具有的互动性主要表现在:一是人机互动。人机互动主要是指利用已经设置好的电脑程序进行的人与计算机的互动。比如人机游戏等。二是人际互动,比如多人参与的网上游戏、网上交流等。在这种增强版的互动过程中,不同信息和观点言论的差异、对立乃至交锋无时无刻不在对人们的思想产生深刻影响。网络思想政治教育环境的互动性导致了环境影响方式的多样性。

环境对思想政治教育的影响一般有如下几种方式:教育与环境的相互影响,环境对教育的单一影响;直接的影响,间接的影响;广泛的影响,个别的影响;深入持久的影响,浅层偶然的影响;真实的影响,虚假的影响;等等。同时,这些影响方式又是交织在一起的,从而进一步增强了网络思想政治教育环境的复杂性。

二、网络思想政治教育环境的功能及其现状

(一)网络思想政治教育环境的功能

1. 马克思主义的环境理论及对环境功能的阐述

马克思主义认为:环境决定人的主观世界,人对环境具有能动的反作用。在不同的历史时期,人与环境的关系表现出不同的特征。

首先,环境决定了人的主观世界。马克思主义认为,人的思想、观念的形成是外部客观环境影响的结果,"观念的东西不外是移入人的头脑并在人的头脑中改造过的物质的东西而已"①。同时,"人们的观念、观点和概念,一句话,人们的意识,随着人们的生活条件、

---

① 《马克思恩格斯选集》第2卷,人民出版社2012年版,第93页。

人们的社会关系、人们的社会存在的改变而改变"①。在影响人们思想观念的环境因素中,起决定作用的是一定的经济关系。恩格斯指出:"人们自觉地或不自觉地,归根到底总是从他们阶级地位所依据的实际关系中——从他们进行生产和交换的经济关系中,获得自己的伦理观念。"②恩格斯的这段论述揭示了思想品德观念产生于社会关系之中,从而把思想政治教育和人们的思想品德观念与人们所处的社会环境联系起来。同时,恩格斯还从思想品德发展的角度论述了人们的思想品德观念是随着社会经济制度的变化而变化的。他指出:"我们拒绝想把任何道德教条当做永恒的、终极的、从此不变的伦理规律强加给我们的一切无理要求","相反,我们断定,一切以往的道德论归根到底都是当时的社会经济状况的产物"。③可见,马克思和恩格斯把思想政治教育环境建立在唯物主义的基础上,建立在一定的经济关系和由此产生的经济环境变化的基础上,从而批判了唯心主义的道德永恒论,也克服了古代朴素唯物主义和近代机械唯物主义思想家在环境论上的不足。

其次,马克思主义认为,人在环境面前并不是完全被动的,人可以认识并改造环境。马克思在对机械唯物主义的环境论进行评析时指出:"关于环境和教育起改变作用的唯物主义学说忘记了:环境是由人来改变的,而教育者本人一定是受教育的。""环境的改变和人的活动或自我改变的一致,只能被看做是并合理地理解为革命的实践。"④马克思在这里所说的环境是从历史唯物主义的角度来讲的,指的是社会制度和社会环境,包括社会生活条件、生产方式、政治制度和人们所处的境况。马克思在这里所说的教育是广义的教育,包括思想政治教育和科学文化教育。这样,马克思在肯定了机械唯物主义者承认客观环境作用的同时,批判了它否定人可以对环境进行改造的一面,批判了它否定人的主观能动性的一面;在肯定了它承认教育的社会作用的同时,批判了它忽视教育者也要接受教育的一面,提出只有革命的实践活动,才能把环境的改造与人的活动有机地联系起来,把客观条件和人的主观认识统一起来。所以马克思和恩格斯认为:"既然人的性格是由环境造成的,那就必须使环境成为合乎人性的环境。"⑤"动物仅仅利用外部自然界,简单地通过自身的存在在自然界中引起变化;而人则通过他所作出的改变来使自然界为自己的目的服务,来支配自然界。这便是人同其他动物的最终的本质的差别。"⑥

最后,环境对人的思想和行为的影响随着社会历史的发展表现出不同的特征。马克思在《政治经济学批判(1857—1858年手稿)》中说:"人的依赖关系(起初完全是自然发生的),是最初的社会形态,在这种形态下,人的生产能力只是在狭窄的范围内和孤立的地点

---

① 《马克思恩格斯选集》第1卷,人民出版社2012年版,第419—420页。
② 《马克思恩格斯选集》第3卷,人民出版社2012年版,第470页。
③ 《马克思恩格斯选集》第3卷,人民出版社2012年版,第471页。
④ 《马克思恩格斯选集》第1卷,人民出版社2012年版,第134页。
⑤ 《马克思恩格斯全集》第2卷,人民出版社1957年版,第167页。
⑥ 《马克思恩格斯选集》第3卷,人民出版社2012年版,第997—998页。

上发展着。以物的依赖性为基础的人的独立性,是第二大形态,在这种形态下,才形成普遍的社会物质交换,全面的关系,多方面的需求以及全面的能力的体系。建立在个人全面发展和他们共同的社会生产能力成为他们的社会财富这一基础上的自由个性,是第三个阶段。第二个阶段为第三个阶段创造条件。"① 这就是人们熟知的人的依赖性社会、物的依赖性社会和个人全面发展的社会三大社会形态,同时也揭示了人与环境关系的三个阶段。可见,马克思主义环境理论,既是唯物的,又是辩证的;既是现实的,又是历史的。

我们可以把马克思主义的环境理论概括为如下几个要点。

首先,环境为人的生存和发展提供了客观物质条件。马克思和恩格斯指出:"我们首先应当确定一切人类生存的第一个前提,也就是一切历史的第一个前提,这个前提是:人们为了能够'创造历史',必须能够生活。但是为了生活,首先就需要吃喝住穿以及其他一些东西。因此第一个历史活动就是生产满足这些需要的资料,即生产物质生活本身,而且,这是人们从几千年前直到今天单是为了维持生活就必须每日每时从事的历史活动,是一切历史的基本条件。"②

其次,人的活动受到客观规律制约。马克思主义认为,世界是有规律的,规律是客观的。规律的客观性不仅表现在自然界,同时也表现在人类社会之中。人的活动不仅受到环境的制约,也受到环境中的规律的制约。不过,人在规律面前不是完全被动的,人可以认识和利用规律。

最后,马克思主义在批判环境无用论的同时,也批判了机械的环境决定论。

2. 网络思想政治教育环境的功能

在人的思想道德的形成过程中,思想政治教育和环境都是影响其产生、发展和变化的外部条件。这是思想政治教育和环境在人的思想道德形成过程中的共同之处。不过,二者在影响人的思想道德的过程中也存在着明显的区别,这些区别主要表现在:第一,思想政治教育主要起有目的、有计划、有组织的正面作用,环境在一定程度上则是缺乏目的性、计划性、组织性的影响。第二,人的思想道德状况、思想政治教育与环境三者之间形成了一个互为因果的关系链条。思想政治教育在培育人们形成科学的世界观、人生观、价值观的过程中,同时也受到环境的制约;当人们接受思想政治教育影响的时候,环境的因素也在发挥着积极或消极的作用。简单来看,思想政治教育与环境的组合对人的发展,形成了同性同向强化和异性异向消解两种模式。所谓同性同向,首先是指环境的作用在性质上是积极的,引导方向与教育目标基本上是一致的;其次是指思想政治教育要求与环境发展的客观规律的一致性。所谓异性异向是指如果环境的作用与思想政治教育的作用在性质

---

① 《马克思恩格斯全集》第46卷(上),人民出版社1979年版,第104页。
② 《马克思恩格斯选集》第1卷,人民出版社2012年版,第158页。

上相反,在导向上相悖,就会产生环境对思想政治教育作用的弱化甚至对思想政治教育的否定。

实际上,网络思想政治教育与环境的现实关系要更复杂。随着世界多极化、经济全球化、社会信息化、文化多样化发展,现代社会新兴的和凸显的环境因素与我国产生于小农经济和计划经济的传统观念,与基于传统文化、工业社会形成的经济、政治和文化等环境因素相互衔接、交互影响,使现代文明与历史传统、东方文化与西方文化交汇在一个现实平台上,构成了一幅纷繁复杂的现代环境图景。网络思想政治教育环境日益复杂,环境在从多维的向度产生影响的同时其力度也不断强化。所谓强化是指外部刺激对人的主观认识的巩固与深化的过程。网络思想政治教育环境对人的思想和心理的强化主要表现在以下三个方面。

其一,反复强化。现代环境中,信息能够被储存起来,并可以通过传媒、网络等载体不断重复出现,人们接触信息的频率增大;信息流动也跨越空间,在不同的地点、场所、平台以不同形式出现,人们接触信息的角度增多。这样,同样的内容反复刺激人的感官,从而在人脑中留下了深刻的印象。

其二,综合强化。环境对人的作用一方面是通过综合的方式而产生的,是文字、图像、声音、动画、视频等形式的共同作用;另一方面是通过内容和功能的综合而发挥的。一个主题形成以后,环境中的各种因素就能够以经济的、政治的或文化的形式,以直接的或间接的方式作用于人的思想和心理。尽管其表现方式和作用途径不同,但综合强化导致人的感官处于被刺激内容的包围之中,从而主动或者被动地不断巩固和深化认识。

其三,累积强化。累积强化集中反映在信息环境对人的影响方面。信息的数字化为信息的集中提供了技术保证,光电传输使信息的大量传输成为可能,个人电脑终端的普及和互联网的发展为人们获得信息创造了条件,由此使信息量剧增。信息量的不断增加使人们面对着不断累积的信息的影响和冲击,从而强化了了人们的认知效果。

(二)网络思想政治教育环境功能的现状

总体上,现代网络思想政治教育环境的育人功能不断强化。一方面,环境深刻地影响着生活于其中的个体,有力地促进了网络思想政治教育主体的健康发展;另一方面,环境也给网络思想政治教育带来了前所未有的变化,促进教育不断革新。但是,随着现代社会的发展,实践中仍然需要不断增强环境的育人功能及其和网络思想政治教育的功能互补。

1. 网络思想政治教育环境的育人功能存在缺失的现象

从人的主体视角来看,社会环境的变化一方面是人的能动性外化的表现,另一方面又容易导致人的异化。总体上看,网络思想政治教育环境育人功能缺失的影响主要表现在以下三个方面:第一,异化问题。马克思认为,资本主义社会劳动所发生的异化现象包括劳动产品的异化、劳动本身的异化、人的本质的异化、人与人的异化等方面。虽然异化现象是马克思对资本主义社会的分析,但是在一定意义上也是对人类社会在近现代加速发展后所面对的问题的恰当说明,在一定程度上亦能被看作是现代化进程中的伴生现象。第二,物化问题。这典型表现为在精神领域中物化意识的产生。"在资本主义发展过程中,物化结构越来越深入地、注定地、决定性地沉浸入人的意识里"①,并通过人们的观念反映出来,这就是卢卡奇所说的"物化意识"或"物化思想"(reified thought)。这种物化意识表现为人对事物和自身的认识停留在局部,失去了对整体联系的把握。"这种合理的机械化一直推行到工人的'灵魂'里:甚至他的心理特性也同他的整个人格相分离,同这种人格相对立地被客体化,以便能够被结合到合理的专门系统里去,并在这里归入计算的概念。"②物化意识在现代化进程中也在一定程度上反映在人们的思想当中。第三,符号化倾向。继工业社会的机器之后,符号是信息社会中影响最大的载体。符号是人的智慧的体现,是人之所以成为人的标志之一。但是,随着信息社会的到来,符号对人的异化倾向成为一个重要的问题。首先,符号崇拜是符号异化倾向的第一个表现。一旦经营主体沉迷其中,被数字所控制,本来是以人为尺度的人—物关系,却变成了以物为尺度的人—物关系。其次,人的符号化倾向使人与人的交往变成了与符号的交往。生活的符号化为人们的生活带来许多方便的同时,也抽象了人的丰富性和情感。人的符号化倾向使人与人的交往变成了与符号的交往,在促进人的平等的同时也弱化了人性的丰富性。最后,符号化形成的虚拟环境,容易导致削弱人的责任感、摧毁自我的多角色转换机制和满足于虚假的创造性活动等问题。

2. 环境与网络思想政治教育存在异性异向消解的问题

在实践中,环境影响与思想政治教育的作用常有分离。这主要表现在三个方面:第一,环境与网络思想政治教育中的自发影响与网络思想政治教育的目的性相背离。我国的思想政治教育以科学的理论武装人们的头脑,增强其认识世界和改造世界的能力,"要以培养担当民族复兴大任的时代新人为着眼点"③。这一目的是围绕着"真""善""美"三个目标展开的,三者分别致力于使受教育者具有科学的认知、良好的政治道德素质和对美感的追求。思想政治教育者为此不断努力,可是,面对信息时代各种思潮的激荡,现代社会环境纷繁多变、鱼龙混杂、泥沙俱下。受教育者并不是在完全封闭的教育环境里成长,他们在接受教育影响的同时也受到环境的自发影响。当教育者为培养人们养成求真品质而努力的时候,受教育者却不断地受到环境中造假之风的袭扰;当教育者灌输与人为善的思想的时候,现实中却经常能见到以邻为壑的事件;当教育者把追求美作为人生的目标传

---

① [匈]卢卡奇:《历史与阶级意识——关于马克思主义辩证法的研究》,杜章智、任立、燕宏远译,商务印书馆1992年版,第156页。
② [匈]卢卡奇:《历史与阶级意识——关于马克思主义辩证法的研究》,杜章智、任立、燕宏远译,商务印书馆1992年版,第149页。
③ 《习近平谈治国理政》第3卷,外文出版社2020年版,第33页。

授给受教育者时,社会上却充斥着各种各样的丑陋现象;等等。总之,环境的自发影响与思想政治教育的目的性相背离的问题仍然在一定范围内存在。第二,环境的多样性与思想政治教育的主导性相冲突。马克思主义和马克思主义中国化时代化的理论成果是思想政治教育的主要内容。在市场经济、扩大开放和经济全球化的共同影响下,社会上各种思潮不断出现,各种价值观相互交织,马克思主义的主导性正面对着多样性的理论环境和精神环境的压力。多样性冲击着主导性。由此,受教育者也同时在读两本"书",一本是思想政治教育的"书",一本是来自社会的由不同世界观、人生观、价值观交织在一起的"书",而两本"书"的内容并不完全一致。第三,环境的易变性与思想政治教育内容的相对稳定性相矛盾。新科技革命兴起,环境加速变化在给思想政治教育提供新的发展机遇的同时,也增加了思想政治教育认识环境、概括环境的难度。作为教育,通常要求其内容具有相对稳定性。相对稳定的内容有利于遵循教育规律。然而,社会变化速度加快以后,又需要教育者及时地分析其中变化的原因,揭示变化的规律。同时,受教育者在接受教育影响的同时也受着环境的影响,一旦思想政治教育在内容上与社会变化不同步或滞后于社会的发展,缺乏时代感,受教育者对整个思想政治教育就会产生质疑,进而影响思想政治教育的效果。

三、网络思想政治教育环境的优化

思想政治教育利用环境进行教育的最有效的方式是主动建设环境。环境的建设与内容的建设一样重要。它不仅可以成为思想政治教育的载体,而且也可以成为思想政治教育的途径。利用环境进行教育,主要包括两个方面:一是对现有的环境进行选择和优化。二是主动建设环境,把教育的内容渗透到环境之中。在现有的环境中,制度环境、网络环境和文化环境等都是具有教育力的环境。

(一)制度环境建设是网络思想政治教育环境建设的支点

所谓制度环境,是指社会上用以调控生产、生活和利益关系的规范体系。制度环境建设是思想政治教育环境建设的支点。从制度的特性来看,制度具有普遍的约束性,并在社会环境中居于主导地位,这些特点可以把社会环境的要素联结在一起。从制度的功能看,它具有伦理效应,能够引人向善。在一个合理的社会里,完善制度建设,形成遵纪守法的制度心理环境,是思想政治教育的重要目的。因此,加强制度建设是优化网络思想政治教育环境的首要抓手。

第一,加强社会制度建设。首先,社会主义法治建设是网络思想政治教育发展的基本制度环境。历史证明,一个法制健全、法律意识强的社会,就是一个有序的社会。相反,一个法制不健全、法律意识薄弱的社会,可能在政治高压下团结一心,但并不是一个有序的社会。法治建设是形成良好社会环境的基础,也是现代社会的重要标志之一。为了促进网络空间的健康发展,习近平指出:"要抓紧制定立法规划,完善互联网信息内容管理、关键信息基础设施保护等法律法规,依法治理网络空间,维护公民合法权益。"①良好法治环境既是网络思想政治教育的支持条件,也是制度育人的重要前提。其次,管理制度建设可以为网络思想政治教育提供有效的支持。管理制度确立了群体内部的规范体系,这种规范体系是国家法律规范在一个群体内的延伸和具体化。管理制度就是群体内部的"法规",它对维护群体内部竞争与协作的有序进行,对引导和规范个体的行为具有不可替代的作用。管理制度的建设,为思想政治教育与业务的结合提供了一个具有可操作性的平台。其中的一个显著特点是把无形的思想政治教育与有形的日常业务工作相结合。

第二,推进网络思想政治教育制度化。网络思想政治教育制度化就是通过有序的制度来调节受教育者无序的思想和行为的过程。这个过程是把网络思想政治教育由软实践转化为硬实践的过程;是改变网络思想政治教育的随意性,增强其规范性的过程。要把网络思想政治教育渗透到制度规范之中。有效的制度一旦建立就可以起到规范和引导的作用。网络思想政治教育如果能够渗透到管理、考评等制度中去,就可以把单纯的理论教育、思想教育与制度规范结合起来。由此,不仅增强了网络思想政治教育的可操作性,也增强了网络思想政治教育的辐射范围和保障力量。

(二) 建设良好的网络环境是网络思想政治教育环境建设的重点

网络是一个大平台,人们从这个大平台中获得信息、交流信息。网络不仅是人们生活的工具,也是人们生活的方式。这必然会对人们的认知、思维、价值观产生重要影响,对国家、对民族、对社会产生重要影响。因此,良好的网络环境是网络思想政治教育环境优化的重点领域。

第一,营造风清气正的网络空间。习近平指出:"网络空间是亿万民众共同的精神家园。网络空间天朗气清、生态良好,符合人民利益。网络空间乌烟瘴气、生态恶化,不符合人民利益。谁都不愿生活在一个充斥着虚假、诈骗、攻击、谩骂、恐怖、色情、暴力的空间。"②网络思想政治教育正在面对和将要面对的网络环境越来越复杂,社会主义意识形态面临的冲击也越来越严重。这种冲击主要表现为两个方面:一是境外资本主义意识形态对我国社会主义意识形态的直接冲击。事实上,国外的媒体在所谓的客观报道的原则下,特别喜欢报道我国的"黑暗面"、传播"内部消息"、攻击社会主义制度和政策,其实质是直接的意识形态渗透。二是以商业和娱乐为主流的消费文化对人们思想观念的冲击。资本逻辑、市场逻辑、技术逻辑,侵吞着人类的文化生活。经济效益对社会效益的冲击、工具理性对价值理性的冲击在大众传媒和商业化进程中已经开始显现。因此,我们要本着对社会负责、对人民负责的态度,加强网络空间治理,为人民群众特别是青少年营造一个风清气正的网络空间。

---

① 《习近平谈治国理政》第1卷,外文出版社2018年版,第198—199页。
② 《习近平谈治国理政》第2卷,外文出版社2017年版,第336页。

第二,营造有序活泼的网络生态。网络空间要加强内容建设,要坚持和巩固马克思主义在意识形态领域的指导地位,不断巩固党和人民团结奋斗的共同思想基础;要坚持为人民服务、为社会主义服务、为全党全国工作大局服务。但是,"形成良好网上舆论氛围,不是说只能有一个声音、一个调子,而是说不能搬弄是非、颠倒黑白、造谣生事、违法犯罪,不能超越了宪法法律界限"。"对网上那些出于善意的批评,对互联网监督,不论是对党和政府工作提的还是对领导干部个人提的,不论是和风细雨的还是忠言逆耳的,我们不仅要欢迎,而且要认真研究和吸取。"①和实生物,同则不继。各种食材,可以配出美味的汤,这是五味相和;不同乐器拥有不同风格,可以演奏出美妙动听的音乐,这是六音相和。建设良好的网络生态需要建设有序、有活力的网络空间。

(三)推动社会主义文化繁荣昌盛是网络思想政治教育环境建设的归宿

文化是一个国家、一个民族的灵魂。文化自信,是更基础、更广泛、更深厚的自信,是更基本、更深沉、更持久的力量。文化的价值表现为可以把群体的发展目标和个体的现实需要,把人的外在责任与内在的德行统一起来,形成群体和社会的共同价值观,形成推动社会进步的凝聚力,从而促进社会生产力的发展。习近平在文艺工作座谈会上的讲话指出:"文学、戏剧、电影、电视、音乐、舞蹈、美术、摄影、书法、曲艺、杂技以及民间文艺、群众文艺等各领域都要跟上时代发展、把握人们需求,以充沛的激情、生动的笔触、优美的旋律、感人的形象创作生产出人民喜闻乐见的优秀作品,让人民精神文化生活不断迈上新台阶。"②这就是说,文化形式是多样的,文化要坚持为人民服务、为社会主义服务;文化是人们精神生活的需要,文化是滋养人们精神的重要源泉。

第一,发展中国特色社会主义先进文化。"发展中国特色社会主义文化,就是以马克思主义为指导,坚守中华文化立场,立足当代中国现实,结合当今时代条件,发展面向现代化、面向世界、面向未来的,民族的科学的大众的社会主义文化,推动社会主义精神文明和物质文明协调发展。"③也就是说,要坚持把社会效益放在首位,认真严肃地考虑精神文化产品的社会效益,力求把最好的精神食粮奉献给人民。在这一前提下努力实现社会效益和经济效益的统一;坚持一手抓繁荣、一手抓管理,坚持"二为"方向和"双百"方针的有机统一、弘扬主旋律和提倡多样性的有机统一,正确区分学术、艺术问题和政治问题;健全法规制度,完善管理体制,大力发展先进文化,支持健康有益文化,努力改进落后文化,坚决抵制腐朽文化。

第二,抵制历史虚无主义。网络空间的历史虚无主义者,仍然高举所谓"价值中立""还原事实"的老一套,但是网络空间的历史虚无主义者在亵渎经典、抹黑英雄、歪曲历史

---

① 《习近平谈治国理政》第2卷,外文出版社2017年版,第337页。
② 《习近平谈治国理政》第2卷,外文出版社2017年版,第315页。
③ 《习近平谈治国理政》第3卷,外文出版社2020年版,第32页。

时更加犀利凶狠,更加隐蔽,更加迷惑人心。我们不可能完全还原历史,但需要用科学的历史观看待历史,要以高度的责任感告诉人们真实的历史。正如习近平指出:"戏弄历史的作品,不仅是对历史的不尊重,而且是对自己创作的不尊重,最终必将被历史戏弄。"[①]中国特色社会主义文化建设要旗帜鲜明地反对和抵制各种错误思潮、错误观点,以避免其对人们的精神污染,实现环境与网络思想政治教育功能的同性同向。

[①] 《习近平谈治国理政》第2卷,外文出版社2017年版,第352页。

第二章　网内思想政治教育与网外思想政治教育

进一步认识网络思想政治教育，还应该从网内思想政治教育与网外思想政治教育的关系入手。根据思想政治教育的发生场域，可将思想政治教育分为网内思想政治教育和网外思想政治教育。网内思想政治教育是以网络空间为发生场域而进行的思想政治教育，即线上思想政治教育。网外思想政治教育是在网络空间之外开展的一系列思想政治教育活动，即线下思想政治教育。厘清网内与网外思想政治教育之间的关系，对开展网络思想政治教育，推进网络思想政治教育学科建设，具有重要的理论价值和实践价值。

第一节　网内与网外思想政治教育的特征

所谓特征，就是不同于其他事物内在本质的外在表现，它是某一事物成为它自身并使该事物同其他事物区别开来的内在规定性。深刻认识网内与网外思想政治教育的特征，是正确处理好二者关系的关键。

一、网外思想政治教育的特征

网外思想政治教育是以思想教育为根本、政治教育为主导、道德和法治教育为基础的教育形式，通过线下教育手段对人们的世界观、人生观、价值观进行导向教育，具有以下特征。

（一）导向性

思想政治教育的本质是坚持主流意识形态的主导和灌输，这决定了网外思想政治教育具有鲜明的政治导向性。列宁曾说："在任何学校里，最重要的是课程的思想政治方向。"[①]习近平也指出："政治引导是思政课的基本功能。"[②]网外思想政治教育要始终把坚持正确的政治导向放在首位，做到立场坚定、是非分明，坚持社会主义意识形态引导社会思潮，牢牢掌握自己的意识形态领导权、管理权、话语权。因此，网外思想政治教育通常以显性教育为主，教育过程中政治观点鲜明，尤其对一些错误思潮敢于正面交锋，让受教育者更好更快地认识到教育者所要表达的政治观点。

---

① 《列宁全集》第45卷，人民出版社2017年版，第240页。
② 习近平：《思政课是落实立德树人根本任务的关键课程》，人民出版社2020年版，第17页。

(二) 明确性

明确性是指网外思想政治教育目标、主体、内容等比较明确,不存在模棱两可的情况。首先,教育目标明确。网外思想政治教育者往往通过具有理论性、实践性、活动性等特点的传统教育方式进行思想教育、政治教育、道德教育等,以达到实现全面育人的目标。其次,教育主客体明确。主体和客体的关系是贯穿思想政治教育过程最重要、最基本的关系。网外思想政治教育过程中教育者和受教育者比较明确,不存在复杂交叉或不清晰之处,并且教育者与受教育者的这种主体与客体的关系贯穿于始终。再次,教育内容明确。在网外思想政治教育活动开展之前,教育者一般会把教育内容预设好,然后把教育内容通过一定的教育手段传播出去,受教育者有时也能够预先知道思想政治教育内容的大致方向,提前有个心理接受预期。最后,教育效果明确。教育者一般在开展思想政治教育之前会对教育效果进行预估,教育过程基本以显著的预估结果为目标进行,以保证思想政治教育的效果基本上符合预估效果。

(三) 现实性

现实性是指事物存在的客观性、真实性、实在性,坚持现实性原则就是尊重事物存在的真实性和实在性。网外思想政治教育的现实性是指网外思想政治教育是实在的而不是虚拟的,它与现实的人和生活紧密相连。马克思指出:"人的本质不是单个人所固有的抽象物,在其现实性上,它是一切社会关系的总和。"[①]思想政治教育从根本上来说是做人的工作,它必然离不开"现实的人",与广大人民群众的社会生活实践分不开。因此,网外思想政治教育为了能够更好地达到预定目标,需要了解现实生活中"个人"的情况。同时,网外思想政治教育还需要在现实生活环境中进行,如理论性思想政治教育往往在教室、会场、陈列馆、纪念馆等场所开展。另外,网外思想政治教育内容来源于现实,要紧贴现实生活,解决人们在具体生活中遇到的思想问题、道德问题、价值问题等。

二、网内思想政治教育的特征

随着互联网技术的发展,网内思想政治教育不断推陈出新,出现一些不同于网外思想政治教育的新特征,如主体间性凸显、内容呈现可视化、情境创设仿真化、信息传播超时空性。

(一) 主体间性凸显

互联网时代,人人都是信息的传播者和接收者,网络空间话语权越来越下移到广大网民中,这催生了网络思想政治教育主客体关系的重大变化,即主体间性凸显,教育者和受教育者主体交互性强,呈现出平等、互动的特点。网络打破了传统人际的"社会樊篱",教

---

① 《马克思恩格斯选集》第1卷,人民出版社2012年版,第139页。

育者与受教育者的身份、年龄、性别差异不复存在,没有高低贵贱之分,受教育者也拥有自由表达的权利,可以与教育者在网络平台展开讨论。通常,受教育者在网络思想政治教育中的学习表达途径有:基于人机互动的"向技术和网络学习",基于人际互动的"向他人学习",基于自我互动的"向自己学习"。① 对于教育者来说,不仅要在技术上加紧学习,跟上技术进步的脚步,还要为受教育者创造良好的人机互动、人际互动、自我互动的交流平台和环境。此外,教育者还需要积极利用互联网技术,充分考虑受教育者的个性化和多样化需求,传递正能量网络信息,帮助受教育者进行自我教育,促进其自我成长。同时,人们越来越频繁地参与到网络平台自由讨论、民主探讨、议题设置等过程中,网民的生活主张和理念以及对世界的认知都发生了重大转变,使受教育者的主体性不断增强,使网内思想政治教育的主体间性更加凸显,主体意识空前觉醒,这是人的发展的重大进步,但是也确实存在不少困惑和隐忧。当前,部分人过度陷入信息崇拜,过分依赖技术,导致了主体异化现象,体现为对上网终端的过度依赖,这种异化现象需要教育者及时干预。教育者要站在平等交流和共同探讨的基础上,进行有效教育,摒弃居高临下的姿态。另外,受教育者也应该认识到这种异化现象的存在,主动提高信息素养和自我教育能力。

(二) 内容呈现可视化

互联网基础设施的不断更新换代,加之软硬件的推陈出新,使网内思想政治教育的呈现方式从最初的文字到逐渐加入图像、声音,变得更加可视化和生动化,再到现在的集文字、语音、图像、视频为一体的多媒体,使网络思想政治教育内容更加可视化、立体化。可视化是一种由"文字"范式到"图像"范式的转变,即实现了思想政治教育话语范式由"文本话语"范式到"超文本话语"范式的转变。内容呈现可视化主要有两方面原因:一是互联网改变了人们认知和信息获取的理念和方式。随着互联网的普及,人们越来越喜欢用生动立体的多媒体信息而非单一的文字信息和符号信息来认识世界,这催生了"读图时代""视频时代""直播时代"。人们越来越愿意接受由多媒体技术组合而成的、符合人体感官和反映系统工作原理的直观信息。因此,人们对信息获取和认知理念的改变,进一步拓展了人们对于世界的认知,增强了改造世界的能力。二是网络思想政治教育面临时代化、现代化的发展要求。网外思想政治教育内容理论性强、抽象性高、逻辑严谨,但是多以文字论述为主,内容难免晦涩难懂。思想政治教育必须结合多媒体技术,借助互联网技术,进行创新发展,实现思想政治教育时代化和现代化。当然,网内思想政治教育呈现方式的可视化并不是传统意义上的"视觉"变化。人们传统上主要是通过作为身体部位的耳朵、眼睛、鼻子、手等获取信息,即"听、视、嗅、触",而且它们对信息的判断或获取都是独立进行的。而互联网时代的"可视化"不再是简单的眼睛上的视觉,它是一种可以集

---

① 程仕波、于蕾:《论网络思想政治教育发展的新特征》,《学校党建与思想教育》2015 年第 11 期。

"听、视、嗅、触"为一体的"可视",是一种利用网络技术、视觉化技术实现信息获取的立体化。因此,网络思想政治教育内容的可视化实现了受教育者在信息获取上的"可听、可观、可感、可触"。

(三)情境创设仿真化

当前,虚拟现实(VR)、增强现实(AR)、人工智能(AI)等互联网技术迅速发展,使网内思想政治教育发展情境面临新情况。具体来说,就是利用模拟现实情境技术,进行情境创设,在虚拟的情境中进行便于主体交流的人际互动,将现实思想政治教育理论知识寓于具体的、生活化的、生动的立体情境中,让受教育者能够充分地感知、认同教育者所传达的信息,从而整体提升网络思想政治教育的实效性。网内政治教育情境创设主要是基于以下两点考虑:一是思想政治教育活动要适应人的认知方式的转变。当今时代人们更注重体验,即通过调动各方面的感知器官来获取信息。网络游戏、虚拟现实等之所以吸引网民是因为它们使网民超越了单一的视觉和听觉体验,用声光电、多维的技术手段,实现人的体验的变革,更加符合人的认知需求。因此,网内思想政治教育也需要创设情境,增强受教育者的感知体验,实现沉浸式教育。二是互联网技术发展为网内思想政治教育情境创设提供了便利条件。2019年5月,习近平在致国际人工智能与教育大会的贺信中指出:"积极推动人工智能和教育深度融合,促进教育变革创新,充分发挥人工智能优势。"[①]随着现代信息技术的快速发展,以大数据技术为基础的人工智能进入一个全新的发展阶段,为网内思想政治教育情境创设提供新契机。

(四)信息传播超时空性

网内思想政治教育信息的产生、传播、接受和反馈打破了传统思想政治教育对时间、空间的依赖,且在极大拓宽的时间、空间中实现了自主传递,具有超时空特性。受教育者可以根据自己的安排选择适合自己的时间进行学习,也可以通过检索引擎来寻找任意时间点发生的事件,比传统限时限期的话语传播更加灵活。受教育者学习空间场域的限制也被打破,实现了课上与课下的跨越、校内与校外的跨越、现实生活与虚拟生活的跨越、国内与国外的跨越,相比网外思想政治教育过程需要固定场域而言,网内思想政治教育过程在网络场域上更加便捷。另外,随着移动互联网技术发展,受教育者上网不再局限于电脑,而是只需要一台智能手机或其他移动终端就可以无缝连接互联网。网络进入门槛变得更低,运用更加灵活方便,上网人数急剧增加。受教育者的网络参与度提高,主人翁意识增强,使他们更加积极而方便地参与网络上各种信息的发布或评论,真正实现"全域覆盖,全时共享"。例如,面对新冠疫情对教育产生的重大影响,教育部发起"停课不停教,停课不停学"号召,于2020年3月9日组织了"全国大学生同上一堂疫情防控思政大课"

---

① 中共中央党史和文献研究院编:《习近平关于网络强国论述摘编》,中央文献出版社2021年版,第165—166页。

等线上直播教学活动,让全国大学生不受时空限制,共享教育资源。①

第二节　网内与网外思想政治教育的关系

网内思想政治教育与网外思想政治教育是思想政治教育的两种表现形态,二者之间既相互区别,又相互联系,是一种相辅相成、辩证统一的关系。

一、网内与网外思想政治教育的联系

网内思想政治教育和网外思想政治教育虽然个性鲜明,但还是有共性的。

(一)教育目标与任务一致

网内思想政治教育和网外思想政治教育是思想政治教育在不同空间的两种存在形态,其目标和任务是一致的。思想政治教育目标是思想政治教育过程的起点和归宿,"在我国,思想政治教育的目标着眼于促进人的全面发展,以人的全面发展理论、党和国家教育方针作为基本的依据"②。"思想政治教育的主要任务是开展理想信念教育、爱国主义教育、民族团结进步教育、民主法治教育和全面发展教育,引导人们积极弘扬和践行社会主义核心价值观。"③网内思想政治教育通过网络手段达成思想政治教育目标和任务,但其目标和任务始终与网外思想政治教育是一致的。

(二)教育内容互为补充

网内思想政治教育的发展是一个延续的过程,离不开网外思想政治教育,不能脱离现实生活。具体表现为:一是继承网外思想政治教育内容的优良成分。要结合网络背景对思想政治教育内容进行梳理、整合和提炼,挖掘出具有感染力、凝聚力和说服力的内容,并通过网络平台对这些思想政治教育内容不断地进行再生产,从而创造出一系列具有网络特点的思想政治教育内容。二是借鉴现实生活内容的合理成分。思想政治教育除了具有政治性,还具有生活性,即思想政治教育内容来源于生活实践,要贴近现实生活。网络生活已成为我们日常生活的一部分,网内思想政治教育要紧密联系现实生活和网络生活所关心关注的问题,正确处理好网内与网外生活的关系。

同时,网外思想政治教育应该顺应时代的发展而不断创新,积极吸纳和借鉴网内思想政治教育的教育资源。例如,网外思想政治教育在进行内容优化时,可以适当借鉴和吸取

---

① 《全国高校学生在线收看达五千多万人次　一堂特殊的思政大课》,《人民日报》2020年3月10日。
② 《思想政治教育学原理》编写组编:《思想政治教育学原理》第2版,高等教育出版社2018年版,第147页。
③ 《思想政治教育学原理》编写组编:《思想政治教育学原理》第2版,高等教育出版社2018年版,第166页。

网络空间那些积极健康、通俗易懂的"网言网语",以进一步增强线下思想政治教育的吸引力。

(三)教育形式互为补充

网内思想政治教育是思想政治教育的新样态,但是网内思想政治教育受互联网软件、硬件等条件束缚,存在自身的局限性,不可能完全取代传统的课堂讲授、谈心交流、文体活动、社会实践等网外思想政治教育形式。同样,网外思想政治教育也存在自身的局限性,如受时间、地点、场域等条件限制,无法实现思想政治教育的随时随地进行,但这不意味着网外思想政治教育会被淘汰,网外思想政治教育依然有其存在的优势和必要性。网内思想政治教育与网外思想政治教育并不会相互排斥、相互取代,二者相互配合、相互促进,共同推进思想政治教育目标的实现。

二、网内与网外思想政治教育的区别

网内思想政治教育与网外思想政治教育之间虽然联系紧密,但二者之间也存在较大的差异,主要表现在以下几个方面。

(一)角色之异:固定身份与相对身份

网外思想政治教育的主体与客体身份比较明确,即教育者与受教育者。"教育者的主体地位主要体现是:活动的发动者、组织者和实施者。"①例如,在高校思想政治教育中,教育主体是高校教师,主要包括思想政治理论课专任教师、辅导员、党政干部、团学干部等。教育客体是大学生,是高校思想政治教育对象,居于接受教育者的教育引导的地位。网内思想政治教育的主体和客体身份是相对的,呈现主体间性特征。首先,突破固定身份。网内思想政治教育的教育者和受教育者摆脱了现实身份,是以"符号化"身份参与网络空间活动,即使相互之间不知道现实身份也可以沟通交流。其次,打破信息壁垒。网外思想政治教育的教育者具备专业知识,掌握信息的生产和传播,具有较高的公信力和权威性。而在网内思想政治教育中,不仅教育者能在网络上进行信息的生产和传播,受教育者也能参与其中,而且受教育者还能自主选择符合自己需求的、有价值的信息,不再是被动接收信息。再次,实现身份转换。网内思想政治教育的主客体不再以现实身份进行区分,而是依据观点的说服性与真实性,这意味着教育主客体角色是可变和可转换的。最后,身份范围扩大。网内思想政治教育的受教育者不局限于学生,还可以扩展到整个网民群体,甚至超越了国界、国民的限制。同样,教育者也不再仅限于教师,网络空间中持有客观、公正和号召力意见的网民,尤其是那些"意见领袖",均有可能成为教育者。

---

① 《思想政治教育学原理》编写组编:《思想政治教育学原理》第2版,高等教育出版社2018年版,第179页。

(二) 场域之异:现实场景与虚拟场景

网外思想政治教育通常在教室、会场、陈列馆、纪念馆等现实场景开展,在一定程度上受到时间和空间的限制。网内思想政治教育突破了网外思想政治教育的场域边界,构筑起虚拟、动态且声像兼具的教育场域。这种虚拟场域为网内思想政治教育提供了广阔的平台,实现了信息传播"开放化""符号化""数字化"。移动互联网时代,每个人都可以通过智能手机上网,网络"无处不在""无时不有"。因此,网内思想政治教育突破时间和空间的限制,受教育者通过移动上网终端,就可以在任何地方、任何时间进行信息的发布和传播,即"即时实地传播",实现思想政治教育从"固定场域"到"移动场域"的转变。另外,随着虚拟现实(VR)、增强现实(AR)、人工智能(AI)等新一代技术快速发展,网外思想政治教育的现实场景也可以"搬到"网内思想政治教育的虚拟场景中开展活动,给受教育者带来"听觉""视觉""触觉"的有机融合,让受教者身临其境,如 VR 思政体验课程"重走长征路",这种沉浸式学习体验将虚拟仿真、影音视听和在线学习集成在一起,带来了更震撼、更丰富、更直观、更形象的视听盛宴。

(三) 呈现之异:文本话语与超文本话语

一般情况下,文字语言是最基础的文本类型,也是话语表达的主要形式。网外思想政治教育主要采用报告会、演讲、讲课等方式,并以语言和文字的形式即文本话语进行主流意识形态传播。网内思想政治教育突破了文本话语,采用集文字、声音、图片、视频、表情、符号等为一体的超文本话语。当然,超文本话语并不等于非文本呈现,而是相对于传统文本的文本新形态。其主要表现类型有:一是图像文本。图像文本是重要的网络文本类型之一,是一种以图片为主的表达形式。相对于网外思想政治教育单调枯燥的文字,网内思想政治教育使用图片来表达会显得形象生动,易于受教育者理解。二是音频文本。音频文本是以隐性方式把内容嵌入在相关音频之中,通过声音来传递信息,比文字更有感情和个性化。如把思想政治教育内容制作成音乐或把内容嵌入一些有趣的音乐之中,可以实现"从无声到有声",提高受教育者的接受兴趣。三是视频文本。视频文本是指把原先静态的思想政治教育文本内容用视频的动态形式表现出来,提高内容的可视性。四是综合性文本。综合性文本不是某一种新的形式呈现,而是集文字、图片、图像、音频、视频等为一体的网络文本形式。① 通常,网内思想政治教育大多是采用综合性文本形式,使思想政治教育内容更加充实丰富,更具有吸引力。

(四) 供给之异:有限灌输与海量选择

网外思想政治教育的内容通常是教育部门和专家学者根据教育目标和任务,经过精心挑选、科学论证而设置的,是比较稳定、完善的知识体系,供给受教育者的内容是相对有

---

① 吴满意:《网络人际互动——网络实践的社会视野》,人民出版社 2015 年版,第 171 页。

限的。相比之下,由于网络环境的开放性和复杂性,网内思想政治教育内容表现出海量化特征,受教育者可以自主选择适合自己需要的内容。教育者应该主动进入网络空间,对受教育者加以适当引导,让受教育者能在海量信息中作出正确的选择。同时,面对海量的网络信息,教育者不应有选择焦虑症,也不应该害怕信息总量大,要培养敏锐的数据意识,能够运用大数据技术分析和处理海量信息,发现受教育者选择信息的潜在问题并加以疏导。

(五)效果之异:同质稳定与异质多元

网外思想政治教育的教育者掌握话语权,可以对负面信息扩散加以管控,使思想政治教育能够按照计划顺利进行,不出现"脱轨"现象,从而实现受教育者接收信息的稳定性,以更好达到思想政治教育预期的教育目标。但是,网络环境的开放性、传输渠道的多元化和主体的复杂性,打破了教育者对信息的绝对垄断,更多群体都能够参与到信息生产之中,导致网内思想政治教育内容多元化,其载体形式、展现平台也是多元化的,使受教育者接触的信息不再同质和稳定。因此,网内思想政治教育要在多元中立主导,在多样中谋共识,在多变中定方向,为受教育者提供一些评价是非、善恶、美丑等价值评价标准,营造清朗的网络空间。

三、正确处理网内与网外思想政治教育的关系

网外思想政治教育是网内思想政治教育的基础,网内思想政治教育是网外思想政治教育的延伸。因此,必须正确处理好网内与网外思想政治教育的关系。

(一)网外思想政治教育是网内思想政治教育的基础

从某种程度上来说,网内思想政治教育与网外思想政治教育是虚拟与现实的关系,但是网内思想政治教育并不是完全远离现实的,而是以网外思想政治教育为基础的网络实践活动。首先,网内思想政治教育的内容以网外思想政治教育为依托。在互联网发展初期,网内思想政治教育内容绝大部分都是网外思想政治教育内容的"搬迁"。2000年6月,江泽民在中央思想政治工作会议上指出:"要重视和充分运用信息网络技术,使思想政治工作提高时效性、扩大覆盖面、增强影响力。"[①] 2000年9月,《教育部关于加强高等学校思想政治教育进网络工作的若干意见》明确提出:"各高校都要重点规划建设几个在师生中有吸引力、有影响的网站。"随后,一些高校为了更方便地开展思想政治教育,推动思想政治教育进网络,建立起"红色网站",如北京大学的"红旗在线"、北京师范大学的"学生党建之窗"、南开大学的"觉悟网站"、武汉大学的"自强学堂网站"等。截至2001年5月,全国有250多所高校建立了"红色网站"。这些"红色网站"作为高校开展马克思主义教育和党团建设的网络阵地,是当时网内思想政治教育的重要平台。当前已经进入移动

---

① 《江泽民文选》第3卷,人民出版社2006年版,第94页。

互联网、大数据、人工智能阶段,但网络空间的信息资源仍然离不开线下资源,还是以现实社会为依托的。其次,网内思想政治教育的效果以网外思想政治教育为依据。从本质意义上来说,不管是网内思想政治教育还是网外思想政治教育,其教育目的是一致的,都是为了解决现实思想政治教育的问题。网内思想政治教育的效果如何,要以是否解决网络上所反映的意识形态问题为衡量依据,要保证网内与网外思想政治教育效果的一致性。

(二)网内思想政治教育是网外思想政治教育的延伸

网内思想政治教育是互联网时代思想政治教育发展的新样态,是对网外思想政治教育的延伸。首先,网内思想政治教育延伸网外思想政治教育的时间和空间。网络的开放性延伸思想政治教育空间,使思想政治教育不仅存在于现实场景,而且扩展到虚拟场景;网络的即时性延伸思想政治教育时间,使思想政治教育不用再受"固定时间"束缚,实现"全时在线",进一步提升思想政治教育的时效性。其次,网内思想政治教育丰富了网外思想政治教育的内涵和外延。随着网络的发展,催生了网络道德、网络政治参与、网络法治意识、网络爱国主义、网络文化等新要素,这些都已成为思想政治教育内容的重要组成部分,对塑造人们正确的世界观、人生观和价值观至关重要。例如,讲授与道德教育相关的内容时,不仅要强调现实生活的道德要求,还要强调网络生活中的道德要求,因为网络生活已成为人们生活的一部分。再次,网内思想政治教育延伸了教育者和受教育者的主体性。为了更好地开展思想政治教育,教育者可以主动关注和参与网络实践活动,收集更多思想政治教育素材。同时,网络主体的平等性使受教育者的主动性明显增强,自主选择相关信息进行自我教育和对信息进行二次传播,激发了受教育者在网内思想政治教育中的主体意识。最后,网内思想政治教育拓展了网外思想政治教育的方式和渠道。网外思想政治教育相对于受教育者的思想变化有一定的滞后性,而网内思想政治教育的传播方式具有多元化、快捷性、实时性的特点,可以使思想政治教育更加及时有效。

(三)坚持网内思想政治教育与网外思想政治教育的辩证统一

正确处理好网内思想政治教育和网外思想政治教育的关系,必须明确网外思想政治教育是网内思想政治教育的基础,网内思想政治教育是网外思想政治教育的延伸和发展。网外思想政治教育居于支配地位,起着决定作用,网内思想政治教育处于从属地位,起着次要作用。我们在网络空间中形成的判断,必须回到现实社会实践和环境中去考察和检验。因此,在重视网内思想政治教育的同时,也必须加强网外思想政治教育。

第三节 网内与网外思想政治教育的结合

在新的时代条件下,将网内与网外思想政治教育有机结合,对推动新时代思想政治教育创新发展具有重要现实意义。

一、网内与网外思想政治教育结合的必要性

（一）适应网络信息技术发展的需要

随着网络信息技术的快速发展,电脑、手机以及互联网等广泛应用在人们的生活和工作中,对人们的生活和工作方式产生着极大的影响。思想政治教育作为一种"培养人"的社会活动,必须跟上网络信息技术的步伐,不断发展创新。2016 年 12 月,习近平在全国高校思想政治工作会议上强调:"要运用新媒体新技术使工作活起来,推动思想政治工作传统优势同信息技术高度融合,增强时代感和吸引力。"[①]将网内思想政治教育与网外思想政治教育有机结合,创新教育内容和表达方式,才能更好地推动思想政治教育适应时代发展。

（二）满足受教育者多样化需求的需要

在现实生活中,人的思想行为深受其成长环境的影响,也会随着个人的成长、成熟不断地发生变化,具有自主性、能动性。也就是说,人的思想行为具有可塑性。在思想政治教育中,信息只有为人所用、所接受才能发挥其应有的价值。受教育者是有思想的主体,所以在信息的接收过程中并不是被动的,而是在主动地分析、判断、选择的基础上,内化为自己的思想内容和行为。在互联网时代,必须尊重受教育者的主体选择,突出其主体地位,充分研究并深入发掘受教育者的个性化和多样化需求。同时,教育者和受教育者要想顺畅沟通,必须搭建一个平台,即受教育者能够充分表达自我,理性运用互联网,同时教育者能够了解受教育者的思想动态,并及时地、有针对性地进行潜移默化的教育,这就需要实现网内与网外思想政治教育的有机结合。

（三）增强思想政治教育实效性的需要

网外思想政治教育通常是有计划、有目的、有针对性地开展活动,教育方法相对比较简单,教育内容也比较有限,同时教育者与受教育者之间的主体地位明确,互相沟通交流不是很频繁。网内思想政治教育以网络技术为教育手段,在开放的网络环境中进行,教学内容比较分散,缺乏整体规划性,受教育者面对海量信息,容易产生选择困难。因此,实现网内与网外思想政治教育有机结合,可以扬长避短,使教育内容更加丰富、鲜活,教育方法更加多样、灵活,更好地增强思想政治教育实效性。

二、网内与网外思想政治教育结合的原则

原则是指人们在既定目标和特定条件下,观察和处理问题时必须遵循的准则和标准。网内思想政治教育和网外思想政治教育有机结合,需要充分把握好以下四项原则。

---

① 《习近平谈治国理政》第 2 卷,外文出版社 2017 年版,第 378 页。

(一) 系统合力原则

无论是网外思想政治教育还是网内思想政治教育都是思想政治教育这个系统里面的一部分,在具体的实践操作过程中,无论是采用哪一种教育模式,其目标、内容、任务的要求,都要遵循思想政治教育的总要求。同时,无论是网外思想政治教育还是网内思想政治教育,主要任务都是开展理想信念教育、爱国主义教育、民族团结进步教育、民主法治教育和全面发展教育,引导人们积极弘扬和践行社会主义核心价值观。二者在教育任务上具有高度的一致性。只有把握好系统合力的原则,才能充分发挥思想政治教育的作用。

(二) 共享共建原则

"共享"指教育资源共同分享和利用,"共建"指教育资源共同建设和完善。在网外思想政治教育中,教育者是传授者,也是教育资源的占有者,具有话语的支配权,而受教育者是接受者,只能被动接收信息。网内与网外思想政治教育的结合,突破了这种单一享有教育资源的局面,使教育者与受教育者共享信息资源和传播载体。共建是网内与网外思想政治教育有机结合的关键。在网外思想政治教育中,通常教育者是推进和创新的主体,而受教育者一般不会过问思想政治教育内容建设情况,他们认为这些是教育者该做的事情。但是,网内与网外思想政治教育的结合,使教育者与受教育者的区分界线不再那么明显,二者共同加入到内容建设中。

(三) 良性互动原则

在现实生活中,每个人都希望在与他人的交往中受到尊重与认可。随着互联网的发展,人们越来越多地被赋予平等的权利和地位。互联网本身就是开放的,具有消解中心的作用,这为人们平等地获取信息、知识带来了前所未有的机遇。人在互联网上不仅是平等的,而且被赋予了更多选择的权利。因此,网内与网外思想政治教育结合后,教育者要转变理念,以平等对话促进与受教育者的良性互动,转变网外思想政治教育活动中灌输者、权威者的角色,从理念变革着手实现思想政治教育发展创新。

(四) 因材施教原则

思想政治教育要立足于社会现实,针对受教育者的思维层次、知识结构、心理特点、接受方式的不同,采取不同的教育方式。习近平在同北京师范大学的师生代表座谈时说过:"好老师一定要平等对待每一个学生,尊重学生的个性,理解学生的情感,包容学生的缺点和不足,善于发现每一个学生的长处和闪光点,让所有学生都成长为有用之才。"[①]网络信息时代,受教育者喜欢在网络上进行学习、交流。网内与网外思想政治教育结合后,教育者要根据受教育者的成长背景、思想行为变化情况、接受信息的程度等,灵活采取不同的

---

① 习近平:《做党和人民满意的好老师——同北京师范大学师生代表座谈时的讲话》,人民出版社 2014 年版,第 11 页。

教育模式,推动思想政治教育更加具有针对性。

三、网内与网外思想政治教育结合的着力点

网内思想政治教育与网外思想政治教育在具体的应用中,各有其自身的特点。新形势下,实现网内与网外思想政治教育的结合,关键是相互促进、相互交融,取其优长、弥补不足,共同提高思想政治教育的实效性。

(一) 教育理念上相互促进

理念是人们对于某一事物或现象的理性认识、理想追求及其所形成的观念体系。教育理念,即关于教育方法的观念体系,是教育主体在教学实践及教育思维活动中形成的对"教育应然"的理性认识和主观要求,包括教育宗旨、教育使命、教育目的、教育要求和教育原则等内容。网外思想政治教育通常是自上而下式、权威灌输式的教育,其优点是突出教育目标的一致性、教育方法的可控性、教育内容的准确性,使思想政治教育能够按照教育者"铺设的轨道"进行。网内思想政治教育是虚拟现实共存、关系扁平化的教育理念,其优点是突破时空限制、内容丰富多彩、传播形式灵活、教育者与受教育者互动性强,使思想政治教育能够满足受教育者的多样化需求。只有将网内思想政治教育的理念与网外思想政治教育的创新理念结合起来,两种理念相互促进,才能更好推进思想政治教育向前发展。

(二) 教育内容上相互交融

网外思想政治教育内容的目标性很明确。网内思想教育内容更灵活更新颖,往往通过微博、微信互动等新颖灵活的方式,启发受教育者对教育信息的关注和理解,内化于心,在无形中吸引受教育者参与到活动中。同时,网络为思想政治教育提供了一个开放性平台,能够提供文字、图片、视频等丰富的信息载体,提供理论原著、历史资料、社会热点等各方面信息,虚拟的空间平台容纳了丰富的教育内容。总的来看,网外思想政治教育内容具有显性教育的特点,很明确地告诉受教育者应该学习什么理论、应具备什么样的价值观;而网内思想政治教育内容具有隐性教育的特点,通过网络平台传递教育信息,启发受教育者自身去选择、理解,进而达到教育的目的。二者的教育内容一个体现在现实中,一个体现在网络中,互相融合,可以让教育的内容更加细致、更加全面。

(三) 教育手段上相互结合

教育手段是指教育者为达到一定教育目的所采用的活动方式和方法的总称。主要指各种教育工具、教育方法和教育组织形式等。网外思想政治教育通常采用预设性和控制性的方式,教育者具有绝对的话语权,而受教育者的主体地位丧失,使双方在沟通中出现不平等的现象。进入网络时代,信息资源获取变得更加开放化和平等化,教育者不再独有话语的控制权,有时受教育者反而比教育者了解和掌握更多网络信息。面对主客体之间关系的扁平化,教育者也应适应时代发展步伐,采用"对话式"的教育手段。同时,受教育

者不仅应该充分认识到自己的主体性地位,而且应该主动加入沟通交流,消解话语抵触情绪。网络传播的及时性,便于教育者将教育信息在最短的时间内发送、传播给受众,增强了教育的时效性;网络传播的广泛性,使教育信息的传播突破了传统的地域限制,增进了教育的广泛性。另外,要善于运用新媒体技术和手段,"要重视技术创新,在可视化呈现、互动化传播上做文章,用网民喜闻乐见的方式,使正面宣传的用户规模不断扩大、用户黏性不断增强"[①],创新思想政治教育方式方法,共筑网上网下同心圆。

---

① 中共中央党史和文献研究院编:《习近平关于网络强国论述摘编》,中央文献出版社2021年版,第76页。

第三章 网络思想政治教育的信息与安全

网络思想政治教育活动,不仅是在崭新场域有效传播马克思主义主流意识形态的活动,也是新时代建构网民信仰、铸造网民品性的重要活动,对于正向传递习近平新时代中国特色社会主义思想,助力高校大学生的成长成才以及构筑网络时代社会发展的中国精神、中国力量与价值氛围都具有重要意义。随着网络信息技术对社会的高密度、强相关、全域性介入,网络思想政治教育本身得到强化与优化,其教育信息传播的时效性、内容蕴涵的海量性、表现形式的多样性、论断阐释的深刻性等方面的表征与指向更加明晰。然而,随着网络空间的不断拓展,诸多安全隐患也渐次浮出,比如网络思想政治教育信息被恶意曲解、信息界面被抹黑污化、教育信息传播渠道被非法利用等,给网络思想政治教育的开展造成相当大的影响与损失。因而,如何妥善处理网络思想政治教育信息,增强网络思想政治教育信息的安全性,是我们必须关注的话题。

第一节 充分认识网络是思想文化建设的重要阵地

互联网是科技进步的产物,更是思想文化建设的崭新场域。网络在其发展过程中呈现出了多点性、联结性、交互性、快速性等诸多特点,在一定程度上为彰显新时代思想文化建设的广博性、丰富性、生动性和大众性提供了良好的平台,从而在客观上为新的历史条件下思想文化的建设与发展提供了重要的阵地。

一、网络是思想文化建设的新环境

文化是民族的血脉。文化兴则国家兴,文化强则民族强。文化的力量,熔铸在民族的生命力、创造力和凝聚力之中。源远流长的历史文化,是中华民族生生不息的精神动力和昂首走向世界、实现民族复兴的巨大精神资源。思想文化建设的一项重要任务就是用当代最新科学技术成就提高人民群众的知识水平,通过合理和进步的教育制度培养中国特色社会主义的时代新人,并用最能反映时代精神的健康的文学艺术和生动活泼的群众文化活动等来陶冶人们的情操,丰富人们的精神生活。互联网记录、承载了内容丰富、形式多样的思想文化建设成果,构成了思想文化建设的重要环境,并在承载思想文化建设信息、展示思想文化建设成果和创新思想文化建设形式等方面发挥着突出的作用。

(一)网络环境承载思想文化建设信息

迅猛发展的网络技术,呈现出集智能化操作、人性化管理、数字化存储、交互性运维为一体的鲜明特点。正是因为网络技术自身的这种集科技与人文、供给与反馈于一体的运作理念,使网络本身成为新时代思想文化建设所需要的新载体。

第一,网络环境能更好地为党和政府展示与传播先进思想文化信息。一是就网络环境的表达方式来看,思想文化建设越来越走向多样化、生动化、趣味化,许多网络新媒介如微博、微信、QQ、在线论坛、教育网站等推出的集生活、教育于一体的视频展示、漫画解说、音频播报等,都大大丰富了思想文化的表现方式,提升了亲和力、增强了趣味性,更好地展示了思想文化建设的新成果。二是就网络环境的内容来看,随着计算机网络技术对我们生活全方位的介入,网络在全域性重塑我们生活的同时,也潜移默化地改变着我们的行为方式、思维方式,网民越来越喜欢新潮的、简短的、形象的东西。因而网络思想文化内容的建设必须紧跟时代的步伐,注入时代的新鲜元素,昂扬时代的精神,展现时代的风貌;同时,必须不断地深化其学理性、增强其文化底蕴、生动其表达方式,以助国家主流意识形态、社会主义核心价值观更好传达。三是就网络环境的管理来看,以往的思想文化建设曾因边界不明、内容零散、主导性不明确、管理不到位等问题,导致失之于松、失之于软的管理影响和制约了广大民众认同度。因而,新时代的思想文化建设应该重点关注网络,朝着更符合网络特点,更具专业化、针对性的方向发展。

第二,网络环境能够检测新时代思想文化建设的状态。新时代的思想文化建设,应该朝着更加符合思想文化自身建构规律、网民成长成才规律、国家主流意识形态有效传播规律的方向发展,实现思想文化建设自身形式与内容、边界与内涵、生成与运演的和谐统一。一是思想文化具有其自身独特的发展轨迹,网络是这种变动轨迹的记录者。科学的理论总是生成于过去、发展于当下、繁荣于未来,体现出鲜明的承继性、时代性和发展性。因而,新时代在引领思想文化发展的过程中,既要注意保留其历史积淀中的精髓部分,又要融入当代的新鲜元素,同时又要注意规划未来的发展方向。网络环境已经成为新时代思想文化建设的重要载体,应当汇聚新要义,凝聚新力量,响应新主张,彰显新价值。二是网络环境能够检测先进思想文化建设的成效。社会主义先进思想文化代表着时代进步潮流和发展要求,其能否健康发展并得到有力有效的传承,关系到我国的文化安全和长治久安。目前,思想文化建设的重要主体是高校学生,他们的求知欲旺、思维活跃、好奇心强,因而只有当思想文化的内在含蕴和外在表现形式更加符合青年大学生喜欢新奇、热衷探索、追求平等独立等年龄特征和思想需求以及学生成长成才规律时,才更具针对性、有效性。同时,网络已经成为当代大学生最喜欢的认知工具,他们的言行总是通过网络最先反映与体现出来。在很大程度上可以说,熟悉网络、掌握网络就意味着了解与把握了青年大学生的思想状况。2013年8月,习近平在全国宣传思想工作会议上强调,"宣传思想工作是做人的工作的,人在哪儿重点就应该在哪儿"[①];2016年12月,习近平又在全国高校思

---

① 中共中央党史和文献研究院编:《习近平关于网络强国论述摘编》,中央文献出版社2021年版,第51页。

想政治工作会议中强调,"谁赢得互联网,谁就赢得青年"。三是在中国特色社会主义进入新时代后,我们必须应对新挑战、解决新矛盾、完成新任务、奔向新目标,应该有新作为,更加关注资源共享、社会公平,不忘为人民谋幸福、为民族谋复兴的初心,牢记使命,奋发有为,借助网络信息技术等先进科技,助力新时代思想文化建设,推进文化自信自强,铸就社会主义文化新辉煌。因而,借助网络快捷、智能化等特点可以快速获取、追踪相关信息,而且能够以最短时间设置议题,引导舆论,能够以最快的速度传播国家主流意识形态,推动网络思想文化建设弘扬主旋律、体现正能量,向上向善更好更快发展。

(二)网络成为思想文化建设的新平台

新时代的思想文化建设需要打造形式更新颖、内容更丰富、途径更优化的新引擎。要转换传统弱势,强化新发展,提升更具针对性、更有效的思想文化发展的新动力,网络环境成为思想文化建设发挥重要作用的新平台。

第一,网络能聚合有效对话,强化思想文化建设内容的针对性。网络通过界面的连接,打通了虚拟和现实空间自由切换的通道。在实际生活中,碍于现实信息沟通不畅等问题,思想文化内容的针对性不足,进而造成公众对一些先进思想文化的认同度不高的情况。而网络的介入,信息途径的扩展,如网络论坛、党员在线答疑解惑APP、群众意见箱等一系列去权威化、去中心化、匿名化的网络联结方式的开通,使得群众能更及时、更真实地反馈自己的诉求。同时,网络进行有效的大数据收集和分析,加快了信息传输与处理的节奏,确保了信息质量,强化了思想文化建设的动力配置,使得群众的呼声能到达决策层,从而推动思想文化建设的内容更能贴近受众生活、更具针对性,能更好地满足群众诉求。

第二,网络能够使思想文化建设更加公开,在客观上为厚植思想文化建设的沃土提供了广阔空间和条件。借助网络,我们能够强化技术监管和制度调控,有利于网民监督建设过程,有利于净化传播环境,确保传播的安全性。毋庸置疑,思想文化的健康发展对于我国主流价值的引领、国民性格的塑造、文化环境的氤氲、政治安全的维护都具有十分重要的作用。因而无论何种场地、无论任何时候,我们都应保障其安全。然而随着网络的发展、技术的介入,技术本身所带有的迅捷性、隐匿性、自由公开性等特点在给思想文化带来空前繁荣发展的同时,也带来了巨大的安全隐患,如侵害他人权益、抹黑英雄形象、传播谣言等,这给我们的思想文化建设带来了空前的压力。因而,实行网络登录实名认证制,建立病毒识别和反攻击系统,有效防止国外恶意网站的接入,以遵循网络自身发展规律的方式建好网、管好网、用好网,是引领思想文化发展的必要措施。

二、网络信息安全是思想文化建设的新理念

随着经济全球化、网络化、数字化、智能化的趋势越来越明显,信息传播和共享的速度超过了以往任何时候,因而网络信息安全问题亦超越以往任何时候,成为了影响思想文化建设的重要因素。具体来讲,网络信息安全包括信息传播安全和信息内容安全,即信息传

播后果的安全,信息的过滤和对信息保密性、真实性、完整性的保护。包括防止和控制非法有害信息传播造成的侵害、公用网络自由传输产生的失控;避免攻击者利用系统的安全漏洞进行窃听、冒充、诈骗等,侵害信息用户合法权益。显然,只有将保障网络信息安全上升到理念的高度,才能给我们带来有关理论与实践的双重迸发力,推动其朝更有利的方向发展。

(一)确保网络信息安全是思想文化建设的新理念

在现实性上,网络信息安全的理念包含了理论和实践双重价值。一是从理论层面看,网络信息安全的理念是互联网时代思想文化研究的重要内容,是在网络时代信息高度共享的背景下思想文化能否健康发展和存续的重要影响因素。二是从实践层面看,网络信息不仅是思想文化工作在虚拟与现实深度融合的新型学习空间中的重要学习对象和重要研究工具,其安全与否是思想文化建设和发展过程中的重要价值指南和实践效果的重要检验标准。新时代在思想文化建设中认真贯彻网络信息安全理念,不仅是时代所需,也是思想文化自身健康发展的关键。

(二)保障思想文化信息安全是新时代的重要任务

随着经济全球化、网络化、数字化、智能化发展趋势的愈加明显,保障思想文化信息安全,推动其健康发展显得越来越重要。因而为了更好地保障思想文化信息安全,将安全落到实处则显得十分必要。

第一,通过多渠道、多形式宣传新时代保障思想文化信息安全的重要性,涵化受众道德情怀,使其从根本上意识到,维护思想文化信息安全,不管是在严肃的现实空间还是在相对自由的虚拟空间,都是每个人义不容辞的责任,从而形成良好的文化氛围。由于人的实践活动受意识的影响极大,而意识又有明显的集群和向善的趋向,因而采取有效的方式对人们的思想意识进行积极的引导,强化其责任意识、道德意识,充分认识保障思想文化信息安全的重要性,是我们有力落实保障思想文化信息安全的思想基础。

第二,加强保障思想文化信息安全的立法建设。显然,在现代网络技术迅速发展的今天,信息的传播越来越呈现出快捷、开放的特征,因而教育者对信息的掌控力也受到了挑战。在这种背景下,我们应该做到以下几点:一是不断强化监管力度、扩大监管范围,包括网络基础设施安全、网络信息安全、打击网络犯罪等。二是在立法方面,从顶层设计层面逐步走向精细化操作层面,更注重强化法的执行力。三是从立法模式上来看,网络信息安全的立法不应该是孤立的,而应该从多层面多维度合力出击,比如在考虑信息安全立法的同时也应该考虑维护网络秩序方面的立法等。只有这样才能为保障思想文化信息安全打好制度基础。

第三,加强保障思想文化信息安全的技术管控力度。一直以来,由于网络空间的匿名性、开放性等特征,一些人、一些组织不顾道德的规约,钻技术的空子,进行网络犯罪活动。如果说道德规约是一种软规约的话,那么技术的调控就是一种硬性的约束。因而当人不能很好地慎独的时候,技术的调控就显得十分必要。技术本身是中性的,但是如何使用却能产生不同的价值赋义。其一,充分挖掘网络的智能化特质,以数字化的形式在计算机中大量存储,通过试错的方式教会计算机识别,以形成有效的记忆。从而可以在实际的操作中自动过滤掉有恶意倾向性的信息,保障网络思想文化信息内容的完整、健康、安全。其二,培育成熟的网络防盗、反击病毒技术。网络病毒的肆意袭击会导致网络信息编码的混乱甚至被他人恶意盗取,对信息的存在状态造成极大威胁,因而建立完善的网络监控、网络反击技术,能够及时有效地保障网络环境安全,进而保障网络安全。

第二节 网络思想政治教育信息的类型、特点与辨析

所谓网络思想政治教育信息是指于现实空间和虚拟空间,以文字、图片、声音、视频等方式存在的,指向教育性、文化性、政治性场域,呈交互流动状态的所有信息。从理论角度来讲,网络思想政治教育信息是思想政治教育内容的重要组成部分,在一定程度上能反映出国家的政治走向、文化信仰。从实践层面来讲,网络思想政治教育信息对于涵育民众思维、提升民众的思想道德素质具有重大的意义。因而对其进行有关类型、特点、处理方式的梳理,有利于我们对其进行多维、深刻的把握,从而更好地理顺并推动网络思想政治教育的发展。

一、网络思想政治教育信息的类型

对网络思想政治教育信息进行类型划分,也就是按照不同的标准对思想政治教育信息内容进行梳理、选择和整合,可以增强网络思想政治教育信息的系统性和针对性。

(一)依照网络思想政治教育信息的载体样态进行划分

毋庸置疑,网络思想政治教育信息在范围上涵纳十分广泛。网络从其本质来讲是一个融线上空间与线下空间于一体的集合场域。因而,架构在该场域的思想政治教育信息在表现形态上也指向虚拟空间与现实空间两个维度。在虚拟空间和现实空间两个场域自由切换的网络思想政治教育信息,自然便会因选择不同的载体而呈现不同的表现形态。

第一,口语类网络思想政治教育信息。顾名思义,口语类网络思想政治教育信息,是指以言语为主要表达方式,以情境设置为主要塑造手段,以语气、语调、语速为情感主要抒发渠道的信息存在方式,是信息生成和存在的最原始的状态。首先,在前网络时代,口语类思想政治教育信息一般以共在性的面对面传播为存在形式。因而,在其特性上表现为词句简短、语言通俗、信息跨越范围广、易于理解,但是在一定程度上也显现出信息内容碎片化,言语表义地域化,表达风格和措辞精准度与个人文化背景具有直接的正相关性等特点。对于网络思想政治教育基本价值观点的表达,尽管不同地域、不同文化背景的人进行

交流时存在一定的障碍,但由于其真切的时空共在性、时时的交流互动性,交流双方可以通过彼此的语调、表情揣摩其中的韵味,从而达到情感与价值上的共通。其次,随着网络时代的到来,网民们在更宽的平台上以更完善的方式强化了这种口头化存在的网络思想政治教育信息。比如微信、QQ、微博客户端的语音对讲功能,既可以及时阅读又可以存储收藏阅读,既融合了共时性交流的乐趣,又在历时性交往的同时给思维留下了足够的沉淀空间,给价值生成提供了更多的可能。

第二,文字类网络思想政治教育信息。这是指思想文化在网络空间的传播过程中主要以文字符号的形式出现,旨在对于国际国内、远古今朝的事件发展、文化演变、价值理念等进行准确、翔实的记录。不同于以语言为中心的声音传播的动感性,也区别于以图像为中心的画面传播的生动性,以视觉为中心的文字传播方式更突出传播内容的准确性、价值传导的理性化色彩。毋庸置疑,文字是记录语言的约定俗成的符号体系,是语言的辅助工具。而文字的出现,无疑是人类传播史上一次革命性的变革,将人类文明的传播方式推进到一个新时代。"传播功能已经接近于文字,他们把信息传得更加广远,更加长久。更重要的是,这些媒介的采用,意味着人类传播进入一个新阶段:人类不再单纯地依赖体内信息系统来传播信息,而开始向一个功能更强、效率更高的体外化信息系统进军了。"[①]而在整个文字传播的过程中,受众可以在每个字符、标点、段落间隔中,让自己的思绪和情感神游其间。既可以穿越时空、设身处地去体会那个时代作者的所思所想,又可以回归自我、立足当下来弥补文字记录中的留白。受众在由语言、符号、留白所建构的情境之中与其中所蕴含的思想文化进行共时性与历时性相交融的对话,进而对其所彰显的价值进行全面、深刻的把握。显然,以文字的形式呈现思想文化建设成果,对于更准确地呈现思想文化的内容,更理性地传递思想文化的价值,更客观地梳理思想文化的规律具有十分重要的价值。

第三,声音类网络思想政治教育信息。这是指思想文化在网络空间的传播过程中,主要通过以语言为中心的声音方式呈现,包括电视广播、微博微信等手机客户端的语音文件等。声音传播可以使人在摆脱信息对视觉的全面占领的基础上启动听觉的效用。声音的传播可以通过重音、停顿、语速等的变化,更直接、更深刻地帮助受众体会思想文化内容重难点的差异性、情感运演的变化性、逻辑框架的清晰性。思想文化作为一种具有浓厚政治色彩、教育哲思、文化底蕴的精神力量,在其现实性上具有一定的形而上性。而通过声音的抑扬顿挫阐释其内在的情感,则能帮助受众更好地体会知识传输、情感培育、价值生成的过程,从而内在地迸发出一种愿意接近这一思想文化的力量,增强政治认同、情感认同和行为认同。

---

① 郭庆光:《传播学教程》,新华出版社1984年版,第14页。

第四,图像类网络思想政治教育信息。这是指思想文化在网络空间的传播过程中,根据思想文化内容所表达出的意境等用图画进行呈现,最具代表性的形式就是网络漫画。这类信息采用夸张等艺术手法,将具有革命教育意义、价值传输意义、生活哲理意义的场面处理得更为生动、形象、有趣、易于理解,从而达到更好地拉近时空差距、跨越年龄界限的效果。网络的这种呈现方式,使深刻晦涩的理论以更活泼、更简单易懂的形象化、具体化、直观性方式走进公众视野,从而更好地适应不同受众的需求、迎合其多样的品位,获得更好的传播效果。因而,把握受众不同的知识结构、所处社会环境的特点、人格结构、所处社会群体,进而使传播内容精致化、生动化,对于良好传播效果的打造具有至关重要的作用。集艺术审美与理性思考于一体的图像型呈现方式,对于更好地呈现思想文化的内在理念,满足不同个性、不同类型受众的需求具有重大意义。

第五,动画类网络思想政治教育信息。这类信息就是把以视觉为中心的文字、以语言为中心的声音、以图画为中心的感性形态进行组合,对思想文化内容进行全方位、深层次的呈现。其中最具代表性的就是各大网站推出的集政治性、思想性、文化性、教育性为一体的视频网播。图像的呈现和画面的展播过程,充盈着连贯丰富的肢体语言、音符跳跃的节奏、抑扬顿挫的声调、斑斓的色彩,从而在整体上营造一种具有极大亲和力和感召力的文化情境,让抽象的理论、无形的思想和多色调的文化走进生活,以更生动直观的形象进入受众的内心世界,激发受众的共鸣。

(二) 依照网络思想政治教育信息的时间进行划分

网络思想政治教育信息建构是一个指向多维空间,表征于不同时间的系统性建构。因而将网络思想政治教育的信息类型进行共时性和历时性的划分是极其必要的。

第一,历时性网络思想政治教育信息。语言学中的历时性是指在主体审美认知的指导下,融合自己当下的认知和感想,对一些即存的审美形态进行关涉历史时代、文化背景、个人价值的认知和理解。融合不同学科、不同领域对历时性的释义,不难得出其中的共性就是于历时性中所体现出的个性化和间隔性特点。据此,网络思想政治教育信息的历时性是指由于信息在线下空间以书籍、杂志、报纸等形式存储,造成信息不能及时传递而形成时空差,这种时空差恰恰扩展了信息本身的张力。

具体来讲,历时性网络思想政治教育信息的特征有以下两点:其一,历时性网络思想政治教育信息从其内容角度来讲具有开放性和不断生成性,源于其生成和消费之间所留下的时间和空间的差距,使得时空差不同的人可以结合自己当下所处的环境、知识构成、价值指向和兴趣爱好等对信息进行个性化的解析,从而不断再生、丰富信息的内容和价值。

其二,历时性网络思想政治教育信息从其存在形式来看具有清晰性、承继性。历时性网络思想政治教育信息在线下空间一般存储于书稿、杂志等纸质文档中。因而在翻看的时候能够避免电子光线对眼睛的伤害,避免广告对思维的侵扰。同时由于纸质出版物受出版规章的影响,在其编辑排版方面会更严密更有逻辑感,加之其不拘泥于电子空间容量的问题因而更易存储和传承。

第二,共时性网络思想政治教育信息。语言学中的共时性,是指审美意识能够在跳出内容意义的基础上,将历史时代中具有审美价值形式的作品集合于自己主观审美价值认知里,使它们超出历史时代、文化变迁的限制,在一种共时形态中成为审美意识的观照对象。综合以上定义的要素,所谓共时性网络思想政治教育信息,是指那些传播具有及时性,在情感上更倾向于共鸣性的关涉政治、经济、文化等方面的在线传播的信息。共时性网络思想政治教育信息在外在表现形式上表现为网络音频、图片、视频、文字等;在内在特征上表现为内容传达的及时性、内容表义的生动性、内容呈现的多样性、情感蕴生的共鸣性。共时性网络思想政治教育信息具有以下优点。

其一,网络思想政治教育信息的共时性传播使得无论距离有多远,无论处于什么样的位置,有着何种喜好,抑或建构着怎样的知识体系,只要网民打开网络就能第一时间接触到前沿、权威、全面的资讯。这样可以在更广的范围内,发挥网络思想政治教育信息的最大价值,在众多网民群体中实现资源的及时共享。

其二,网络思想政治教育信息的在线传播方式,由于现代化新技术的介入带来了网络思想政治教育信息的多样态呈现,使其所传递的深奥、晦涩的信息有了更简洁明了的表意指征,方便来自各个阶层的人共享信息、了解国家的政策走向,从而更好地规划自己的人生蓝图,为新时代中国特色社会主义事业贡献力量。

(三)依照网络思想政治教育信息的空间进行划分

如果将世界形象化为一张大网,那么界面就是这张大网的区隔线,界面之上是线上空间,界面之下是线下空间,而与界面的交接区域就是线上、线下的融合空间。依照网络思想政治教育信息生成与消费的场域进行划分,可以分为线上空间网络思想政治教育信息、线上线下空间融合型网络思想政治教育信息。

第一,线上空间网络思想政治教育信息。线上空间网络思想政治教育信息是指生成并消费于网络空间,以文字、图片、动画、视频的形式存在,并通过互联网技术推送给受众的信息。在其内在属性上具有以下几种特征。

其一,传播的及时性。线上空间网络思想政治教育信息的生成、转化和消化,主要是由后台的技术平台进行筛选和推送的,而受众只要点击阅读便可。这一过程略去了大脑的识别、人工的摘录和整理,使得网络思想政治教育信息的生成和消费过程仅仅需要很短的时间。

其二,评阅的互动性。受众对线上空间网络思想政治教育信息的消费过程其实也是信息的生成过程。在网络客户端后台的控制之下,读者在阅读网络思想政治教育信息的同时,可以随时在互动平台抒发自己的感受,与版主或者其他读者进行互动。这在帮助自己更深入、更多维地理解网络思想政治教育信息的同时,也使网络思想政治教育信息获得再生。

其三，信息样态的多样性。新技术的介入使得网络思想政治教育信息可以以文字、音频、动画等形式存在，集视觉、听觉等多种感官于一身，具有直观性、生动性、亲切性。

第二，线上线下空间融合型网络思想政治教育信息。所谓线上线下空间融合型网络思想政治教育信息，是指在虚拟与现实、线上与线下的双重空间切换中完成生成和消费的信息。该类信息比较具有代表性的样态就是多媒体教学模式。首先，在课前的思想政治理论课教师备课阶段，教师将其掌握的网络资源与纸质资源进行融合，这是线上线下空间融合的第一个阶段，指向传播者的自我提升。其次，在思想政治理论课的课堂互动中，教师一方面通过现代化互联网技术给学生们播放文字新闻、影音作品等，另一方面又结合自己线下的理解、当前国际国内的基本动态为学生作详尽的解析。这是线上线下空间融合的第二个阶段，指向传播者与受众的互动提高。最后，在思想政治理论课的课堂教学结束后，受众根据课上网络思想政治教育资源的引导、教师的讲解、自己的疑惑点和兴趣点再辅以网络资源的启发，形成自己独有的知识体系，这是网络思想政治教育信息线上线下空间融合的第三个阶段，指向受众自身的互动、反思、提高。总之，网络思想政治教育信息的线上线下融合状态，其本质在于网络思想政治教育信息的内容和价值在现实性上体现出的开放状态，即传播者和受众的互动共生。

二、网络思想政治教育信息的特点

事物的特点是指该事物严格区别于其他事物的排他性本质，是该事物内在属性的外在表征。对网络思想政治教育信息的特点进行准确深入的把握，有利于我们对网络思想政治教育信息进行更全面更深刻的理解。具体而言，网络思想政治教育信息的特点主要包括涵养性、共享性、互动性。

1. 涵养性

涵养性中的"涵"指包容、包含，"养"指修养、抚养，因而涵养有滋润养育的意思，暗含一种通过养成、成长、实践获得的韵味。网络思想政治教育信息在内容上涵盖政治层面的导向、经济层面的智慧、文化层面的滋养。从空间维度来讲，网络思想政治教育信息连接现实与虚拟、国内与国外多维空间；从时间角度来讲，网络思想政治教育信息既有对以往政治、经济、文化信息的继承，对当下的发展，也有对未来发展趋势的预测。因而其对人思维的滋养、性格的养成、价值的导引是多方面的。一方面，网络思想政治教育信息本身凭借其合理的逻辑建构、考究的内容装帧、生动多样的表达方式，可以以一种更为柔和的、温润的方式将一种向上的力量送达人心，如对祖国的热爱、对他人的友善、对社会的奉献、对职业的敬重、对环境的保护等。在这样的价值驱动下，我们可以对世界和自我有清晰的认识，对是非曲直、义利丑善有明确的判断。并在这种"学与用"的交互启发中，自身的获得感和幸福感不断增强，最终指向更明朗的人生方向、更积极的人生态度。

另一方面，网络思想政治教育信息本身又能给人一种指向自我的反思力。比如对战争的反思会让我们更懂得珍惜现在的幸福生活;对国家自强腾飞历程的反思会让我们更加感恩先辈的付出;对纷繁的社会现象的反思可以使我们对社会底层的生活现状有更准确的了解,从而更懂得尊重;对当今国际环境的反思可以使我们更加懂得居安思危,让我们更加明确肩上的责任和担当。知识的获得不是被动的,而是通过真实的临场参与,进行生动的在场实践,在完整体验、问题提出到结论生成的过程中,个体更深刻地感悟价值,使价值更好地内化于心并外化于行。

2. 共享性

共享性中的"共"主要指共同,强调的是主体的多维、多向度性;"享"主要指分享、占有。显然,共享的前提是接纳不同、创生新价值,是含蕴不同的价值主体对同一个问题的共同参与、共同获得的过程。网络思想政治教育活动,凭借信息存在空间的广阔性、虚实相间性特点,使得不同阅历、不同知识结构的个体,共集于一个开放的、真实的、特定的意义空间和情感氛围之中,围绕政治、经济、文化等相关问题,展开了以知识储备为基础、情感触须为出发点、实践体验为根基,通过技术连线的深层互动共享。总之,网络思想政治教育信息价值的共享性指向两个方面:一是指向价值主体的多元性,结构构成的复杂性;二是指向自身知识构成、个人性格完善、个人成长过程的共享性。

3. 互动性

网络思想政治教育信息的互动性体现在其生成过程中负载的活动内容中。网络思想政治教育活动是一项由一定的阶级、政党、社会群体借助现代信息技术用一定的思想观念、政治观点、道德规范,对其成员施加有目的、有计划、有组织的影响,使之形成符合一定社会、一定阶级所需要的思想品德的社会实践活动系统。在这一系统的活动中,网民群体之间的互动性指向这种双向约束的系统建构,表现为多元共进、开放再生。比较有代表性的例子就是网络问责制度、网络监督制度等。

三、网络思想政治教育信息的辨析

网络思想政治教育活动是一项系统性活动。因而,网络思想政治教育信息是需要辨析的,其主要目的在于借助辨析确保网络思想政治教育信息导向的正确性、揭示问题的精准性、实施效果的显著性。所谓网络思想政治教育信息的辨析是指在网络思想政治教育信息客观存在的情况下,如何去更理性地辨识,更果断地选择,进而更正确地获取。

(一)网络思想政治教育信息辨析的依据

网络思想政治教育信息的辨析既是一种实践活动,也是一种理论活动,其中涉及辨析的依据和辨析的方式问题。

网络思想政治教育信息不同于一般的网络信息,其承载和反映的内容有特殊性,因而对于网络思想政治教育信息的辨析也需要遵循一定的尺度和标准。这个标准体现在以下几个方面。

第一，围绕着网络思想政治教育信息接收者或者信息消费者成长成才的需要而展开。在实际生活中，信息消费者往往对信息充满期待。在网民的成长过程中，需要与思想转换、价值取向、心理调适、行为选择等信息程度不同地关联，获取其中对个体发展有用的信息。与网民成长发展有正相关关系的信息属于网络思想政治教育需要的信息。

第二，围绕着遵循教育教学规律而展开。网络思想政治教育是一种教育实践活动，是一种在网络环境下展开的思想政治教育活动，必须遵循教育教学规律。在辨析信息是否是网络思想政治教育信息的过程中，应该注意把握和区分网络信息与符合教育教学规律的信息。

第三，围绕着有效传递党和国家的意志而展开。众所周知，无论哪一个国家，也无论哪一个执政党，都会在国家政治生活运转过程中传播统治阶级的意识形态。因而，在我国，加大思想政治教育的力度，提供更好更丰富的教育内容，讲究传播的方式方法，有助于举旗定向、发声亮剑，而面对网络中多元化的社会思潮与信息，更应该在全域展开马克思主义主流意识形态的教育与传播。因而，辨析网络思想政治教育信息应该依据这一标准来进行。

（二）网络思想政治教育信息辨析的路径

辨析网络思想政治教育信息，可以从技术维度、社会维度和实践维度入手。

第一，可以从技术维度思考。网络思想政治教育信息是存在于网络技术基础之上的，现代信息技术是网络思想政治教育信息孕育而生的物理支点。但技术不单单是网络思想政治教育信息生成的工具或平台，而是参与其形成，并不断提供环境保护、涵化滋养、技术支撑的系统。

第二，可以从社会维度思考。从其本质来讲，网络思想政治教育借助新的技术手段，力争传播统治阶级的意识形态，具有权威性、政治性、文化性，体现明确的道德规约性，对于凝聚人心、团结社会具有十分重要的作用。

第三，可以从实践维度思考。网络思想政治教育信息关涉的理论和内在精髓都指向实践。实践使网络思想政治教育信息更鲜活、更具体、更形象。缺少说服力和时代性的网络思想政治教育信息往往不具有聚合力和生命力。因而，不能指向实践，难以满足实践需要的信息必将为网络思想政治教育实践活动所抛弃。实践创生理论，助力理论发展和成熟。同样，实践造就与衍生网络思想政治教育新信息。

第三节 网络思想政治教育信息的资源整合与安全维护

随着经济全球化、网络化的趋势愈加明显，现代化信息技术的广泛应用在给网络思想政治教育信息带来繁荣和更多传播机会的同时，也使其存在的样态更加碎片化，其安全性也在逐渐降低。因而对零散、多样的网络思想政治教育信息进行有效整合并维护其安全就显得十分必要,这不仅关系到国家的安全,也关系到青少年健康人格的养成和正确价值观的树立。

一、网络思想政治教育信息的资源整合

随着网络信息技术的发展,尤其是微媒体如QQ、微信、微博等的盛行,其简短性、便捷性的特点使得网络思想政治教育信息的传播更显碎片化、孤立化,对网络思想政治教育信息价值的充分发挥产生了很大的影响。因而对网络思想政治教育信息进行有效的资源整合显得十分必要,具体而言指其所依据的目标、所遵循的原则、所贯彻的方法路径。

(一)网络思想政治教育信息资源整合的依据目标

网络思想政治教育信息资源有效整合的依据目标直接指向其未来的发展方向和定位问题。这一目标是在对其当下状况进行深度把握的基础上,对未来发展进行有效规划的连接点;是对网络思想政治教育信息特点及其所蕴潜质的全方位总结;是一套关涉网络思想政治教育信息本身及其周边环境的系统化建构。网络思想政治教育信息资源拓展了教育主体的空间,将思想政治教育从"实体空间"延伸到"虚拟空间"。挖掘并整理社会资源体系与网络思想政治教育信息资源体系,构建一个科学高效的逻辑结构系统,对提高教育的时效性、针对性具有极大的意义。

首先,与国家的大政方针和主流价值同向同行。究其本质,网络思想政治教育活动致力于传播国家主流价值理念、进行道德规约,与一个国家当下的政治、经济、文化等的发展具有十分密切的联系。因而网络思想政治教育信息的资源整合,必须依托于新时代国家的新任务,着力于解决新时代国家的新矛盾,面对百年未有之大变局,致力于全面建设社会主义现代化国家、全面推进中华民族伟大复兴的宏伟愿景,面向构建人类命运共同体的全球视野,举旗帜、聚民心、育新人、兴文化、展形象。

其次,助力大学生的成长成才。大学生作为一个国家最有力量的生力军,对于民族的未来和希望具有十分重要的意义。"青年兴则国家兴,青年强则国家强。青年一代有理想、有本领、有担当,国家就有前途,民族就有希望。"[①]因此,网络思想政治教育信息的资源整合必须更加助力大学生的成长成才。从信息量的角度来讲,目前网络思想政治教育信息的资源整合面临的最大问题便是,信息相对分散、鱼龙混杂、真假难辨,不能形成良好的集群优势,因而不利于管理,也不利于大学生进行系统的学习和把握。网络思想政治教育信息的资源整合必须致力于建设一个成熟、完备的数据库,对不同类型的信息进行分区管理,使大学生能更简单、轻松地检索,发挥信息集群的最大优势;从质的角度来讲,概括

---

① 《习近平谈治国理政》第3卷,外文出版社2020年版,第54页。

来说就是要做到信息的去粗取精、去伪存真。首先是信息的真实性,如实地转述事实是信息有效传递的基础,让大学生听到最真实的声音,了解最前沿准确的国情、世情、民情、党情,是对大学生成长方向的最好引导。其次是信息的精致化,网络思想政治教育信息指向语言上的精炼性、呈现形式上的生动性、内在逻辑上的自洽性、内容上的充实性,这能更好地激发受众的感官共通性,使其更好地体会其中的价值定位、道德规约、文化韵味,从而引领大学生健康成长。

最后,完善网络思想政治教育信息系统化建构。控制论的创立人维纳从人、动物和机器的通信过程相统一的观点出发,把信息与系统的有序性联系起来,认为信息是系统组织程度、有序程度的标志,"信息量实质上就是负熵"。在此基础上,他提出了"信息既不是物质,也不是能量,信息就是信息"的哲学命题,从而将信息概念扩充到整个物理世界而使之具有普遍性,形成了物质、能量、信息的三元化世界图景。[①] 针对上述观点我们可做如下几种理解:其一,信息是系统内在建构的外在表征,系统是信息外在运维的内在保障,信息的有效流动离不开系统内部的有效把控,因而对信息资源的有效整合,关键是对信息进行合宜的系统化建构;其二,针对信息资源的研究,不应该仅仅局限于信息本身的物质性特点,而同时应该指向其本身所反映的与周边事物质量和能量活动系统的差异、在空间和时间分布上的不均匀性、其调控并表达事物相互作用的形式和事物联系的普遍性。因而综上所述,对网络思想政治教育信息进行系统化建构,需要把握信源的可靠性、信宿的可连接性、信息传播渠道的安全性等一系列问题,只有其中的每一环节、每一要素都达到更高的标准,才能使整个信息运作系统更加科学完备。

(二)网络思想政治教育信息资源整合的遵循原则

所谓原则是事物在运行过程中必须遵守的硬约束,它关涉事物的发展方向和目标定位问题,与事物的本质属性具有直接的关联性。

首先,网络思想政治教育信息的资源整合要遵循开放性原则。从网络空间本身来说,它是一个涵盖虚拟和现实、过去和现在、理论和实践的多维、开放的场域,表征为多点连接、多面开放的特性;从信息本身来说,它是指具备一定意义的符号之间的流动和对话。网络思想政治教育信息从其信源来说,指向其本身和参与者两个维度;从其内容来说具有传播学、美学、社会学、心理学、哲学等多学科的参与性;从其传播主体来说,具有跨越阶层、年龄、身份的多元性;从其信宿来说,指向共享性,任何符合网络安全规定的人都有资格下载阅读资源,因而受众构成也具有多元性。因此针对网络思想政治教育信息的资源整合要时刻秉持开放性原则,多学科、多维度丰富网络思想政治教育信息内容,多渠道助力网络思想政治教育信息的传播,多层次设定网络思想政治教育内容表达,从而适应不同

---

① 马佰莲:《信息与唯物论"第四形态"》,《山东大学学报(哲学社会科学版)》2004年第2期。

信息接收者的不同特征,满足其不同的趣味。

其次,网络思想政治教育信息的资源整合要遵循自适应原则。从系统科学的角度来讲,耗散结构理论、协调论、突变论和超循环论都指向在系统的建构中,各个要素在遵守一定规则的基础之上从有序走到无序再走到有序的自组织过程。它是一种指向时间、空间双重维度的具有方向性的矢量标度,也是一种从一种稳定状态进化到另一种稳定状态的整体生成。因而可以看出,系统中各个要素的生成和演变都是有自己客观的内在依据的。在这个过程中,我们可以在深度挖掘其自身规律的基础上,给予足够的耐心和时间,制订更符合实际情况的方案,以有效引导各要素的流动与演变。网络思想政治教育信息资源的整合,作为一套融环境、政策、人性、时代等多种要素于一体的系统性建构,具有整体性、关系性、层次性和复杂性。因而在引导其发展的过程中,我们既要制定符合其发展规律的制度,从外部进行框定和引导,诸如网络安全准入制度、网络共享平台制度等,又要深入挖掘网络思想政治教育信息各个要素间的内在联系,建构彼此互动的合理逻辑,给其空间和时间,在不断地冲突、分离、化解、再生之中建构新的结构,使网络思想政治教育信息在获得逻辑、结构、意义的过程中不断再生。

(三)网络思想政治教育信息资源整合的方法路径

首先,系统化进行信息的汲取和配置是有效整合的重点。网络思想政治教育信息纷繁复杂,要想进行有效的整合,对其进行系统化规划是重点。在现实操作中指向内容丰富、运转高效、体裁多样的网络思想政治教育信息资源库的建立,可以使不同地域的学生随时根据自己的需要下载与网络思想政治教育相关的信息资源。这不仅可以节省大量的人力物力,而且可以拓展学生的视野,更大程度地实现资源的共享。具体来讲,其一,我们应根据信息功用的不同对信息进行有效归类,然后根据不同类别将信息归属到不同的板块,诸如就业创业版、心情美文版、热点新闻版、经典传承版、思想互动版等。其二,针对归类好的各个信息板块做好网络管理和监督工作。设立专门的网络管理员,及时对网络信息推送进行排查。一方面要保证信息的及时性,另一方面要保证信息的正面性。关涉国家大政方针、道德典范、行业精英的消息要及时报道,而针对一些有损大学生正确价值观养成、危害国家信息安全、破坏社会治安、分裂国家等的信息要及时制止或删除。其三,建立信息下载安全确认程序以及大数据时时记录等制度,对每个进入数据库的人实行从进门到出门的全过程跟踪,这一方面能对人们的行为进行有效监管,从而保障数据库的安全;另一方面也可以及时发现数据库在运行过程中出现的漏洞,从而及时修补以方便受众的使用。总之,网络思想政治教育信息的汲取和配置,在各主体经过多力合效的过程后,最终走向资源优化配置、价值高度共享的意义域。

其次,针对化进行信息的挖掘和融合是有效整合的关键点。如果网络思想政治教育信息的资源整合指向信息资源"量"的维度,那么对网络思想政治教育信息资源的挖掘和融合则是指向从"量"的分化到"质"的意义域的融合。在网络思想政治教育信息资源经过系统的分化和配置之后,网络思想政治教育信息系统体现为更高速化的运转、更专业化的服务、更高的技术表征。仅从内容角度来讲,我们也能体会出其中具有的理想性、趣味性、生动性的特征,在其整体样态上营造出一种更为健康、和谐的网络思想政治教育信息资源的数字化环境。因而在对信息资源进行配置整合的时候除了要考虑最基本的质的区别、量的累积之外,还要以系统的眼光进行巧妙的规划、合理的布局,将网络思想政治教育信息各个不同板块的特点进行比较和联结,以空间和时间为坐标维度,以人性化关怀为基础,以效果、频度、功用为标度将网络思想政治教育信息资源进行系统化建构,改变其分离、重复、浪费的现状,达到布局合理、价值最优、效益最高的目标愿景。总之,应该对网络思想政治教育信息资源进行针对化挖掘和融合,针对网络思想政治教育信息资源的不同特点进行类比和联结,从而找到在其分散的内容形式背后的本质意义的聚合。

最后,多元化生成信息的价值和效应是有效整合的落脚点。显然,从量的累积到质的飞跃最终指向的是效果的展示和价值的共享。而达到这两个外显目标需要有科学的理念和前沿的技术。其一,关于前沿的技术,网络思想政治教育信息资源说到底是符号、能量、价值之间相互转化的一种磁场。因而在其本质上反映出物质与思维跨时空性连接的特性。无独有偶,物联网技术也在其本质上暗含了这一特性。所谓物联网是指物品通过各种信息传感设备如射频识别、红外线感应器、全球定位系统、激光扫描器等信息传感设备,按约定的协议,把物品与互联网连接起来,进行信息交换和通讯,以实现智能化识别、定位、跟踪、监督和管理的一种网络。在很大程度上它改变着人类的社会生活方式、学习方式和工作方式。因而紧抓其虚拟与现实任意切换、信息与实物紧密相连的特性,将其巧妙地嫁接到思想政治教育信息研究领域,则给当今的网络思想政治教育信息的资源整合带来诸多启示。例如很多高校实行的学生档案管理、就业信息发布、师生网络交流互动、远程控制教室宿舍等做法,在很大程度上创新了网络思想政治教育信息的服务功能,也促进了网络思想政治教育教学资源的整合。其二,关于先进的理念。一方面由于网络空间的多主体、多中心、匿名性、自由化的特点愈加突出,人们更愿意在网上表露自己的心声。另一方面,随着物质、精神资源的不断丰富,人的欲求多元化、多样化的趋势愈加明显。因而,综合主观与客观多种因素,网络空间越来越成为大学生思想交流、共享资源的重要场域,从而也成为网络思想政治教育信息的主要集散地。因而如何对时时更新、样态多元、总量繁多的网络思想政治教育信息进行有效整合,使其保持有序性、可管理性则显得十分必要,其中理念是关键。一是要努力建立大学生思想政治教育信息资源整合的参与机制,将大学生参与民主化、制度化、法治化。二是要加强网络思想政治教育信息主体间的基层民主建设,加强对话和交流,建立主体间自由沟通的意义场,让传播者了解受众的真正需求。三是要针对网络思想政治教育信息受众在网上的活动建立合理的引导制度,引导受众保持理性、更准确地表达自己的观点,提出更切合自身真实需要的利益诉求。总之,网络思想政治教育信息资源的整合效果体现在对先进理念的推行和前沿技术的运用上,整合梳理更广泛的网络思想政治教育信息资源,从中凝练出新的领域,进一步提升整合水平,才能更好地开展思想政治教育。

二、网络思想政治教育信息的安全维护

管理网络思想政治教育信息资源的特性在于,除了需要对符号化、编码化的信息本身进行管理之外,还要加强对信息重要的载体与生成者——人的管理。因而对网络思想政治教育信息资源的管理需要技术力、法治力、道德力的多力合效。维持其健康、安全的运转对于国家的政治、经济、文化的安全具有重要意义。

(一) 维护网络思想政治教育信息安全的一般方式

从人类社会出现早期到网络世界的迅猛发展,其中诸多的切合点都指向一个共同的维度,即事物的发展既需要外在强制性的法律规约也需要内在的道德自觉,在漫长的发展历程中,有序的环境都至少需要三个方面的规约,即技术的屏障、法律的监管、道德的规约。

第一,强化网络技术的屏障功能。技术是现代网络空间的重要支撑,而网络空间是网络思想政治教育信息的重要发源地。因而网络技术与网络思想政治教育信息之间有重要的相关性,也是保障网络思想政治教育信息安全的重要阀门。

其一,防火墙技术。网络空间里的防火墙技术实质是一种访问控制技术,用于加强两个或多个网络间的边界防卫能力,其工作方法是在公共网络和专用网络之间建立一道隔离墙,在此检查进出专用网络的信息是否被准许通过,或用户的服务请求是否被允许,从而阻止对信息资源的非法访问和非授权用户的进入。[①] 其工作的核心理念就是在开放的网络空间隔离出相对封闭的安全地带。维护网络思想政治教育信息的安全可考虑对网络思想政治教育的信息进行筛选,对网络思想政治教育信息的访问进行管理,对危害网络思想政治教育信息安全的平台进行封堵,对攻击网络思想政治教育信息的平台和网站进行记录、检测和预警。其二,网络思想政治教育信息过滤技术。顾名思义该技术就是根据一定的分类标准选择合法健康的信息并对非法和不健康的技术进行排查。一是内容过滤法,就是根据输入的关键词、短语、图像等对相关文件进行过滤。二是信息源过滤法,即依据信息数据包中所显示的 IP 地址,对其内容进行慎重的排查以防止病毒的攻击。其三,网络思想政治教育信息反击病毒制度,包括针对病毒的预防、排查和修复。其中,对病毒的预防在病毒防治工作中起主导作用,是病毒防治的重点,主要针对病毒可能入侵的系统薄弱环节加以保护和监控。[②] 病毒的排查指通过对病毒的研究、解读和破解,记录有效的数字化编码,将其输入特定的软件之中,形成系统化的数据库,通过对病毒的内在特征、字

---

① 匡文波:《网络媒体概论》,清华大学出版社 2001 年版,第 50 页。
② 张磊:《初探计算机病毒及其预防和处理措施》,《电脑知识与技术》2013 年第 26 期。

符间的连接、篇幅长短等表征,进行仔细的检查。病毒的修复指通过对计算机病毒样本的分析,开发删除病毒并恢复被破坏文件的软件。

第二,强化对网络环境的法律监管。法律是进行社会管理、维护社会秩序、规范人们生活的重要工具,对于网络社会同样适用。与现实社会针对真实存在的人和事进行立法有明显的区别,网络立法的对象还包括虚拟主体,因而便显现出其更加偏重以管理为中心、以信息安全为重点等方面的特征。但是由于网络环境本身的开放性、匿名性、自由性特点,使得在网络立法出现了法律的意义多停留在文字和理论层面,而执行力却稍显薄弱的现象。同时,网络立法显现出各个部分相对孤立、各自为政或者交叉重复等现象。因而在关于网络的立法过程中,从实践维度来看,要特别注意法律的执行力和法律的合作力。

具体来讲,关于网络环境的相关立法,首先涉及的是关于公权的内容,比如针对窃取国家秘密、抹黑国家形象、煽动民族分裂、危害国家团结等违法犯罪行为的规定等。其次,是关于私权的内容,比如针对网络思想政治教育活动相关主体包括信息发送者和信息接收者的权利与义务以及权利与义务执行标度的规定,针对传播不实消息、扰乱网络舆论等网络违规行为的具体规定等。最后,是相关立法在不同场合、不同阶段利用的问题。比如根据利用网络进行新闻传播、利用网络进行文学创作、利用网络进行远程教学、利用网络进行信息交流等不同的场合以及信息的生成、传播、接收等不同阶段的信息制定具体的针对性的制度规章。总之,对于网络环境的立法应体现综合性特征,在其原则上应该坚持以宪法为核心,以民法和刑法为补充,并紧密跟踪新时代技术的独特性进行适当的调试,以建立更完善的网络环境监管法律体系。

第三,强化对网络主体的道德规约。面对隐匿多彩的网络世界,单纯依靠技术的屏障、法律的监管显然是远远不够的,而道德应该恰到好处地发挥作用。对网络主体的道德规约实际上是通过影响主体对善恶的价值判断和行为选择而调节个体价值取向的管理活动。它具有填补知识不足的优点,也是网络自由精神的体现。而在实际中,它体现为潜意识里的"不可以"、心理层面的"应该"、情感维度的"倡导"、行动上的"礼仪化"四个阶段。

其一,潜意识里的"不可以"阶段。人们通过对自然规律的了解、社会法则的研究、网络法律法规的研读,以及对模范力量的学习、实践活动的体验而形成自己的认知结构、是非标准,从而使人们能够做到不传播不利于国家安定团结的言论,不从事商业欺诈、侵犯隐私等违法犯罪活动。这是对善恶最基本的判断、对法律最朴素的感知;其二,心理层面的"应该"阶段。这一阶段主要体现为人们对于美好品质的自觉追寻。"应该"体现为一种积极的认知,在其价值层面则带有权利和义务的意味。即人们养成不管处于何种境遇、从事怎样的活动都愿意主动去做某事的一种思维惯性、一股内在驱动力、一种心理认同力。其三,情感维度的"倡导"阶段。所谓"倡导"也就意味着从一走向了多,从个体走向了群体,是一个从内在认同到外在传播的过程,是网络道德规范更高层次的表征,表现为主体通过对美好高尚事物的推崇而去影响别人的行为。这体现了网络自由精神的真谛,也有利于创造更好的网络思想政治教育舆论环境。其四是行动上的"礼仪化"阶段,也就是通过前面的自我提高以及群体促进而外化为规范化行为,是一种由固化的道德观念而彰显正向行为的表现。总之,对网络主体道德的涵化是一个从意识到心理到情感再到行动的系统化工程,各个环节相互依存、彼此贯通、不可分割。

(二) 维护网络思想政治教育信息安全、助力网络强国建设

新时代网络强国发展战略对于中国的发展具有不可估量的意义。而保障网络思想政治教育信息安全,又能在很大程度上保障人才的培养质量、保障网络文化环境的健康和谐、保障网络的政治航向正确。这在客观上又助力了网络强国的实践。

第一,网络强国基本释义。信息化为中华民族带来了千载难逢的机遇。党的十八大以来,以习近平同志为核心的党中央从进行具有许多新的历史特点的伟大斗争出发,重视互联网、发展互联网、治理互联网,统筹协调涉及政治、经济、文化、社会、军事等领域的网络安全和信息化重大问题,作出一系列重大决策、实施一系列重大举措,推动我国网信事业取得历史性成就,走出一条中国特色治网之道。习近平围绕网络强国建设发表一系列重要论述,提出一系列新思想新观点新论断,为新时代网信事业发展提供了根本遵循。这对于我们做好网络安全和信息化各项工作、推进网络强国建设,开启全面建设社会主义现代化国家新征程、实现中华民族伟大复兴的中国梦具有十分重要的意义。具体而言,一是网信事业代表着新的生产力和新的发展方向。当今世界,科技革命和产业变革日新月异,数字经济蓬勃发展,深刻改变着人类生产生活方式,对各国经济社会发展、全球治理体系、人类文明进程影响深远。二是让人民群众在信息化发展中有更多获得感、幸福感、安全感。网信事业发展必须贯彻以人民为中心的发展思想,把增进人民福祉作为信息化发展的出发点和落脚点。三是网络空间是亿万民众共同的精神家园。网络空间天朗气清、生态良好,符合人民利益。网络空间乌烟瘴气、生态恶化,不符合人民利益。四是没有网络安全就没有国家安全,没有信息化就没有现代化。习近平把网络安全上升到了国家安全的层面,为推动我国网络安全体系的建立,树立正确的网络安全观指明了方向。五是让网络空间命运共同体更具生机活力。习近平指出:"世界各国虽然国情不同、互联网发展阶段不同、面临的现实挑战不同,但推动数字经济发展的愿望相同、应对网络安全挑战的利益相同、加强网络空间治理的需求相同。各国应该深化务实合作,以共进为动力、以共赢为目标,走出一条互信共治之路,让网络空间命运共同体更具生机活力。"[①]在习近平新时代中国特色社会主义思想的指引下,我们有信心也有决心探索网络强国建设新路径,开拓全球网络治理新境界,让互联网成为实现中华民族伟大复兴中国梦的强大助力。

---

① 中共中央党史和文献研究院编:《习近平关于网络强国论述摘编》,中央文献出版社 2021 年版,第 165 页。

第二,网络思想政治教育信息安全助力网络强国建设的方式。网络思想政治教育信息安全助力网络强国建设的方式主要指向人才的涌现、文化的繁荣、政治的领航。

其一,人才的涌现是网络强国建设的长效资本。2014 年,习近平在中央网络安全和信息化领导小组第一次会议上强调:"建设网络强国,要把人才资源汇聚起来,建设一支政治强、业务精、作风好的强大队伍。'千军易得,一将难求',要培养造就世界水平的科学家、网络科技领军人才、卓越工程师,高水平创新团队。"[1]不仅如此,习近平多次强调,中国"强起来要靠创新,创新要靠人才",多次指出"人才是衡量一个国家综合国力的重要指标"。在党的二十大报告中,习近平更是把人才强国战略与科教兴国战略、创新驱动发展战略进行集中论述,在更高起点、更高层次、更高目标上对人才强国作出顶层设计,为加快建设人才强国锚定了新坐标、树立了新标杆、描绘了新远景。显然,人才培育是网络强国建设顺利推进的关键,而网络思想政治教育信息安全,能为培育合格的社会主义建设者输送养分。一方面,网络思想政治教育信息安全能保障社会主义核心价值观的顺利传达,使社会主义的价值占领人们的思想高地,为网络强国建设的推进整合思想支持;另一方面,网络思想政治教育的信息安全能带动一大批高水平的网络安全技术人员的成长,从而为网络强国建设提供技术力量。综上,网络思想政治教育的信息安全,能为网络强国建设提供人才支撑。

其二,文化的繁荣是网络强国建设的基础支撑。文化是物质生产、精神生产、制度生产印记的总和。它指向一种稳定的行为习惯、民族性格和价值信仰。文化对于在新时代背景下努力推进的网络强国建设来说,是必不可少的基础支撑。习近平亦强调,建设网络强国,"要有丰富全面的信息服务,繁荣发展的网络文化"[2]。网络文化对于网络强国战略的推进具有重大的意义,它传承了传统文化的厚重,又结合了现代技术的生动和便捷。因而它可以用更多样的表现手法、更迅捷的方式、更广的覆盖率,给社会带来更为广泛而深刻的影响。因而构建健康向上的网络文化,对于网络强国建设的有效推进必不可少。

其三,政治的领航确保网络强国建设的前进方向。在经济全球化、网络化、数字化趋势不断加强的背景下,尽管人们的思想在不断交融,但我们必须始终坚持正确的政治方向。在党的二十大报告中,习近平指出:"意识形态工作是为国家立心、为民族立魂的工作。牢牢掌握党对意识形态工作领导权,全面落实意识形态工作责任制,巩固壮大奋进新时代的主流思想舆论。"[3]而网络思想政治教育信息安全有助于在纷繁多样的网络环境中

---

[1] 《习近平主持召开中央网络安全和信息化领导小组第一次会议强调:总体布局统筹各方创新发展 努力把我国建设成为网络强国》,《人民日报》2014 年 2 月 28 日。

[2] 《习近平主持召开中央网络安全和信息化领导小组第一次会议强调:总体布局统筹各方创新发展 努力把我国建设成为网络强国》,《人民日报》2014 年 2 月 28 日。

[3] 习近平:《高举中国特色社会主义伟大旗帜 为全面建设社会主义现代化国家而团结奋斗——在中国共产党第二十次全国代表大会上的报告》,人民出版社 2022 年版,第 43 页。

营造纯净的网络政治环境,从而确保网络强国建设沿着正确的方向前进。

(三)维护网络思想政治教育信息安全、助力社会治理

党的十八大以来,我国治理体系和治理能力现代化建设不断取得新进展,这在客观上不仅推动了向政治、经济、文化、社会、生态全面发展模式的转变,而且加快了在开放流动的社会环境下塑造中国特色的党委、政府、社会力量多元合作治理结构的历史进程。而维护网络思想政治教育信息安全,可以推动建设和谐的网络政治环境、营造自由民主的网络互动氛围,从而实现线上线下的有机互动,从多维空间、双重路径助力社会治理。

第一,社会治理基本释义。社会治理是一个复合名词也是一个集合动词,指向"社会"和"治理"两个维度。所谓"社会"是指群体关系和自然环境的组合体,在其现实性上指向人们在生产生活过程中所结成的包括地缘、业缘、血缘及网缘等一切社会关系的总和。而"治理"则是一个社会学与法学交叉的概念,比较有代表性的解释见于《我们的全球伙伴关系》报告所作的解读:"所谓治理是指,个人和公、私机构管理自身事物的所有方式,能够协调不同利益需求主体之间的矛盾和冲突,促使其逐渐走向联合,是一个持续不断的动态过程。具有动态复合性、协调互动性、范畴广博性的特征。"

具体来讲,从主体构成角度出发,社会治理主体更加指向多元化,主要包括政府、社会组织、私营组织、自治组织及公民个体。从具体的实践运营维度出发,各个主体间相互协调、相互配合,形成立体交叉的社会治理网络。从目标维度出发,社会治理则更加突出社会治理效率、利益共享和公平正义,将社会各个主体置于平等的地位,追求一种"善治"的治理状态,指向治理的合法性、透明性、责任性、回应性和有效性。从方法的维度出发,社会治理意味着在治理主体主动交流、积极协商的情况下,自觉依照一定制度来满足自身需求,最终达到制度化、规范化、多主体化、平等化、权力平行化的状态。

综上所述,社会治理指以民生为根本、以平等为主要价值准则、以协商互动为主要路径的解决社会主要问题的系统。

第二,网络思想政治教育信息安全助力社会治理的方式。网络思想政治教育信息安全助力社会治理的方式主要体现在以下两个方面。

其一,提供新的治理思路。传统的社会治理一般局限在线下空间,而与其同样融政治、社会功能于一体的网络思想政治教育信息安全可以通过技术开发、法规制定、道德涵化得到很好保障。类似地,社会治理也可以借鉴相关经验从线下空间走向更广阔的线上线下融合空间。它可以借鉴网络思想政治教育信息的主体运行交互性、内容呈现多媒体性以及生成价值多元共享性特点,发展出更具特色的社会治理网络运行模式。

其二,提供安全环境保障。从信源安全的角度来讲,网络思想政治教育信息安全指思想政治教育信息可以借助现代信息技术,以更多维、多样的表现手法,更生动的形式在网络空间或现实空间进行传播,从而有助于我们准确把握社会治理的主要内容和基本理念。从信息传播渠道的角度来讲,网络思想政治教育信息安全可以保障安全的传播环境,在这一空间，主体间可卸下心理包袱进行真诚的交流和互动，提出自己的真实诉求，并在探讨中寻求最佳的解决方式，以促进问题更快更有效地解决。在这种提出问题、进行讨论、寻求办法、解决问题的不断试错的过程中，总结经验、逐步形成制度化的社会治理方案。从信宿的角度来讲，网络思想政治教育信息安全保证了受众接收到的信息是正确的、正向的、全面的，从而能够更好地开拓受众的视野，帮助其建构完整的知识结构，使其能对社会治理的相关理念有更全面、更深入的把握，从而更好地实践。

第四章 网络思想政治教育的舆论引导

网络舆论是在互联网上传播的公众对某一焦点所表现出的有一定影响力的、带倾向性的意见或言论,是民意的"晴雨表"、社会的"安全阀",具有草根性、情绪化、突发性、难控性、影响大等显著特征。网络舆论一方面是公民自由表达意见、了解社会信息、行使知情权和监督权的一种体现,另一方面也带来了网络谣言、网络煽动、网络暴力、网络审判等潜在危机,甚至成为意识形态斗争的新战场。面对纷繁复杂的网络舆论及其带来的严峻考验,只有坚持党的领导、依法治理,遵循网络传播规律,及时进行网络舆论的汇集、追踪、动态分析与预警,深刻反思应对网络舆论的经验与教训,才能及时应对舆情、正确引导舆论,进而推动中国特色社会主义事业的顺利进行,保障社会主义意识形态的安全,培育积极健康、向上向善的有中国特色的网络文化。

第一节 网络舆论的概述与影响

一、网络舆论的概念与内容

(一) 舆论、舆情、民意之辨析

"舆论"一词,最早见于《三国志》,具有"众人的议论"之义,后被引申为"民众的议论或言论"。"舆论"从其产生即是众人的意见,这些意见具有影响社会发展的重要作用。《汉语大词典》将"舆论"一词解释为"公众的言论"。我国学者对舆论的定义不尽相同。甘惜分主编的《新闻学大辞典》认为,舆论的形成是"由特定的社会事件或社会问题引发的、无数个人意志相互作用、融合,最终形成统一意志的过程"[①]。刘建明认为,"舆论,是显示社会整体知觉和集合意识、具有权威性的多数人共同意见"[②]。陈力丹认为,"舆论是公众关于现实社会以及社会中的各种现象、问题所表达的信念、态度、意见和情绪表现的总和,具有相对的一致性、强烈程度和持续性,对社会发展以及有关事态的进程产生影响。其中混杂着理智和非理智的成份"[③]。喻国明认为,"舆论是社会或社会群体中对近期发

[①] 甘惜分主编:《新闻学大辞典》,河南人民出版社1993年版,第42页。
[②] 刘建明:《基础舆论学》,中国人民大学出版社1988年版,第11页。
[③] 陈力丹:《舆论学——舆论导向研究》,中国广播电视出版社1999年版,第11页。

生的、为人们普遍关心的某一争议的社会问题的共同意见"①。尽管关于舆论的定义有多种,但有几点是学界公认的:一是舆论是公众的意见,是多数人的意见;二是舆论是公开表达的意见,能够被人们明确感知;三是舆论有对有错,既有正确的舆论也有错误的舆论。

与舆论最为相近的概念就是舆情。舆情是社会的"晴雨表",它反映了一定时期、一定范围内公众的关注焦点,反映了公众对某些问题与现象的意见与态度,反映了社会现实中的矛盾、冲突,也可以在一定程度上揭示社会中潜在的危机。② 多数学者认为舆情和舆论密不可分。舆论是舆情的重要组成部分,也是舆情在某一方面的集中体现。而舆情不仅包含公开的舆论,也包含一些隐含的公众态度与情绪等。舆情既具有常态性,即在日积月累中体现出一种民意倾向,同时又具有爆发性,即通过某些特定事件集中表现为舆论。

与舆论相关的另一个概念是民意。有观点认为,民意是一种天理、公道、人心,是人民意识、精神、愿望和意志的总和。民意是判定社会问题真理性的尺度,是舆论中正确和公正的那部分。由此可见,民意与舆论有所不同。舆论有对错之分,而民意是社会真理的坐标,民意是舆论的一种类型。舆论需要公开表达,而民意既可以通过舆论的形式公开显现,也可以深深藏在人民之中。我国历代领导人都十分重视民意与民声,毛泽东曾深刻指出,"群众是真正的英雄,而我们自己则往往是幼稚可笑的,不了解这一点,就不能得到起码的知识"③,强调要从群众的呼声中获取有益的知识和信息;邓小平将"人民满意不满意、人民高兴不高兴、人民赞成不赞成"作为检验我们一切工作的标准,要了解民意的反馈才能更好地开展相关工作;江泽民指出,领导干部要置身群众之中,"倾听人民群众的呼声,反映人民群众的意愿,集中人民群众的智慧和力量去发展我们的各项事业"④,要到群众意见多、矛盾集中的地方去;胡锦涛提出"贴近实际、贴近生活、贴近群众"的工作方针,倡导新闻界开展"走基层、转作风、改文风"活动,重视深入人民群众倾听他们的呼声;习近平更是一再强调从网络平台上了解民意的重要性,他指出,"老百姓上了网,民意也就上了网"⑤,要通过网络群众路线"倾听民声、尊重民意、顺应民心"。

(二)网络舆论的内涵

通过对舆论、舆情、民意三者的辨析,我们可以比较清晰地了解网络舆论、网络舆情、网络民意三者的异同。不论是网络舆论、网络舆情还是网络民意,其最大的特征就是传播的载体——网络。习近平强调:"网络是一把双刃剑,一张图、一段视频经由全媒体几个小

---

① 喻国明、刘夏阳:《中国民意研究》,中国人民大学出版社 1993 年版,第 277 页。
② 彭兰:《网络传播概论》第 4 版,中国人民大学出版社 2017 年版,第 319 页。
③ 《毛泽东选集》第 3 卷,人民出版社 1991 年版,第 790 页。
④ 《江泽民文选》第 2 卷,人民出版社 2006 年版,第 262 页。
⑤ 中共中央党史和文献研究院编:《习近平关于网络强国论述摘编》,中央文献出版社 2021 年版,第 4 页。

时就能形成爆发式传播,对舆论场造成很大影响。"①这里的网络指互联网,简称网络。网络舆情是通过互联网表达和传播的各种不同情绪、态度和意见的总和。网络舆论是网民在互联网平台上传播的关于现实社会以及网络社会中各种现象、问题所表达的信念、态度、意见和情绪的总和,它的产生直接来源于社会变动、较大事件的刺激,这种信息刺激与公众的价值观念、历史记忆、物质利益、心理因素发生碰撞,并伴随网民的网络传播互动产生意见趋同,进而促成网络舆论。网络舆论具有相对的一致性、强烈性和持续性,对现实社会与网络社会发展以及有关事态的进程会产生较大影响。网络舆情向网络舆论转化的实质就是"多种意见的总和"向"有影响力的意见"的转化。在特定时期或特定事件发生时,网上会爆发性地形成一些舆论热点。

一般来说,在网络上有两个舆论场。一个是官方舆论场,其舆论主体是党报、国家电视台等官方网络媒体,代表了国家或者政府的声音;另一个是民间舆论场,其舆论主体是普通网民。近年来这两个舆论场有融合有交叉,但总体来讲还是各有特点、有所不同。需要特别指出的是,本书对网络舆论的论述和分析都是基于第二个舆论场,即以广大的普通网民为主体的民间舆论场。

(三)中国网络舆论的主要内容

目前中国网络舆论主要有以下四个方面的内容。

1. 国际关系和民族利益

近年来中国综合国力日益强大,激发了中国人民的民族自豪感和爱国激情,一旦发生危及国家利益和民族自豪感的事件,网民会应激地做出反应。中美关系、中日关系中与国家、民族利益紧密相关的事件,一直是网络舆论的热点。据人民网舆情数据中心每年发布的中国互联网舆论分析报告,2016年至2021年的重大网络舆论事件中,与涉外关系有关的有15起,占总体的12.5%。例如,2016年南海仲裁案、2017年韩国部署萨德、2018年美国制裁中兴、2019年中美贸易摩擦、2020年中印加勒万河谷边境冲突事件、2021年新疆棉事件等。这类网络舆论事件表现为爱国热情与民族情结的纠集,往往会形成较为明显的派别之争。这个领域也成为中国思想分化的主要领域之一。

2. 转型期的社会矛盾

当今中国社会已经开始进入一个社会结构和利益明显分化的阶段,不同社会群体的利益往往是不一致的,有时甚至会存在不同程度的矛盾和利益冲突。其中,贫富冲突、官员腐败问题是网络舆论的重要内容。同情弱者,是中国网民常见的一种思维定式,特别是在对待贫与富、官与民的关系方面,这种思维更是容易成为主导。中国网民高度关注官员的道德品质、管理能力以及工作作风等。国家公务员的言行举止以及着装都应当符合其身份特征与职业要求,否则都容易引发网民的关注从而形成热点舆论事件。

---

① 中共中央党史和文献研究院编:《习近平关于网络强国论述摘编》,中央文献出版社2021年版,第83页。

3. 衣食住行等全国性民生问题

民生问题是网络舆论的一大热点。民生问题与普通百姓的日常生活和切身利益密切相关。民生方面的任何改革，都会牵涉到广泛的社会阶层，引起网络舆论的波动。如果舆论引导不当，就会成为重大的政治问题，使我国的经济改革、政治改革面临巨大挑战。这类事件涉及房价、教育、医疗、环境污染、食品安全、城市拆迁等。这些内容容易触动网民的敏感神经，引起网民的共鸣和讨论，快速形成网络舆论热潮。据统计，2016年至2021年的重大网络舆论事件中，与民生问题有关的重大网络舆论事件有55起之多，占到总数的45.8%。

4. 日常社会生活中的道德冲突与困惑

中国正处于转型期，人们的价值观、道德观也在经历一次激烈的震荡，许多人面临着道德的困惑。因此，与之相关的新闻事件也容易引发激烈的网络讨论。涉及日常生活道德冲突与困惑的事件，所引发的关注超出人们的想象，往往会带来全社会范围内的对道德问题的思考与讨论。

二、网络舆论的特征与风险

（一）网络舆论的特征

舆论的形成一般有以下几个步骤：社会变动、较大事件等造成刺激意见的出现；意见在社会群体中的互动趋同；权力组织及其领导人、大众传媒促成所希望的舆论；文化与道德传统对舆论形成的制约。不是所有舆论的形成都要经过以上这几个步骤，但是确实有相当的舆论大体需要经过以上几个步骤才会形成人们能够知悉的舆论。网络舆论作为舆论的一种，其生成过程也大致按照上述逻辑展开，即公共议题—关注—交谈或互动—普遍性意见—网络舆论生成。相较于一般意义上的舆论，网络舆论具有以下五个特点。

第一，草根性。Web2.0的技术特点使网民成为活跃的新闻传播主体。Web2.0有两个突出特点：一是以个人为中心，强调个人的力量和个性化的张扬，强调平等化、去中心化；二是以自组织为中心，个人之间、个人创造的内容之间以及个人汇聚的群体之间，都以不同的自组织形式架构起来，强调自组织性和互动性。Web2.0的这两个特点可以最大限度地发挥网民的创造力，形成了网络"用户生成内容"的特点，以致产生了一种新的新闻形式——公民新闻。[1] 公民新闻是指作为非专业新闻工作者的网民从事的新闻信息和评论的发布、传播以及其他相关活动，不仅包括第一手报道，也包括新闻评论、新闻整合等多种形式。公民新闻不仅在整体上改变了新闻传播的某些观念与方式，而且对专业媒体在

---

[1] 彭兰、高钢：《中国互联网新闻传播结构、功能、效果研究》，高等教育出版社2011年版，第79页。

新闻传播上的垄断地位产生了冲击,在一定程度上影响着新闻传播格局中的力量对比关系。

在互联网没有普及前,事件的当事人和知情者很难引爆社会舆论,因为其人际传播的影响面毕竟有限,而大众传播媒介作为专业化媒介机构又难以被个人所掌握,所以当事人和知情者很难广泛传播自己所知的信息,也就难以产生广泛的影响力,更难以引发舆论热议。而 Web2.0 的便捷性、低门槛、遍在性,使人人都能够成为自媒体,普通人也可以一夜成名。近年来,众多网络舆论事件是依靠普通网民较为独家的信息、富有真知灼见的表达,引起大众的广泛关注,随着普通网民不断披露事件的真相,使之成为重大网络舆论事件的,可以说"议程设置全民化"的时代已然来临。互联网打破了传统媒体"议程设置"的垄断权,使越来越多的在过去可能被遮蔽的事件在网络时代被公之于众,从而促使更多网络舆论的生成。

第二,情绪化。网络舆论易缺少理性、审慎的思考和判断,容易情绪化、简单化,网民往往是根据自己的喜好和直观感受做判断、下结论的。这一方面是因为中国的网民年轻化,理性经验相对较少;另一方面是因为网络快速传播的特点,使人们来不及仔细地思考。此外,网络的匿名性使网络易成为发泄个人情绪的场所,因此网络是社会的"减压阀"。在情绪大于事实的"后真相时代",诉诸情感及个人信念较客观事实更能影响民意,比起追求事实真相人们更想做的则是宣泄情绪。正当合理的情绪宣泄并非坏事,然而有时非理性的情绪经过网络的互动、放大会走向"群体极化",导致社会的不稳定。"群体极化"(Group Polarization)是由美国学者凯斯·桑斯坦在《网络共和国》一书中提出的,是指群体中原来已经存在的倾向性会通过相互作用而得到加强,使原有的观点朝着更极端的方向转移,即保守的更保守,激进的更激进。有证据显示,在网上发生群体极化倾向的比例是现实生活中面对面时的两倍多。[①] "在网络和新的传播技术的领域里,志同道合的团体会彼此进行沟通讨论,到最后他们的想法和原先一样,只是形式上变得更极端了。"[②] 比如,中日关系一直是网络的热点问题,每逢中日关系紧张时,网络中煽动民族仇恨、鼓动打砸抢的舆论也会盛行。

第三,突发性。网络事件往往爆发得很突然,长则数天,短则几个小时就可能从一个网民上传的图片、视频或文字演变成网络事件。互联网的一大特点就是"人人面前都有一个麦克风",人人都是自媒体。网民会将自己偶然看到、听到、拍到的素材上传到网络,而在网络中,越是少见、难见、反常的事件越能吸引网民的眼球。这类事件事发突然、反常性强、持续时间短,网民却能够通过便捷的网络媒体将其实时捕捉,激起网友的好奇心,在短时间内引起大规模的"网络围观"效应,再经由网友们的传播发酵为轰动的网络舆论

---

① [美]凯斯·桑斯坦:《网络共和国》,黄维明译,上海人民出版社 2003 年版,第 51 页。
② [美]凯斯·桑斯坦:《网络共和国》,黄维明译,上海人民出版社 2003 年版,第 47 页。

事件。

第四,难控性。网络传播是分布式传播,任意两点之间的联系有多种方式,使阻截信息比较困难。同时,网络传播又是裂变式传播,能够使信息量在短时间内呈几何级数增长。当事件发生后,网络舆论会不断衍生、聚合、裂变、扩散,其传播的速度、波及的广度和影响的力度也呈几何级数增长,在这个过程中会不断有新的观点和实时信息补充进来。普通网民会在网络平台上各种观点和信息传播的过程中持续进行意见表达,有预谋的网络水军也会从中作梗、推波助澜,影响力巨大的网络博主等意见领袖还会借势引导舆论走向,因此网络舆论事件一旦形成一定规模,其引导的难度也会成倍增加。人民网舆情监测室提出"黄金4小时"原则,即对网络舆论的干预要在初期4个小时内完成,否则就可能会遍及整个网络,无法控制。

第五,影响大。网络具有脱域性,使得网络事件能够摆脱空间束缚,各行各业、四面八方的网民都能同时参与讨论、制造网络舆论。网络舆论具有全国性,声势浩大,能够发挥出强大的威力。网络舆论的影响不仅体现在网上,更为重要的是体现在网下。有时涉及法律纠纷的网络热点事件不仅会影响相关司法案件的审理进程与审理结果,甚至会推动相关法律政策的颁布与实施,比如《城市生活无着的流浪乞讨人员救助管理办法》《关于办理电信网络诈骗等刑事案件适用法律若干问题的意见》等法律法规都是在重大网络舆论事件的推动下颁布的。

(二)网络舆论风险

网络舆论风险指网络舆论的负功能,主要有以下四个表现。

第一是网络暴力。网络暴力是指借助互联网这一载体,对受害者进行谩骂、抨击、侮辱、诽谤等,并对当事人的隐私权、人身安全权及其正常生活造成威胁或某种不良影响的暴力行为。网络舆论中出现的暴力现象主要表现为两个方面:一是一些网民意见表达中的语言暴力;二是多数人的声音对少数人意见的压制,也就是托克维尔所说的"多数暴政"。网络暴力大多时候表现为"集体暴力"。承认网络舆论与网络暴力相关,并不意味着否定网络舆论的积极意义。网络暴力在某种意义上是网络舆论的一种体现,它反映的不仅是网民素质的高低,也是现实社会中的某些问题与矛盾。当然,网络环境对于暴力行为的激发起到了推波助澜的作用。在网络舆论影响力日益增强的今天,应该注重对网民网络素养的培养,我们应该培养具有理性、平等、宽容精神的网民。

第二是网络煽动。网络煽动是指利用网络传播不实信息、串联示威、误导舆论,甚至直接出资扶植代理人制造谣言、煽动舆论。对我国而言,网络煽动主要来自两股势力,一是国外以美国为首的西方霸权主义,二是国内的以"藏独""疆独"等势力为主的民族分裂主义。

第三是网络审判。网络舆论另一个令人担忧的暗礁是舆论监督的越界,特别是网络是否会带来新形式的媒体审判。网络审判是指网民对司法案件表达相对集中的倾向性意见,进而形成具有正负效应的、社会影响力较大的公众判意,从而推动或阻碍司法审判及司法独立公正。媒体审判一直备受争议,媒体常常被认为是立法、行政、司法以外的"第四种权力",但它终究是一种监督力量,不能代替前三种权力。但是现实案例显示,网络舆论的审判力量已经在一定程度上对司法机关和相关工作人员造成了干扰。在"于欢案""邓玉娇案""药家鑫案"等案件的审理中,都可以看到网络舆论对于司法形成的压力。

第四是网络谣言。网络谣言是指通过各类网络介质传播的没有事实根据的传闻。网络谣言的产生有多种原因,既有为了个人目的制造假信息、谣言的,也有无事生非搞恶作剧的,还有不明真相以讹传讹的。虚假信息和谣言以其新奇性往往能满足网民猎奇的心理,产生"先入为主"的效应,催生恶性网络舆论,而这种基于虚假信息和谣言产生的网络舆论,又在更广的范围内导致信息误导,有时甚至能在现实中产生恶劣的社会影响。

网络舆论风险生成既有直接原因,也有根本原因。网络舆论风险生成的直接原因主要是:第一,网络传播的匿名性使得网民能够无拘无束地参与网络讨论,敢怒敢言,但同时这种网络自由被一些网民滥用,出现言论偏激、揭人隐私和散布谣言等现象。第二,网络传播缺乏有效的"把关人"。我国网络信息的"把关"体系由政府、网站、网民三者共同组成。政府和网站"把关"具有强制性,主要通过技术手段对网络内容进行选择,而网民自我把关是一种更加具有主动性的把关。如果网民缺乏对信息的选择与判断能力,盲目转发和评论,就难以实现对网络信息的"把关"。

网络舆论风险生成的根本原因是社会风险,主要体现在:第一,社会经济发展和体制改革使得社会收入差距逐渐扩大、阶层分化更加显著,在改革中处于失利、失意的弱势群体容易产生心理失衡,从而导致仇富、仇官等社会心理滋生。第二,在"百年未有之大变局"中,国际形势错综复杂,竞争与合作交织碰撞,逆全球化潮流涌动,"黑天鹅"事件频发,引人关注的政治问题层出不穷。第三,在现代社会转型过程中,新出现的风险及其涉及人群、扩散范围和影响程度都远远超过了传统社会,社会风险和危机会对社会个体产生更加持久、广泛、深刻的影响,使得普通民众产生对于未知风险的恐惧与疑虑。

三、网络舆论对个人和社会的影响

(一)网络舆论对个人的影响

习近平指出,"互联网是一个社会信息大平台,亿万网民在上面获得信息、交流信息,这会对他们的求知途径、思维方式、价值观念产生重要影响,特别是会对他们对国家、对社会、对工作、对人生的看法产生重要影响。"[①]具体来说,网络舆论对个人的影响主要表现在以下四个方面。

---

① 中共中央党史和文献研究院编:《习近平关于网络强国论述摘编》,中央文献出版社2021年版,第69页。

第一,网络舆论扩大了公民个人的知情权。网络舆论是网民了解社会信息尤其是政府决策的窗口。网络舆论形成的过程通常会伴随着激烈的争论、质疑乃至声讨,网民为了推动舆情的发展往往会最大限度地寻找论据,把来自各方面的信息和材料汇集于网民关注的议题之下,从而形成巨大的社会影响。网络舆论的生成与传播可以推动政府快速介入舆情事件、及时公布权威信息,使得公民能够更加详细、深入地了解政府决策的前因后果与具体过程,有利于促进政府相关信息的公开化与透明化,进而扩大公众的知情权。

第二,网络舆论使个人意见能够更自由地表达。传统大众传媒如广播、电视、报纸给大众提供的表达机会较少,虽然广播有听众来电、报纸有读者来信,但是占整个节目的播出量和报纸的版面比例都较少。而在"人人面前都有一个麦克风"的网络时代,公民可以通过网络平台这一渠道表达自我、展现自我,网络的交互性、遍在性与便捷性使得任何人都可以成为网络舆论的主体,既是受者,也是传者,网民们可以针对社会特定事件畅所欲言、交流意见、探讨问题。

第三,网络舆论更便于公民个人行使监督权。相较于一般的舆论监督,网络舆论监督具有以下四个特点:监督主体的广泛性,任何一位网民都可能参与网络舆论监督;监督方式隐蔽,极大地降低了监督风险,能够有效地保护监督主体;监督成本大为降低,只要有网络、电脑或手机就能够成为监督主体,不需要花费大量的时间和金钱;监督空间和细节的无穷性,被监督者的各种资料都可能被放到网上,接受网民的"审查"。网络舆论监督主要集中在三个方面:一是党和政府的决策、公共财政收支以及具体行政行为;二是司法部门的执法公平状况、司法腐败和执法效率;三是党员干部的权力滥用、贪污腐败等。

第四,网络舆论有助于公民个体向社会求助。在社会生活中,人们往往会碰到依靠个人力量无法解决的困难,而这可以通过网络舆论向社会求助。网络舆论可以使求助信息得到广泛快速传播,并且在短时间内聚集大量社会民众的关注。个人的困难就有可能在社会民众的帮助下或者在社会舆论的声援下得到比较顺利的解决,有利于社会弱势群体得到及时的帮助,特别是能够避免社会个体由于求助无门而采取极端行为,有利于缓解社会的压力和矛盾。

(二)网络舆论对社会的影响

第一,网络舆论是民意的"晴雨表",有利于党和政府及时了解舆情、体察民意。网络公共空间是汇集民意的地方,网络舆论则是反映社情民意的"晴雨表",它为党和政府了解社情民意开辟了一条捷径,而且随着中国互联网的发展和网民数量的不断增长,网络舆论的这一功能将会越来越得以彰显。网络舆论涉及的议题与现实社会问题紧密相连,这不仅是对现实社会的一种回应,更是现实世界中经济、社会、文化的一种映射。从近几年的网络热点事件来看,其涉及领域、关注问题几乎都是社会热点的再现。网络舆论放大了社会舆论的关注点和范围,带动了社会舆论的走势。在网络公共空间,尤其是网络论坛,我们可以看到各种利益诉求的表达,可以看到在网络争论和批评中呈现出的网民的情绪和倾向,也可以看到网民对党和政府的各种意见和建议。这表明,网络舆论有利于党和政府及时了解网民心之所思、意之所愿、情之所系,有利于公共权力部门在决策中广纳良言,有利于我们的行政执法顺应民意。许多领导干部都非常重视网络舆论,把它看作了解社会心态的一个窗口,把它作为问计于民、问政于民、问需于民的一个渠道,把它作为新时期走群众路线、密切联系群众的一个平台。

第二,网络舆论是社会的"安全阀",有利于促进社会的和谐稳定。"安全阀"一词来自工程领域,是指高温高压容器通常带有的一种部件,当系统的压力过大时,安全阀就会启动,降低容器内部压力,从而保证容器不受损坏或发生爆炸。社会学据此提出"社会安全阀"的概念,认为社会也是一个大的容器,社会矛盾和摩擦所产生的压力存在于各个阶层之间,各个阶层都可能对社会不满、对现实失望、与其他阶层和社会成员敌对,这是一种不可避免的现象。

网络舆论能够释放社会压力和不满,发挥"安全阀"的作用。不同社会阶层和利益群体可以通过网络舆论表达自己的利益诉求,宣泄不满情绪,促进社会成员之间在思想、信息和情感方面的交流,减少或避免彼此的误会,增加社会阶层之间的理解和信任,进而有利于实现社会的稳定。并且许多新问题、新矛盾通过网络舆论能及时反映出来,在萌芽状态更容易给予化解和疏导。政府的相关部门重视包含负面情绪的网络舆论,主动回应、积极疏导、解决问题,也有利于社会的和谐发展。

第三,网络舆论是社会发展的"加速器",有利于提高党和政府的治理能力。首先,网络舆论有利于提高党和政府的决策水平。网络舆论的出现为党和政府的各项决策提供了更加全面和及时的信息,可以减少同群众之间的信息隔阂,从而掌握更多的第一手资料,减少信息的失真现象。网络舆论可以使党和政府较为真实地了解到人民群众的所需所想,了解到群众对某项政策的反馈和意见,充分集思广益调动人民群众的积极性,提高决策的民主化水平,同时降低决策的成本。其次,网络舆论的突发性有利于提高党和政府的应变能力。面对纷繁芜杂的网络舆论,党和政府既不能在网民的批评面前丧失信心,也不能完全否定网民的意见,而应掌握民意主流。所谓民意主流,就是多数网民的意见及其实质。要分清主流与支流,区别本质与现象,掌握本地民意与外地民意,才能处变不惊,拿出正确的应对方法。最后,积极应对网络谣言有助于提高党和政府的沟通能力。网络谣言具有一定的煽动性和破坏性,党和政府要及时发布权威信息,善于运用网络和传统大众传媒大范围传播权威信息,回答网民提出的种种疑问,粉碎各种网络谣言和不实猜测。

第二节 网络舆论的监测与预警

从本质上讲,网络舆论属于一种特殊的网络信息,有些网络信息之所以能够引爆整个互联网,是因为其具有一定的特质,而这种特质通过一定的监测和研判技术是可以进行捕捉和预警的。尽管这在技术上不存在太多的困难,但是对网络舆论的准确预警是比较困难的。网络舆情研究目前只能监测已经发生的事情,对未来发生的事情很难做到及时预警,因此目前的舆情报告多是侧重于对舆情事件进行对策建议,一般不进行预警。需要强调的是,预警关注的是未来可能发生的事情的烈度和影响,不能够预测明天或者以后会发生什么,即只能预警大小强度,不能预测有无的问题。

一、网络舆论的汇集与追踪

网络舆论分析的第一步是信息的采集与预处理。网络舆论的信息源主要包括以下几大类。

一是论坛和 BBS。论坛和 BBS 是网络舆情监测关注的重要领域之一。在舆论监测中,超过半数的信息来自各种网络论坛。比较著名的网络论坛有天涯社区、凯迪社区、强国论坛、百度贴吧、凤凰网论坛、猫扑论坛、豆瓣网、水木社区等,有些具有地域特色的论坛影响力也很大,比如大洋论坛、深圳论坛、南方社区等,这些都是全国性舆情监测的重要对象。例如,百度贴吧是基于关键词的主题交流社区,能够聚合利益相关人群,进行封闭式深度交流。曾经引爆过全国性网络舆论的"石首吧""巴东吧"就是基于共同的地域形成的贴吧。

二是网络新闻。在网络舆情监测中经常涉及的重大突发事件、重要节日会议、赛事活动、社会热点等,往往是网络新闻发挥最大功能的领域。因此,网络新闻是网络舆情监测的重要信息源。在 Web2.0 时代,网民成为最为活跃的网络新闻传播主体。在网络空间中,网络新闻传播主体是新闻网站和网民。新闻网站分为两类,一类是我国新闻宣传体制内的四大传统媒体(报纸、杂志、广播、电视)衍生的网站,另一类是各大门户网站,如新浪、搜狐、网易等全国性商业新闻网站。根据 2017 年 5 月 2 日颁布的《互联网新闻信息服务管理规定》,互联网新闻信息服务提供者的采编业务和经营业务应当分开,商业新闻网站只有新闻转载权而没有采访权。以网民个体为主体的新闻形式就是公民新闻,这一概念在前面介绍网络舆论草根性特征时已简要说明,在此不再赘述。能够发布新闻的网民往往是新闻事件的当事人、亲历者,他们发布的新闻更加容易引起网民的关注。

三是维权网站。维权是指公民维护自身合法权益免受侵害,或争取侵害补偿和司法救助的行为。常见的网络维权主要有两种方式:一是在各种维权网站上进行投诉或举报,二是在个人创办的维权网页上进行投诉。目前在网络上有大量的维权网站,涉及消费者维权、律师维权、农民工维权、就业维权、青少年维权、买房维权、家电维权等。大多数维权网站并非是权威、有信息发布资质和公信力的单位或协会主管主办的,很多维权网站是商业网站甚至是个人网站。多数维权网站面临发展的困境:一方面,没有收入来源的维权网站既要扛起"维权大旗",又要解决生存难题;另一方面,维权网站良莠不齐,面临消费者和相关企事业单位的信任危机。甚至出现了"胁投诉以令企业"的行业"潜规则",一些维权网站利用网民举报信息牟利,成为行业灰色地带。因此相关部门在舆论监测工作中要注意对维权网站信息进行分析鉴别,判断是否存在虚假维权、网络诈骗等情况。

四是新闻跟帖。新闻跟帖是网民对新近发生的网上新闻事件所跟随发表的言论。目前大多数网站都设有新闻跟帖的功能,如人民网、新华网、新浪、搜狐、网易等各大门户网站。新闻跟帖参与群体广泛,高密度汇集网友言论,是最接地气的网络舆论来源,是网络舆论监测的重要抽样对象。人民网、新华网的网民以公务员和文教系统人员居多,而主要商业门户网站则聚集了更多的基层网友。

五是微博。微博,即微博客(microblog)的简称,是一个基于用户关系的信息分享、传播和获取的平台。2010年被称为微博元年,继新浪微博之后,人民微博、搜狐微博、腾讯微博、网易微博相继上线。微博不仅是网民获取新闻、人际交往、自我表达、社会分享和社会参与的重要载体,而且是社会舆论、企业品牌和产品推广、传统媒体传播的重要平台,还成为政府和企业舆情应对的重要媒介。微博的话题领域涵盖了从日常生活琐事到社会事件等各领域,无论是重大政治事件、社会突发事件,还是公民权益、社会救助等各个领域的信息都可以在微博上发布、讨论。政府部门和官员也纷纷进驻微博。作为重要的网络舆论平台,微博的舆情信息价值十分巨大,对微博的舆情监测工作需要注意以下三点:一是对于微博认证用户发布的信息一定要进一步核实其真实性;二是要透过表面的微博动态挖掘事件背后的真相和深层信息;三是要注意研究微博的技术特点,其自身的分类、搜索等功能可以帮助我们及时发现舆论监测的线索。

六是QQ群。QQ群是腾讯公司推出的多人聊天交流服务,群主创建群以后,可以邀请朋友或者有共同兴趣爱好的人到一个群里面聊天。作为虚拟群体,QQ群的成员们为了完成一个共同的目标,探讨一个共同感兴趣的话题而聚集在一起,如旅游群、追星族群等。除了聊天,群成员还可以使用群BBS、相册、共享文件等多种方式进行交流,因此QQ群具有强大的信息发布功能。2008年的抵制家乐福事件中,QQ群是重要的舆论发酵场所。负责舆论监测的工作人员一方面要注意开发消息灵通的QQ群信息源,另一方面也要积极加入各种关注社会热点、国计民生和百姓话题的QQ群,及时参与讨论和观察,注意各种有价值的信息动向和观点言论,为舆情抽样和分析工作积累重要的素材。

七是微信。人民网舆情监测室发布的《2017年上半年舆情分析报告》显示,从舆情爆发及传播的情况来看,微信等社交媒体是舆情发生的主要信息源及舆情发酵关键渠道。微信能力持续释放、用户黏性攀升,月人均时长持续增长。用户生产内容和基于社会关系传播是社交媒体通常具有的两种基本特征,微信也不例外。相对于微博,微信具有一定的私密性。圈子性传播是微信舆情传播的最大特点。微信的圈子成员多是熟人,在利益诉求和思想观点方面往往具有趋同性,因此其信息的传播能够进入更深层次,不仅仅局限于告知,还可能达成态度和思想的共识,并可能付诸行动。网络舆论的收集与分析需要高度重视微信圈子深度传播的特性和低成本的社会动员功能。

八是短视频平台。人民网舆情数据中心发布的《2020年互联网舆情形势分析与展望》中指出,短视频发展催生了网络舆论生态的新格局,随着短视频用户使用量的增加,短视频中的社会景观受到更多关注,成为网络舆论的重要策源地。近年来抖音、快手等短视频平台以其有趣、新潮、灵活、精练的特点与优势成为当下最流行的新媒体平台,吸引了众多网民聚集。短视频平台由于信息发布门槛低、传播速度快、影响范围广,成为舆情发布、发散、发酵的重要平台,但也因为发展不充分、监管不完善等问题而给网络舆情工作的监测与处置带来了极大的挑战。

当前国内有不少网络舆情监测分析软件,其中知名的有人民在线舆情监测平台、方正智思互联网舆情监控系统等,此外影响较大的还有军犬、乐思、天玑、谷尼等。其中军犬网络舆情监测系统采取的是"内置站点+元搜索"的采集方式,其优势是能够用于多语言监测。乐思舆情监测系统主要采用SaaS模式,其优势是无须部署就可实现全网信息实时监测、数据可视化分析、舆情告警、重点舆情追踪等功能。天玑互联网舆情监测系统可以采用自主设定或多重设定模式进行全网全源信息采集,其优势是可以实现实时、定向采集互联网新闻、论坛、微博等渠道的信息。谷尼网络舆情监测系统以信息采集技术为核心,其优势是可实现舆情信息的实时监测、定题及定点采集、内容提取及排重。这些系统可以帮助相关部门加强网络舆情监控,通过有效引导化解网络舆情危机,达到维护社会稳定、促进国家发展的目的。[①]

各种软件成为网络舆论分析的重要工具,由于网络分析技术的局限,目前国内分析软件还存在一定的不足。例如,情感分析是舆情分析的重要组成部分,但是目前常用的舆情分析系统只能根据机器既定算法对舆情信息的字面意思进行情感分析,而不能识别讽刺、嘲笑、反语等更加复杂信息中的情感因素,这就需要针对不断出现的新型网络流行语和网络表达方式进行算法更新,并辅之以更为精确的人工识别。在舆情应对环节中,如果能将专家的经验予以量化,可以为类似舆情的处理提供辅助建议,逐渐使机器的智慧为人类提供更高水平的咨询意义上的帮助,乃至应对一些常见的、并不新颖的舆情危机——而这类危机通常占危机发生总量的80%以上。

舆情监测分析软件需要通过输入关键词来进行定向舆论监测。一般来说,网络舆情选题类型包括新闻事件、公众话题和热点现象三大类。新闻事件占网络舆情选题的绝大部分。舆情监测的事件必须是经过媒体传播报道,可以找到监测分析样本的新闻,具有事件传播的形式载体和内容载体,能够进行监测、转换、抽样、提取、文本分析和研判等。话题是指网络上流行的为网民所关注的谈话的关键词或议论的主题。公众话题是指在一定

[①] 程南昌:《网络舆情分析方法研究与系统实现》,中国传媒大学出版社2021年版,第10页。

时间、一定范围内,公众最为关心的热点问题。通常公众话题的形成往往建立在大量相似或相关的新闻事件的基础上,比新闻事件的范围要宽,涉及面更广,社会影响也更深远。热点现象是社会发展中亟待认清和解决的热点问题,不同于单独的新闻事件,热点现象一般是一系列事件所体现出来的社会问题,其产生往往伴随着较为复杂的社会"痛点",问题的解决也需要经历漫长的过程,因此热点现象往往能够引起网民较高的讨论热情和较长时间的关注热度,从而引发一系列的网络舆情。

通过长期网络舆情监测发现,网络舆情可以分为国内热点与关系国家安全和国际形象的涉外舆情。国内舆情可以归结为四大突发事件、六大关系、十六大热点。四大突发事件分别是自然灾害、事故灾难、公共卫生事件、社会安全事件;六大关系分别是官民关系、警民关系、城乡关系、劳资关系、贫富关系、医患关系;十六大热点分别是反腐倡廉、网络问政、司法公正、城管执法、强制拆迁、就业失业、垄断企业、社会思潮、舆论监督、房价物价、文化之争、弱势群体、教育改革、道德失范、三农问题、扫黄打非。涉外舆情主要包括领土主权、经济贸易、文化冲突、民族情绪、历史问题、军事动态等。[①]

对收集到的网上舆情进行预处理,研判是否能够成为网络舆论热点,除了上面提到的根据信息内容进行判断以外,还需要从信息的传播形式上进行判别。首先,信息的传播是否有图有真相。网络时代是一个读图时代,图片以其强烈的真相冲击力和现场带入感更容易得到转发。其次,标题是否吸引眼球。注意力资源是网络时代的稀缺资源,虽然我们反对"标题党",但是不可否认,能够得到大量转发的信息的标题往往非常具有吸引力,生动、形象、现场还原感强,容易产生社会围观和群体极化现象,带来极高的社会关注度。最后,篇幅是否简短但层层推进。当前,长篇累牍式的信息越来越难以得到网民的青睐,碎片化的传播成为信息传播的主流。因此能够引爆网络舆论热点的信息往往篇幅较短。网络时代是信息爆炸的时代,一条信息能够在海量的信息中得到越来越多网民的关注并最终演变为网络舆论热点,必须有来自媒体、当事人或者政府相关部门的连续报道,不断推进、跟踪事实的真相,以吸引网民的眼球,才能成为网络舆论热点。

二、网络舆论的动态分析与预警

网络舆论的动态分析是一项需要综合考虑多方面因素和变量的系统工程,经常使用的是四个指标——传播的扩散度、民众的关注度、内容的敏感度和态度的倾向性。

传播的扩散度是指某一具体的网络舆论在一定统计时期内通过互联网呈现的传播扩散状况,包括时间扩散度和空间扩散度,该统计指标可以通过网络舆情监测分析软件获取。时间维度上的扩散度是指在一定时间内某一舆情信息通过互联网的不同数据源通道

[①] 人民网舆情监测室:《如何应对网络舆情?——网络舆情分析师手册》,新华出版社2011年版,第48页。

形成的报道数、帖子数等相关信息量的变化值。此外,需要注意舆情发生的时间是否处于或接近重大节日和重要活动;舆情事件是否历时日久,仍未有效平息。空间维度上的扩散度是指在一定时间内某一舆情信息的流通量在地理区域上的分布,以此判定信息流通量最大的区域及其在该时间段内的扩散趋势和分布范围。需要注意分析舆情发生地区是不是政治、经济、文化等中心城市;舆情波及的地域范围是否广泛,是否在国内其他重要地区引起连锁反应;是否引起境外媒体和网络的关注。

民众的关注度是指在一定时间内民众对某一具体的网络舆情事件的关注情况。需要注意不同网络信息渠道关注度的差别,从而比较网上官方舆论场与民间舆论场关注度的区别。即同一个信息在传统媒体占主导地位的网络信息渠道的关注度与在微信、微博等的关注度有什么区别,这个区别可以通过网络舆情监测分析软件比较准确、清晰地分析出。

内容的敏感度是指某一特定的网络舆情信息内容可能造成的影响程度。内容敏感度取决于本部门的职能和日常工作。不同的部门应该建立不同的敏感词库。舆情监测和分析者要经常上网看看,潜潜水、聊聊天、发发声,了解群众所思所愿,建立本部门高、中、低敏感度词库,用于网络舆情的监测与分析。只有敏感词库准确、全面,网络舆情的分析与监测才能准确。需要注意网络语言与书面语言、网络语言与现实语言的不同,需要特别关注网络流行语和网络新词。

态度的倾向性是指民众对某一特定的网络舆情信息所持有的观点态度的倾向。技术领域公认情感分析比事实分析的难度要大得多,这也是网络舆论监测与分析的难点。在互联网时代,情感是一种十分重要的逻辑,许多互联网事件的发酵、扩散,背后都有情感诉求的影子,有时情感诉求甚至超出理智诉求,成为左右舆论极重要的一个因素。在态度的倾向性分析中,目前主要使用的、较为成熟的方法是分词法和词频统计法,能够作出正面、中性、负面三种评价,但是很难对反讽、比喻、暗示等复杂的修辞和情绪进行判断。此外,学术研究领域又发展出一些新的技术,如聚类、半监督学习、神经网络模拟算法等,不过这些技术还不够成熟,还不能大规模地应用于网络舆论分析。

网络舆情预警是指从网络舆情危机征兆出现到危机造成可感知损失之前,采取有效行动化解和处理危机。网络舆情预警使网络舆情工作化被动为主动,实现事后处置到事前预警的转变,有利于提前介入、防患于未然,将舆情隐患的可能危害控制在最小范围之内。网络舆情危机预警能力主要体现在准确、敏锐地从每日海量的网络言论中捕捉潜在舆情危机,研判舆情危机可能爆发的时间,预估舆情可能产生的危害和影响,并为可能出现的舆情危机做好应对预案。网络舆情预警流程一般分为以下几步。

第一,网络舆情监测。保持对事态的第一时间获知权,使用专业的舆情监测软件与舆情监测技术加强监测力度,在第一时间密切追踪舆情发展动态与实时走向。

第二,网络舆情汇集。形成顺畅、客观的信息网络舆情汇集系统。在实现信息汇集后,需要对所汇集的舆情信息进行筛选和甄别等初步加工,要及时判断此类舆情危机所属的类型。

第三,网络舆情分析。基于强大的网络舆情数据库、权威的网络舆情预警指标体系和专业的网络舆情数据分析人员,对所汇集的信息进行细致精确的评估。通过网络舆情数据进行立体化、全局化、动态化的关联分析,预测舆情发展的方向,研判舆情危机的爆发时间,预估舆情可能产生的危害和影响。

第四,网络舆情警报。准确定位此类舆情事件对应的预警指标体系,按照相应标准来判断是否发出警报信号,一旦结果分析超出危机警戒线则发出警报。

第五,网络舆情联控。及时回顾、查阅以往此类网络舆情危机应对的成功经验,并结合新出现事件的特殊之处有针对性地制定比较详尽的应对预案,在网络舆情危机出现时便有章可循、对症下药。应对网络舆情危机时要及时与舆论危机涉及的政府相关部门取得联系、保持沟通,建立和运用舆情信息共享机制,对于存在争议的处置方式要共同商议、分享经验、联合布控。

第三节 网络舆论的引导

一、网络舆论引导的作用

互联网影响人们的思维方式和价值观念,影响人们对国家、社会、工作和人生的看法。同时,互联网对全社会形成共同理想、共同目标、共同价值观会产生重要影响。"实现'两个一百年'奋斗目标,需要全社会方方面面同心干,需要全国各族人民心往一处想、劲往一处使。"①但是相较于现实社会的舆论,网络舆论的极端性、情绪性、突发性、混杂性、难控性也对如何有效地引导网络舆论提出了挑战。网络舆论的极端性会使得非理性情绪经过网络的互动、放大而走向"群体极化",导致社会的不稳定;网络舆论的情绪性使得网民做判断、下结论容易缺少理性的判断;网络舆论的突发性会使得网络中少见、难见、反常的事件迅速吸引网民眼球,从而引发舆论风波;网络舆论的混杂性使得网民容易受到反主流、反传统、反权威的言论的影响;网络舆论的难控性使得网络信息的有效阻截与引导变得愈加困难。因此,正确引导网络舆论不仅可以有效规避网络舆论的负面作用,而且能够最大程度发挥互联网的积极作用。具体来说,引导网络舆论具有以下三个方面的作用。

一是有利于中国特色社会主义事业的顺利推进。重视党的新闻舆论工作,是我们党

---

① 《习近平谈治国理政》第2卷,外文出版社2017年版,第335页。

的优良传统和重要法宝。习近平用五个"事关"来阐明党的新闻舆论工作的极端重要性。"做好党的新闻舆论工作,事关旗帜和道路,事关贯彻落实党的理论和路线方针政策,事关顺利推进党和国家各项事业,事关全党全国各族人民凝聚力和向心力,事关党和国家前途命运。"①这说明党的新闻舆论工作是党的一项重要工作,是治国理政、定国安邦的大事。坚持以正确的舆论引导人,全面营造有利于坚持中国共产党领导和我国社会主义制度、有利于推动改革发展、有利于增进全国各族人民团结、有利于维护社会和谐稳定的舆论环境,对于我国推进"五位一体"总体布局和"四个全面"战略布局,实现"两个一百年"奋斗目标,实现中华民族伟大复兴的中国梦至关重要。

截至2022年12月,我国已有10亿多网民,是世界网络大国,很多网民称自己为"草根",网络就是连接"草根"的一个重要渠道。网络舆论尽管不代表所有民意,却是老百姓反映民意和领导干部了解民意的一个重要来源。习近平指出,"各级党政机关和领导干部要学会通过网络走群众路线,经常上网看看,潜潜水、聊聊天、发发声,了解群众所思所愿,收集好想法好建议,积极回应网民关切、解疑释惑"②。群众在哪里,领导干部就要到哪里去,群众工作就要做到哪里,这是贯彻党的群众路线的基本要求。他还指出,领导干部应该以宽容和包容的心态对待网络舆论,要网上网下采取多种方式方法积极引导网络舆论。对广大网民,"要多一些包容和耐心,对建设性意见要及时吸纳,对困难要及时帮助,对不了解情况的要及时宣介,对模糊认识要及时廓清,对怨气怨言要及时化解,对错误看法要及时引导和纠正",让互联网成为"了解群众、贴近群众、为群众排忧解难的新途径,成为发扬人民民主、接受人民监督的新渠道"。③

二是有利于维护社会主义意识形态的安全。"网络安全和信息化是事关国家安全和国家发展、事关广大人民群众工作生活的重大战略问题"④。在互联网时代,整个舆论生态都在发生深刻变化。凝神聚气,培育和践行社会主义核心价值观,更需要一个风清气正的舆论场。美国等西方国家多年来一直对中国进行和平演变,在东欧剧变、苏联解体之后,中国成为某些西方国家和平演变的头号目标。和平演变以贷款、贸易、文化等各种手段诱压社会主义国家,其重点是以资产阶级意识形态为重心的思想渗透。2018年4月,习近平在全国网络安全和信息化工作会议上的讲话中强调,"某些西方国家利用互联网加紧对我国进行渗透、颠覆、破坏,网络意识形态斗争形势严峻复杂,各类社会风险向网络空间传导趋势明显"⑤。"互联网日益成为意识形态斗争的主阵地、主战场、最前沿。能不能

---

① 《习近平谈治国理政》第2卷,外文出版社2017年版,第331—332页。
② 《习近平谈治国理政》第2卷,外文出版社2017年版,第336页。
③ 《习近平谈治国理政》第2卷,外文出版社2017年版,第336页。
④ 《习近平谈治国理政》第1卷,外文出版社2018年版,第197页。
⑤ 中共中央党史和文献研究院编:《习近平关于网络强国论述摘编》,中央文献出版社2021年版,第42页。

牢牢掌握意识形态工作领导权,关键要看能不能占领网上阵地,能不能赢得网上主导权。"①近年来,西方的所谓宪政民主、"普世价值"、新自由主义等各种非马克思主义和反马克思主义的错误思潮在网络上相互激荡,我国社会意识的多样、多变特征在网络上表现得尤其明显。美国未来学家阿尔文·托夫勒指出,"未来世界的魔方将控制在拥有信息强权人的手里,他们会使用手中掌握的网络控制权、信息发布权,利用英语这种强大的文化语言优势,达到暴力、金钱无法征服的目的"。② 托夫勒强调信息的作用,给我们以启示和借鉴。而一些国家的教训也给我们以深刻的警示。2009 年伊朗发生政治危机(西方媒体称之为"绿色革命"),内贾德当选总统,西方国家利用西方主流媒体 CNN、BBC 和网络自媒体 Twitter 和 YouTube 制造国际舆论。然而在 Twitter 短信中,大约有 48 万用户参与伊朗大选讨论,10% 的用户所发短信占总量的 65.5%,每 4 条短信中有 1 条是重复其他人的短信,59.3% 的用户只发过一次短信,只占短信总量的 14.1%。③ 由此可见,这 10% 的用户借助互联网成为了本次政治运动的意见领袖。在伊朗政治运动期间,美国 Twitter 公司曾表示需要进行系统维护,要短暂关闭服务器。而据法国媒体报道,美国政府要求 Twitter 公司延迟维护,并称这会中断伊朗反对派的使用。历史和现实都证明,新闻舆论阵地没有真空,正确的思想舆论不去占领,必然被各种错误的思想舆论占领。各种非马克思主义与反马克思主义的思潮与马克思主义争夺话语权,会造成人们信息选择、政治立场和价值取向的多样和迷茫,导致部分人的世界观、人生观、价值观发生扭曲和错位,党和人民如果不能掌握新闻舆论阵地,就可能犯颠覆性错误。

三是有利于培育积极健康、向上向善的有中国特色的网络文化。何谓网络文化,有观点认为,网络文化是全球同步的文化,是全民参与的文化,是个性十足的"客"文化,是集大成文化,是强势文化,是新人类文化。④ 网络文化涵盖广泛,包括网络新闻、网络语言、网络游戏、网络文学、网络视频文化、网络资源共享、网上广告、网上交易等。加强网络文化建设和管理的重要性、紧迫性已经越来越成为全社会的共识。胡锦涛在中央政治局集体学习时强调,加强网络文化建设和管理,充分发挥互联网在我国社会主义文化建设中的重要作用,有利于提高全民族的思想道德素质和科学文化素质,有利于扩大宣传思想工作的阵地,有利于扩大社会主义精神文明的辐射力和感染力,有利于增强我国的软实力。⑤ 习近平指出,"互联网是传播人类优秀文化、弘扬正能量的重要载体","我们愿同各国一道,发挥互联网传播平台优势,让各国人民了解中华优秀文化,让中国人民了解各国优秀

---

① 中共中央党史和文献研究院编:《习近平关于网络强国论述摘编》,中央文献出版社 2021 年版,第 55 页。
② [美]阿尔文·托夫勒著:《权力的转移》,吴迎春等译,中信出版社 2006 年版,第 23 页。
③ 任孟山、朱振明:《试论伊朗"Twitter 革命"中社会媒体的政治传播功能》,《国际新闻界》2009 年第 9 期。
④ 尹韵公:《论网络文化》,《新闻与写作》2007 年第 5 期。
⑤ 《胡锦涛在中共中央政治局第三十八次集体学习时强调:以创新的精神加强网络文化建设和管理 满足人民日益增长的精神文化需要》,《人民日报》2007 年 1 月 26 日。

文化,共同推动网络文化繁荣发展,丰富人们精神世界,促进人类文明进步"。①

我国网络文化的发展面临两大问题。第一是由于我国网络技术同西方发达国家的差距,造成了西方发达国家在网络上的强势地位,我国网络文化面临被西方发达国家侵蚀的危险。第二是网络传播存在的不良倾向给网民造成了不良影响。网络传播内容良莠不齐、网络道德意识和道德规范缺失、网络行业主体道德意识淡漠等使网络文化的发展出现了诸多问题。网络技术是网络快速发展的基础。近年来,党和国家非常重视网络技术的发展,鼓励网络技术的创新,希望通过抢占网络技术的制高点在网络信息与安全、网络文化与经济等方面拥有更多的主动权。第十二届全国人民代表大会常务委员会第二十四次会议于 2016 年 11 月 7 日通过的《中华人民共和国网络安全法》中就明确提出国家"鼓励网络技术创新和应用"、积极开展"网络技术研发和标准制定"、"保护网络技术知识产权"等。加强对网络舆论的引导不仅有利于规避网络传播和网络文化中的负面影响,而且能够宣传社会正能量、大力培育社会主义主流文化。加强主流媒体的融媒体建设,增强其网络舆论引导能力,壮大主流声音,能够有效弥合官方舆论场与民间舆论场、传统舆论场与新兴舆论场的割裂状态,让社会主义主流文化成为网络中的强势文化和主旋律。加强网络舆论的引导不仅有利于辟除网络谣言、网络暴力等网络舆论传播中的混乱现象,而且有利于澄清网络非主流文化引发的人们思想上的混乱和价值观的模糊。习近平在网络安全和信息化工作座谈会上也指出,要本着对社会负责、对人民负责的态度,"加强网络内容建设,做强网上正面宣传,培育积极健康、向上向善的网络文化,用社会主义核心价值观和人类优秀文明成果滋养人心、滋养社会,做到正能量充沛、主旋律高昂,为广大网民特别是青少年营造一个风清气正的网络空间"②。

二、网络舆论引导的原则

(一) 党的领导原则

中国共产党的领导是中国特色社会主义最本质的特征。坚持党的领导,是全面深化改革这一当代中国最广泛、最深刻社会变革取得成功的根本保证。党的十八届三中全会后,党中央相继成立了国家安全委员会与中央网络安全和信息化领导小组,为健全网络强国战略的顶层设计提供了组织保证。习近平担任中央网络安全和信息化领导小组组长,显示了党和国家保障网络安全、维护国家利益、推动信息化发展的决心。无论时代如何发展、媒体格局如何变化,党管媒体的原则和制度不能改变。拥有 10 亿多网民的中国开始由"网络大国"加速向"网络强国"挺进,党的领导为构建中国互联网"新生态"提供了最强有力的保障。

---

① 《习近平谈治国理政》第 2 卷,外文出版社 2017 年版,第 534—535 页。
② 《习近平谈治国理政》第 2 卷,外文出版社 2017 年版,第 337 页。

建立健全有利于坚持正确舆论导向的体制机制,成为深化文化体制改革的必然任务。党的十八大以来,习近平先后到解放军报社、人民日报社、新华社、中央电视台等主要新闻媒体做调研。2014年,中央深改领导小组第二次会议审议并通过了《深化文化体制改革实施方案》。这是中央深改领导小组审议通过的第一个专项小组改革方案。整个方案的鲜明特点是强调文化体制改革,不管怎么改,社会主义的方向不能变,建立健全把社会效益放在首位、确保"两个效益"相统一的体制机制,建立健全在互联网时代坚持正确舆论导向的体制机制。为推动媒体融合发展,2014年,中办、国办印发《关于推动传统媒体和新兴媒体融合发展的指导意见》,在党的领导下,中央和地方各主要媒体积极主动地投身于这场重大而深刻的媒体变革,一批新型主流媒体已经兴起,一批符合网络传播规律、深受广大人民群众喜爱的网络节目正在播出。2015年9月,中办、国办印发《关于推动国有文化企业把社会效益放在首位、实现社会效益和经济效益相统一的指导意见》,这是文化体制改革中一个里程碑式的文件,将文化改革进一步推向纵深。该文件强调,对于文化改革,经济效益要服从社会效益,市场价值要服从社会价值。第一次明确提出了国有文化企业"两效统一"的根本原则和管理要求,确立了进一步深化改革的发展方向和基本制度保障,突出了市场经济条件下"文化例外"的特殊要求,明确了文化企业务必弘扬和践行社会主义核心价值观,不能做市场的奴隶,不能被市场牵着鼻子走。

2016年2月19日,习近平主持召开党的新闻舆论工作座谈会并发表重要讲话。在党的历史上,这是首次针对新闻舆论工作者召开的座谈会,为新形势下做好党的新闻舆论工作明确要求、提出遵循。习近平以"高举旗帜、引领导向,围绕中心、服务大局,团结人民、鼓舞士气,成风化人、凝心聚力,澄清谬误、明辨是非,联接中外、沟通世界",全面概括了在新的时代条件下,党的新闻舆论工作的职责和使命。他强调,党的新闻舆论工作是党的一项重要工作,是治国理政、定国安邦的大事。要适应国内外形势发展,从党的工作全局出发把握定位,坚持党的领导,坚持正确政治方向,坚持以人民为中心的工作导向。要深入开展马克思主义新闻观教育,引导广大新闻舆论工作者做党的政策主张的传播者、时代风云的记录者、社会进步的推动者、公平正义的守望者。"文者,贯道之器也。"任何新闻报道都有导向,报道什么、不报道什么、怎么报道,都包含着立场、观点、态度。党的新闻舆论工作要以传达正确的立场、观点、态度为己任,引导人们分清对错、好坏、善恶、美丑,激发人们向上向善的精神力量。党报党刊、电台电视台要讲舆论导向,都市类报刊、新媒体也要讲舆论导向;新闻报道要讲舆论导向,副刊、专题节目、广告宣传也要讲舆论导向;时政新闻要讲舆论导向,娱乐类、社会类新闻也要讲舆论导向;国内新闻报道要讲舆论导向,国际新闻报道也要讲舆论导向,新闻舆论工作各个方面、各个环节都要自觉坚持正确舆论导向。

2017年5月发布的《互联网新闻信息服务管理规定》将互联网站、应用程序、论坛、博客、微博、公众账号、即时通信工具、网络直播等各类新媒体向社会公众提供的互联网新闻信息纳入互联网信息管理范畴,进一步加强了对网络新媒体的规范与管理。

2019年6月印发的《中国共产党宣传工作条例》规定,要加强党对宣传工作的全面领导,坚持党管宣传、党管意识形态、党管媒体。习近平强调:"必须旗帜鲜明、毫不动摇坚持党管互联网,加强党中央对网信工作的集中统一领导,确保网信事业始终沿着正确方向前进。"①党管媒体具体是指要"把各级各类媒体都置于党的领导之下"②。习近平在党的二十大报告中指出,"党的领导是全面的、系统的、整体的,必须全面、系统、整体加以落实",必须"坚决维护党中央权威和集中统一领导,把党的领导落实到党和国家事业各领域各方面各环节"。③

(二)依法治理原则

互联网迅猛发展在给国家和人民生产生活带来巨大便利的同时,也出现了一系列问题,比如网络攻击、网络暴力、网络恐怖、网络监听、色情信息、造谣诽谤等。如何更好地加强和完善互联网治理是各国都面临的重要挑战。世界各国对网络舆论的治理多是通过法律法规的手段对网络舆论依法进行监测和管控,近年来我国网络立法水平有明显提升。目前国际上常见的对网络舆论的监管主要有两种做法:第一种是把网络作为一种电子媒介归属于传统广播电视的管理之列,即关于网络舆论的监测和管控的规则多规定于传统的广播电视管理法律法规之中,如美国、法国、澳大利亚、新加坡等国。第二种是在其他的网络立法中规定网络舆论的监测和管控的相关内容,如韩国在1995年颁布的《电子传播商务法》中规定了有关网络舆论的监测与管控的内容,由韩国的信息传播伦理部门对"引起国家主权丧失"或"有害信息"等网络舆论内容进行审查。为进一步完善网络舆论监测和管控的法律,我们不一定要制定一部单独的"网络舆论监督管理法"之类的法律,但应在相关的网络立法中对网络舆论监测与管控的相关程序、核心监管部门、处罚措施等作出明确规定。

党的二十大报告指出,全面依法治国"关系党执政兴国,关系人民幸福安康,关系党和国家长治久安"④。习近平强调:"要把依法治网作为基础性手段,继续加快制定完善互联网领域法律法规,推动依法管网、依法办网、依法上网,确保互联网在法治轨道上健康运行。"⑤2013年8月,国家互联网信息办公室举办了网络名人社会责任论坛,论坛就共守网络的"七条底线"达成了共识,即法律法规底线、社会主义制度底线、国家利益底线、公民合法权益底线、社会公共秩序底线、道德风尚底线、信息真实性底线。2013年9月,最高

---

① 中共中央党史和文献研究院编:《习近平关于网络强国论述摘编》,中央文献出版社2021年版,第156页。
② 中共中央党史和文献研究院编:《习近平关于网络强国论述摘编》,中央文献出版社2021年版,第3页。
③ 习近平:《高举中国特色社会主义伟大旗帜　为全面建设社会主义现代化国家而团结奋斗——在中国共产党第二十次全国代表大会上的报告》,人民出版社2022年版,第26页。
④ 习近平:《高举中国特色社会主义伟大旗帜　为全面建设社会主义现代化国家而团结奋斗——在中国共产党第二十次全国代表大会上的报告》,人民出版社2022年版,第40页。
⑤ 中共中央党史和文献研究院编:《习近平关于网络强国论述摘编》,中央文献出版社2021年版,第45页。

人民法院、最高人民检察院发布了《关于利用信息网络实施诽谤等刑事案件适用法律若干问题的解释》，之后最高人民法院发布了《关于审理编造、故意传播虚假恐怖信息刑事案件适用法律若干问题的解释》等司法解释，为网络空间治理提供法律支持。2014年11月，新华网、人民网、新浪网、搜狐网、网易网、腾讯网等29家网站签署的《跟帖评论自律管理承诺书》则将网站服务自律与用户的使用自律有机结合起来。

第十二届全国人民代表大会常务委员会第二十四次会议于2016年11月7日通过了《中华人民共和国网络安全法》（以下简称《网络安全法》），该法自2017年6月1日起施行。这是我国第一部全面规范网络空间安全管理方面问题的基础性法律，是依法治网、化解网络风险的法律重器，改变了以往我国对网络舆论的管理多头立法、重复交叉、效力较低、盲点较多的现状。《网络安全法》将现行有效的网络安全监管体制法制化，明确了网信部门与其他相关网络监管部门的职责分工。《网络安全法》第8条规定，国家网信部门负责统筹协调网络安全工作和相关监督管理工作，国务院电信主管部门、公安部门和其他有关机关依法在各自职责范围内负责网络安全保护和监督管理工作。这种"1+X"的监管体制，符合当前互联网与现实社会全面融合的特点和我国监管需要。《网络安全法》将原来散见于各种法律、规章中的规定上升到专门法律层面，对网络运营者等主体的法律义务和责任做了全面规定，包括守法义务，遵守社会公德、商业道德义务，诚实信用义务，网络安全保护义务，接受监督义务，承担社会责任等，并在"网络运行安全""网络信息安全""监测预警与应急处置"等章节中进一步明确、细化。在"法律责任"一章中则提高了违法行为的处罚标准，加大了处罚力度，有利于保障《网络安全法》的实施。《网络安全法》第五章将监测预警与应急处置工作制度化、法制化，明确国家建立网络安全监测预警和信息通报制度，国家网信部门协调有关部门建立健全网络安全风险评估和应急工作机制，制定网络安全事件应急预案并定期演练。这为建立统一高效的网络安全风险报告机制、情报共享机制、研判处置机制提供了法律依据，为深化网络安全防护体系，实现全天候全方位感知网络安全态势提供了法律保障。2020年3月开始实行的《网络信息内容生态治理规定》以网络信息内容为主要治理对象，以建立健全网络综合治理体系、营造清朗网络空间、建设良好网络生态为目标，对网络信息内容生产者、网络信息内容服务平台、网络信息内容服务使用者、网络行业组织、监督管理等方面制定了详细规定，以便在网络空间开展弘扬正能量、处置违法和不良信息等相关活动。

（三）遵循网络舆论传播规律的原则

不了解以往舆论从发展到平息的过程，就很难对正在形成中的舆情进行预测；不了解以往舆论的处理效果，就很难提高下一次应对类似舆论的能力。网络舆情的科学分期对于提高网络舆论的研判和引导的科学性至关重要。一般网络舆情可以分为舆情发生期、舆情发酵期、舆情发展期、舆情高涨期、舆情回落期五个阶段。舆情发生期是指舆情相关热点事件发生的时期，这一时期的舆论研判工作需要准确把握事件真相和相关的真实细节,这是舆论分析和研判最重要的基础性工作,是下一步舆情分期和研判的基础。舆情发酵期常与舆情发生期相连,二者在时间上间隔短暂。舆情发酵期开始有媒体介入报道,与网络舆情形成呼应,相关部门开始感受到网络舆情的压力。如果相关部门在舆情发酵期不能掌握话语主动权,网络舆论的失控就在所难免。舆情发展期的明显特点是,舆情发酵期形成的舆论惯性会持续一段时间,此时即使积极应对,负面情绪仍将保持一段迅速上升的趋势,但是舆情应对者谦虚谨慎的诚恳态度也将发挥巨大的作用。在多数舆情案例中,如果舆情应对得当,舆情高涨期一般会很快向舆情回落期过渡。但需要注意的是,在舆情高涨期除了舆情应对失当容易引起舆情反弹之外,也要谨防舆情被国内外不同背景的推手所利用。舆情回落期的到来,一般是在党政相关部门采取了有效应对措施之后出现的明显转折,此时应进行公信力修复以及一系列的善后工作,防止舆情反弹。

　　了解并把握网络传播规律才能使得网络舆论引导工作做到有的放矢。一方面,"议程设置"效应的变化。网络"议程设置"的基础作用机制包括议题的形成、信息与意见的传播、议题的融合三个环节,能够对传统媒体议题起到放大、削弱或重构的作用。与传统媒体的"议程设置"相比,网络"议程设置"具有主体多元化与受众地位上升等特点,媒体和网民成为最主要的"议程设置"主体,受众在议题形成、信息与意见传播过程中扮演着越来越重要的角色。另一方面,"沉默的螺旋"效应的变化。网络中"沉默的螺旋"的形成机制是局部优势意见的形成并扩散成网络总体意见气候。在网络的大众传播空间中,由于发言具有匿名性,人们之间的关系是随机的、不稳定的,个体对这类空间的依赖程度不高,当发现自己与他人的意见不一致时,人们会通过转换空间逃离让自己感到认知失调的环境,因此在这类空间中从众心理发生的概率较小,"沉默的螺旋"效应也大大减弱。但是在关系密切、归属感强的网络社区中,人们为了维护已经形成的社区关系和自身利益,会表现出很强的从众心理,进而产生"沉默的螺旋"效应。① 所以,网络信息传播容易失焦、网络意见表达容易分散。因此,在网络时代形成强有力的主流意见,必须要充分发挥主流媒体的引领作用,全面发挥各类网络新媒体的矩阵传播作用,广泛发挥网民在正向"议程设置"和规避"沉默的螺旋"方面的重要作用,对于事实真相要先发制人、敢于亮剑,大力弘扬主流价值、鞭挞错误观念。

三、网络舆论引导的策略

(一)加强网络主流舆论建设

　　加强网络主流舆论建设,提高主流媒体的网络传播力、影响力和引导力,是顺应舆论生态和媒体格局深刻变革趋势的内在要求,更是筑牢社会主义主流意识形态阵地的重要

---

① 彭兰:《网络传播概论》第4版,中国人民大学出版社2017年版,第306—315页。

举措。中国共产党始终高度重视党的新闻舆论工作,将党的新闻舆论工作作为汇聚人心、凝聚共识的重要法宝。党的十八大以来,以习近平同志为核心的党中央立足世情国情党情深刻变化的战略全局,高度重视网络舆论阵地建设并提出了一系列新观点新论断新要求,为加强网络主流舆论建设提供了根本遵循。

1. 坚持正面宣传为主,增强网络主流舆论的引领力

"团结稳定鼓劲、正面宣传为主"[①]是党的新闻舆论工作的必须遵循的基本方针。当前,我国已进入改革攻坚期、产业转型期,社会矛盾凸显。社会焦虑情绪不断蔓延至网络空间,形成了一些质疑、否定甚至反对我国社会主义制度和主流意识形态的舆论话语,对社会主义意识形态在网络空间中的主导地位造成一定冲击。基于此,"做强网上正面宣传,培育积极健康、向上向善的网络文化,用社会主义核心价值观和人类优秀文明成果滋养人心、滋养社会"[②],成为新时代网络意识形态工作的重要任务。加强网络正面宣传,主要从以下方面着手:一是提升政治站位,把准舆论引导的政治方向。在网络主题设置与内容创作中,应始终旗帜鲜明地讲政治,树立大局意识、胸怀"国之大者",坚持以社会主义主流意识形态汇聚民心、凝聚共识。近年来,中央网信办主办"网上重大主题宣传和重大议题设置"宣传活动,牢牢把握习近平新时代中国特色社会主义思想网上宣传这个首要政治任务,做强网上正面宣传,营造强大网络传播声势。二是构建主流新媒体宣传矩阵,以技术赋能释放网上正面宣传效能。主流媒体积极顺应分众化、可视化、互动化的网络传播趋势,借助微博、微信公众号、短视频等传播平台打造新媒体宣传矩阵,推出一批网上重点栏目、精品报道以及更多贴近网民需求的"爆款""破圈"产品,实现价值引领与作品魅力同频共振。三是坚持人民至上,及时回应网民关切的主要矛盾。做好网上正面宣传,应主动关注并及时回应网民关切的生活问题与思想困惑,增强网民对主流舆论的认同感,巩固全党全国人民团结奋斗的共同思想基础。

2. 加强全媒体传播体系建设,提升网络主流舆论的影响力

推动媒体融合发展,是以习近平同志为核心的党中央巩固宣传思想文化阵地,壮大主流思想舆论的重大战略部署。2014年8月,习近平主持召开中央全面深化改革领导小组会议,部署推进传统媒体和新兴媒体融合发展。中办、国办印发《关于推动传统媒体和新兴媒体融合发展的指导意见》。一批新型主流媒体迅速兴起,为壮大主流舆论赢得了战略主动。2016年,习近平在党的新闻舆论工作座谈会上明确指出,"要适应分众化、差异化传播趋势,加快构建舆论引导新格局"[③]。此后,中央电视台的"中国国际电视台"落地,人民日报社"中央厨房"推出,新华社全媒报道平台上线。其中,央视新闻移动网微视频《初

---

① 《习近平谈治国理政》第2卷,外文出版社2017年版,第333页。
② 《习近平谈治国理政》第2卷,外文出版社2017年版,第337页。
③ 《习近平谈治国理政》第2卷,外文出版社2017年版,第333页。

心》,讲述了习近平一路走来坚守不变的初心,生动刻画了习近平浓郁的为民情怀和非凡的远见卓识,十天内网络总阅读量达到12.36亿次,创全网时政微视频传播新纪录。2020年9月,中办、国办印发《关于加快推进媒体深度融合发展的意见》,明确了媒体深度融合发展的总体要求。党的二十大报告进一步提出"加强全媒体传播体系建设,塑造主流舆论新格局"[1]的时代要求。加强全媒体传播体系建设,应在有效整合各种媒介资源、生产要素的基础上,打造一批具有强大影响力、竞争力的新型主流媒体,进而提升网络主流舆论的影响力与竞争力,为实现中华民族伟大复兴提供"强大精神力量和舆论支持"[2]。2020年全国两会期间,人民日报全媒体矩阵共推出两会报道近2万篇,全网总传播量超160亿人次,有效延伸了主流思想价值,提升了网络主流舆论的引领力与影响力。

3. 坚持内宣外宣联动,提高网络主流舆论的传播力

大数据、云计算、人工智能等新技术的赋能促使国内外信息传播内容与受众的界限逐渐模糊。面对"全球一张网"的新形势,党的十九届四中全会提出要构建"内宣外宣联动的主流舆论格局"[3],统筹对内传播与对外传播,实现国内国际两个舆论场相互连通、协同发展。在营造良好内宣环境的基础上,提升对外传播的效果,应重点做好以下工作:一是构建中国话语与中国叙事体系。凝练具有鲜明中国特色、彰显中国精神的传播内容,帮助国外民众全面认识"中国共产党为什么能、马克思主义为什么行、中国特色社会主义为什么好"[4]等理论问题,更为鲜明地向其展现中国故事及其内蕴的思想力量与精神力量。二是构建具有鲜明中国特色的战略传播体系。提升网络主流舆论的国际传播能力,"必须加强顶层设计和研究布局,构建具有鲜明中国特色的战略传播体系"[5]。打造具有强大引领力、传播力、影响力的主流舆论国际传播媒体集群,采用贴近不同受众的精准传播方式,向世界各个国家和地区的民众生动形象地讲好中国故事,讲好中国共产党的故事,讲好我们正在经历的新时代故事,增强主流舆论国际传播的亲和力和实效性。三是掌握核心技术,赋能国际化传播平台建设。当前,以5G、云计算等为代表的信息技术推动国际化传播平台发生深刻变革。要着力攻克核心技术,并将其运用于主流舆论国际传播平台建设,提升媒体内容传播效率,形成多渠道、精准化的国际传播格局,持续提升网络主流舆论的传播力。

(二)网络意见领袖的引导与培育

随着网络舆论环境愈益复杂,维护网络空间的话语秩序,营造风清气正的舆论环境,

---

[1] 习近平:《高举中国特色社会主义伟大旗帜 为全面建设社会主义现代化国家而团结奋斗——在中国共产党第二十次全国代表大会上的报告》,人民出版社2022年版,第44页。
[2] 《习近平谈治国理政》第3卷,外文出版社2020年版,第316页。
[3] 《中国共产党第十九届中央委员会第四次全体会议文件汇编》,人民出版社2019年版,第45页。
[4] 《习近平谈治国理政》第4卷,外文出版社2022年版,第317页。
[5] 《习近平谈治国理政》第4卷,外文出版社2022年版,第316页。

迫切需要多方治理、多主体参与。网络意见领袖作为网络信息传播结构中的关键节点,是加强网络舆论宣传、开展网络舆论斗争的重要主体。

网络意见领袖在网络舆论引导方面,拥有主流舆论平台所不具备的独特优势与作用。一是引导方式的软性化。网络意见领袖在引导方式上更讲求受众本位,善于将严肃性、理论性的内容转化为易于接受的、具有现实解释力的话语,其观点更能吸引人们的注意。二是信息整合的及时性。网络意见领袖可依靠自身的信息优势,迅速针对当下舆论信息进行整合,对舆论热点的回应和意见的引导也更迅速及时。三是信息扩散的多层化。网络意见领袖活跃于各种网络自媒体平台,受众群体庞大、涵盖圈层广泛,其多层级扩散特征使其舆论引导颇具影响力。四是影响范围的广泛化。网络意见领袖可通过国内外网络联动,持续扩大舆论的影响力。因此,若充分发挥网络意见领袖的积极作用,引导、发掘并培育思想政治教育网络意见领袖,能够对主流舆论平台形成重要的辅助作用并与其形成合力。

党中央高度重视网络意见领袖在网络舆论引导中的独特作用,并将网络意见领袖的引导与培育作为网络空间治理和意识形态建设的重要策略。习近平在2015年5月召开的中央统战工作会议上强调,要加强和改善新媒体中的代表性人士的工作,并着重强调了包括新媒体从业人员和网络意见领袖在内的网络人士对网络舆论的巨大影响。[①] 发挥好网络意见领袖的舆论引导作用,需要引导与培育双管齐下。一方面,要建立与网络意见领袖的密切联系,引导其提升政治站位、把牢政治方向;另一方面,也要积极培育和建设政治立场坚定、引领正向价值的思想政治教育网络意见领袖队伍。习近平指出,"要把这些人中的代表性人士纳入统战工作视野,建立经常性联系渠道,加强线上互动、线下沟通,引导其政治观点,增进其政治认同","要在这个领域培养一支党外代表人士队伍,让他们在净化网络空间、弘扬主旋律、维护意识形态安全等方面展现正能量"。[②] 2019年11月,中央统战部、中央网信办在北京召开网络人士统战工作会议。会议指出,要"把做好网络人士统战工作作为新时代统一战线一项重要任务,加强对网络人士的思想政治引导,引导他们拥护中国共产党领导、拥护社会主义制度,切实增强'四个意识'、坚定'四个自信'、做到'两个维护'。要加强网络代表人士队伍建设,支持他们在舆论引导等方面发挥积极作用,努力把他们团结在党的周围,为实现中华民族伟大复兴中国梦凝聚智慧和力量"[③]。

(三) 网络社会组织的吸纳与协同

网络社会组织是在互联网发展与普及过程中形成的一种新的社会组织形式,是党在

---

① 《习近平在中央统战工作会议上强调:巩固发展最广泛的爱国统一战线 为实现中国梦提供广泛力量支持》,《人民日报》2015年5月21日。
② 中共中央党史和文献研究院编:《习近平关于网络强国论述摘编》,中央文献出版社2021年版,第65页。
③ 《中央统战部、中央网信办召开网络人士统战工作会议》,《人民日报》2019年11月29日。

网络社会工作领域的重要对象。它是来自社会基层的力量,有着浓重的业界色彩,具有政府赋予的参与公共事务的合法身份,是政府、互联网行业和网民参与网络生态治理的重要平台,因此是网络舆论引导的又一重要主体。吸纳网络社会组织协同参与网络舆情治理,对于加强网络舆论引导工作具有不可替代的作用。

党的十八大以来,党中央多次强调社会组织在网络空间治理与舆论引导中的重要作用。2016年4月19日,习近平在网络安全和信息化工作座谈会上指出:"维护网络安全是全社会共同责任,需要政府、企业、社会组织、广大网民共同参与,共筑网络安全防线。"① 2016年发布的《关于加强网信领域社会组织建设的通知》,2017年印发的《网络社会组织"同心圆"工程实施方案》,都对网络社会组织进行了部署与指导。《方案》指出,要加强网络社会组织建设,"团结一批、凝聚一批、建设一批、影响一批",吸纳各类网络社会组织参与到"同心圆"工程中,激发网络社会组织活力,充分发挥其在网络强国建设中的协同作用。具体包括加强网上正能量传播、参与网络生态综合治理、加强网络文化建设、发展网络公益事业、助推信息化和数字经济发展、参与维护网络安全、加强互联网行业自律、加强网络统战、开展网络空间对外交流合作等内容。

近年来,中国网络社会组织联合会等全国性网络社会组织、以首都互联网协会和上海市网络文化协会为代表的地方性网络社会组织,均积极参与了网上正面宣传、网络舆论斗争、网络行业自律等工作,充分发挥了其在网络舆论引导中的协同作用。

当前,对网络社会组织的吸纳与协同依然是我国网络舆论引导的重要策略。2021年11月,习近平在致首届中国网络文明大会的贺信中再次强调了社会组织在网络生态建设中的积极作用,明确指出社会组织要发挥积极作用,共同推进文明办网、文明用网、文明上网,共建网上美好精神家园。② 只有主流舆论平台、网络意见领袖和网络社会组织等多元主体共同参与,充分发挥各自优势,形成良好的协调联动效应,才能持续提升网络舆论引导的质效,构建风清气正的网络舆论空间。

四、网络舆论引导的经验与误区

(一)网络舆论的引导经验

政府部门要坚持做好日常新闻发布,做到政务信息的透明公开,这样既可以对网络舆论进行有效引导,又可以避免许多网络突发事件。通过日常信息发布引导网络舆论的经验主要有以下几点。

第一,政府要第一时间发声,做突发事件的"第一定义者"。人民网舆情监测室提出了突发事件处置的"黄金4小时"理论,即在事件发生后的4个小时以内如果不做出有效

---

① 中共中央党史和文献研究院编:《习近平关于网络强国论述摘编》,中央文献出版社2021年版,第92页。
② 《习近平谈治国理政》第4卷,外文出版社2022年版,第319页。

措施,相关信息将迅速蔓延到整个网络,引导和控制网络舆论的难度将大大增加,甚至失控。它强调政府的新闻发布要具有及时性,即政府要第一时间发声,第一时间处理问题,做突发事件的"第一定义者"。在舆情发生后的"黄金4小时"里,全面做好舆情发酵期的网络监测,组织专家等相关人员做好舆情研判;弄清事实真相,找准新闻五要素,明确事件问题所在、原因、关键当事人等,分析事件涉及哪些人的利益,会引起哪些人的关注,预见事件可能的发展脉络,并对可能造成的后果进行评估。政府部门要善于在舆情危机中发现机遇,在第一时间争取舆论话语权,不回避、不失语、不妄语,"速报事实,慎报原因",做到在第一时间成为事件的"定义者",防止舆论话语权旁落。如果"躲避"和"被动",不关注网络舆情,身陷舆论的风暴中心却不看、不听、不说,就只能被动挨打。对网络舆情"迟钝"和"拖延",失去舆论引导的先机,只能把小事拖大、大事拖炸。每拖一天,都是对政府公信力的损害。"如果我们不主动宣传、正确引导,别人就可能先声夺人,抢占话语权"①。

第二,熟练运用网络技巧,必要时要主动设置议题,放大主流声音,促进各方意见均衡表达。在舆论的引导方面,要熟练利用网络论坛、微博、网络问政平台、网络发言人制度等主动设置议题,巧妙引导舆论视线,放大正面声音,疏导负面声音,务求对舆论事态进行客观、公正、全面、平衡的分析评论。要及时深入网络社区和网友直接交流,勇于与网络意见领袖和西方媒体抢夺话语权,这一方面可使舆论引导工作开展得更加有效,压缩了各种网络猜测和流言大规模滋生的空间;另一方面还树立了密切联系网民群众的负责任形象,拉近了和网民的心理距离,减少了对立情绪,减轻了舆论危机应对的压力。有些地方仍将封、堵、删作为应对网络舆论的首要手段,但负面信息是删不完的,我们不能只知道"拉闸",却不知拉一次闸,就会多遭一次恨,多堵一道墙,就多一道和群众之间的隔阂。习近平强调,"各级领导干部要学网、懂网、用网","不断提高对互联网规律的把握能力、对网络舆论的引导能力,对信息化发展的驾驭能力,对网络安全的保障能力"②,要"建成新型主流媒体,扩大主流价值影响力版图,让党的声音传得更开、传得更广、传得更深入"③。

第三,大量成功的网络舆论应对案例都遵循了"统一领导,分级负责"的原则。"互联网管理是一项政治性极强的工作,讲政治是对网信部门第一位的要求。"④党政相关领导部门应积极响应,统一口径,把事件处置和舆论引导密切结合,协同应对。可考虑运用第三方权威媒体和舆情咨询机构,缓解媒体和网民的对立情绪,突发性事件要多报道事件处置进展,抢抓时效,非突发事件应对要把握好时机和节奏。在舆论事件中,应该根据事件

---

① 中共中央党史和文献研究院编:《习近平关于网络强国论述摘编》,中央文献出版社2021年版,第49页。
② 中共中央党史和文献研究院编:《习近平关于网络强国论述摘编》,中央文献出版社2021年版,第6页。
③ 中共中央党史和文献研究院编:《习近平关于网络强国论述摘编》,中央文献出版社2021年版,第13页。
④ 中共中央党史和文献研究院编:《习近平关于网络强国论述摘编》,中央文献出版社2021年版,第12页。

的起因、现场情势和危害程度,慎用警力、慎用武器警械、慎用强制措施,既要避免因政府不作为而导致事态恶化,又要防止因强制措施不当而激化矛盾。

第四,以人为本,把人民群众的生命财产安全和利益放在第一位。尽力减少群众损失,积极诚恳地回应群众的利益诉求等是近年来大量舆论事件得到妥善解决的普遍经验。网络舆论引导的目的是维护广大人民的根本利益,维护党和政府的形象。如果是因为少数领导干部的不当执法、贪腐和不作为引起的网络舆论事件,上级部门要勇于批评和纠正下级部门的错误,切不可因为网络舆论引导得力,没有造成严重后果就减轻对相关部门和人员的责任追究。正如习近平所强调的,"网信事业要发展,必须贯彻以人民为中心的发展思想"[①],要坚持走好网上群众路线,坚持从群众中来、到群众中去,"提高通过互联网组织群众、宣传群众、引导群众、服务群众的本领,让互联网成为我们同群众交流沟通的新平台"[②]。不仅如此,相关人员还要掌握走好网上群众路线的方式方法,"经常上网看看,潜潜水、聊聊天、发发声,了解群众所思所愿,收集好想法好建议"[③]。

(二)网络舆论引导的误区

目前在如何正确对待网络舆论的问题上,还有很多传统观念成为有效引导网络舆论的障碍。对待网络舆情或群体性事件,基于维稳的考虑,一些地方在通报有关舆情事件时常用"不明真相人员""不明真相群众"等词句,这些说法值得反思。例如,原贵州省委书记石宗源在就瓮安事件的经验教训回答记者提问时指出,要打破群体性事件是"不明真相的群众在少数坏人的煽动下"发生的公式。我们应在事件发生之前让群众知道"真相",或者在相关舆情酝酿或刚露苗头时,用公布真相的方式平息群众的质疑,把网络群体性事件化解在萌芽状态。此外,一些基层领导干部存在"网络可控"的侥幸心理,认为网络舆论是可以控制甚至是可以操纵的。一些基层领导干部视网络为洪水猛兽,时刻提防并设法控制,对网络舆论相关事件试图关门解决,严防走漏消息。还有一些基层官员对网上的信息置之不理,不理睬舆论监督,不注重倾听民声,对各种传言和质疑不予回应。人民网舆情监测室在"黄金4小时"理论基础上,进一步提出了突发事件的"黄金4小时媒体"概念。"黄金4小时媒体"主要指能产生快速舆论传播的网络媒体,以微博、QQ群、人气高的BBS论坛等为代表,主要指的是民间舆论场这一部分。

虽然多数基层部门都建立了网络发言人制度,配备了专门的舆情监测员,但是具体使用的应对网络舆论的手段还有待提高。对负面帖子和新闻,"公关"网站负责人或论坛版主彻底删除帖子或者将负面信息在搜索引擎的搜索排名中下榜,一旦被别人发现就会成为被围观和声讨的对象;对突发网络舆情事件组织网络评论员一哄而上发帖,追求数量的

[①] 中共中央党史和文献研究院编:《习近平关于网络强国论述摘编》,中央文献出版社2021年版,第18页。
[②] 中共中央党史和文献研究院编:《习近平关于网络强国论述摘编》,中央文献出版社2021年版,第12页。
[③] 中共中央党史和文献研究院编:《习近平关于网络强国论述摘编》,中央文献出版社2021年版,第4页。

优势,然而虚拟网络世界是以思想观点的理性和深刻而取胜的世界,效果往往会适得其反;过早使用警力介入网络舆论相当于过早地关闭了官民对话的渠道,很容易引起民意的更大反弹,造成民众的紧张和对政府的不信任。习近平指出:"对网上那些出于善意的批评,对互联网监督,不论是对党和政府工作提的还是对领导干部个人提的,不论是和风细雨的还是忠言逆耳的,我们不仅要欢迎,而且要认真研究和吸取。"[①]

---

① 中共中央党史和文献研究院编:《习近平关于网络强国论述摘编》,中央文献出版社2021年版,第72页。

第五章　网络思想政治教育的道德与法治建设

网络空间同现实社会一样,既要提倡自由,也要保持秩序。自由是秩序的目的,秩序是自由的保障。而秩序的建立与运行,主要依靠网络道德与法治建设。推进我国网络道德与网络法治建设是一项复杂的系统工程,网络思想政治教育在这一系统工程中具有重要地位,承载着对网民进行网络道德教育与网络法治教育的功能。因而,网络思想政治教育应将网络道德教育与网络法治教育作为重要内容,加强理论研究与实践探索。

第一节　网络道德与法治建设的重要性与必要性

互联网的发明与普及深刻地变革了人们的生存方式,仅从生存场域的变化来看,人们同时拥有了两个生存世界,即传统现实空间与数字化虚拟空间。两个空间有着诸多差异,但又相互交织、紧密联系,呈现高度融合的态势。不管它们有多大差异,可以肯定的是,它们都是人生存生活之所,为人们的生产生活服务。既然是人的生存生活之所,那就必须有秩序要求,而要满足秩序要求,就必然要加强规范建设,即加强道德与法治建设。就网络空间秩序要求而言,则主要是加强网络道德与法治建设。

一、网络道德与法治是网络正常运行的保证

(一)网络道德为网络正常运行提供自律基础

1. 网络道德规范网民个体行为

网络空间中网民个体行为较之现实空间中行为最大的不同在于,数字化生存的网民可以"身体缺场""身份缺场",这就导致现实空间中与人的身份相统一的社会规范在网络空间中逐渐丧失了约束力,进而导致人的行为失范。诚如迈克尔·海姆所说:"活脱脱的非象征性的脸才是责任的源泉,才是人与人之间直接温暖的联系。不直接在物理空间中与其他人见面,我们的伦常也就松懈了……没有人脸的直接经验,伦常的知觉便缩减了,而粗鲁却进来了。"[①]针对网民在网络空间中由"身体缺场""身份缺场"带来的系列失范状态,重新确立新的适应网络空间网民行为新特征的道德规范是解决问题的根本。为此,需要加大研究力度,及时出台并不断更新网络道德规范,通过有效的网络道德建设给网民行

---

① [美]迈克尔·海姆:《从界面到网络空间:虚拟实在的形而上学》,金吾伦、刘钢译,上海科技教育出版社2000年版,第105页。

为戴上"紧箍咒",切实完善网络空间的道德规约。

2. 网络道德教化引导网民守则向善

网络道德不仅具有规范网民行为的功能,而且具有教化与引导功能。网络道德作为网络空间中人与人之间相处的德性要求,是在准确把握人的网络行为特点基础上提炼出来的,是对人们进入网络空间后在人际交往中存在的道德问题的回应,所以网络道德建设本身是一种创造性的活动,而新的网络道德体系一旦建立,就能够适应网络空间中人们的行为特点并且回应网络空间中存在的道德问题。正是因为如此,网络道德就具备了教化与引导人们守则向善的功能,而且这样的教化引导是以培育网民的行为自觉为目的的,是诉诸网民自律的。高度的网民自律就如曼纽尔·卡斯特描述的那样,人人都自觉负责,"'我们'依然只能是我们,所有人,你和我。由我们承担起各自的责任来建造新型网络社会,要告诉全人类,意识到自己的责任,要对我们的事业充满信心。事实上,我们的社会要想管理和引导好这个空前的科技创造,只有靠你和我和其他所有人为我们所做的负起责任,我们要感到我们身边所发生的都与我们的责任有关"①。

3. 网络道德修复网络生态、滋养网络空间

习近平强调:"要加强网络伦理、网络文明建设,发挥道德教化引导作用,用人类文明优秀成果滋养网络空间、修复网络生态。"②这对网络道德建设提出了要求,指明了方向。长期以来,网络空间中的道德失范现象普遍存在,网络欺诈、网络诽谤、网络造假、网络侵犯、网络造谣、网络色情等问题层出不穷,极大地扰乱了网络空间的和谐有序,破坏了理想的网络生态。而网络生态一旦被破坏,一系列网络问题就将接踵而来。有观点认为,网络社会问题主要有两方面行为倾向:一方面是指网民个人的无计划、无目的,即自在性支配,在毫无限制或网络道德失控时的出格;另一方面是指带着强烈的目的而对网络和现实社区采取的有计划的自觉的侵害行为,即网络犯罪。③ 具体表现包括网络病毒、网络黑客、网络色情等。这些问题的存在都是网络生态被破坏的表征。对此,我们应当加大网络道德建设力度,用道德的力量修复网络生态,维护网络空间的和谐有序。

(二) 网络法治为网络正常运行提供他律保障

1. 网络法治强化网民底线意识

网络法治的他律作用首先表现在它明确了网络空间中人的行为边界,它用明文规定的方式告诉网民底线在哪里,而且强调底线是不容触碰的。在我国互联网发展的初期,网络法治建设存在明显滞后的倾向,导致网络空间中人的行为边界并没有被规定或说明,立法的不足让有的人以为网络空间就是"自由之地""法外之地",进而催生了不少在网络空

---

① [美]曼纽尔·卡斯特:《网络星河——对互联网、商业和社会的反思》,郑波、武炜译,社会科学文献出版社 2007 年版,第 298 页。
② 习近平:《在第二届世界互联网大会开幕式上的讲话》,《人民日报》2015 年 12 月 17 日。
③ 郭玉锦、王欢:《网络社会学》,中国人民大学出版社 2006 年版,第 335 页。

间中"为所欲为""恶意侵犯"的违法乱纪现象。后来随着互联网的深入发展,它对人们生产生活的影响日益深刻,网络空间中的违法乱纪行为严重扰乱了社会秩序,越来越多的人深受其害。于是,加强网络法治建设,提升网络空间治理水平的呼声日益高涨,我国的网络法治建设也进入新的发展阶段。随着网络法治的进展,"网络不是法外之地"的观念日益深入人心,越来越多的法律法规也日益明晰地划定了人们网络行为的边界,从而强化了人们在网络空间中的底线意识、守法意识。

2. 网络法治惩治网络违法犯罪行为

网络法治不仅在思想层面明确告知人们底线在哪里,而且还在行动层面用国家强制力严惩突破底线的网络违法犯罪行为。网络违法犯罪存在传统型与非传统型的区分,前者如贩卖色情图片、以网络招揽嫖客、贩售黑枪军火、教人制作炸弹、在网络上下赌注、以电子邮件发出恐吓信函或散发黑函等。后者为网络新兴犯罪现象,如电子信件炸弹、封包诈骗、硬盘空间遭占用、运算资源遭窃用、机密资料遭篡改或被窃、联机被监控、电子邮件遭截取、服务器遭破坏、网页遭篡改或破坏、账户被冒用、存款被盗领、信用卡遭盗用等。① 网络空间的违法犯罪行为是形式多样、异常复杂的,有些在法律中有明文规定,而有的则处在灰色地带,法律法规并未作出明确规定。但不管怎样,网络违法犯罪行为都应该得到严惩,网络法治也是通过有效惩治犯罪而实现其他律效应的。

3. 网络法治保护网民合法权益

网络法治不仅"惩恶",而且"扬善",即网络法治会对网民合法、正当的权益给予有力的保护,这是网络法治具备"公信力""合法性"的题中之义。网络法治对网民合法权益的保护突出表现在当网民的合法权益受到侵害时,可以诉诸法律的手段,通过法律的武器惩治侵犯行为,保障自身合法权益的实现。当然,网络法治还告诉人们,在网络空间中网民的合法权益到底有哪些,进而帮助网民懂得在合法合规的情况下享受权利,行使权利。当前,随着我国网络立法的日益丰富和完善,网络法治能否有效保护网民合法权益的重点事实上逐渐转向网民是否能主动认识网络空间的新法律新规定,能否自觉运用法律来行使自身合法权利和保护自身合法权益。因此,网民自身的网络法治意识的觉醒、懂法用法能力的提升日益成为网络法治工作的重点,网民网络法治思维的培育亟待深入开展。

二、我国的网络道德与法治建设

我国正式接入国际互联网以来,党和国家领导人高度重视网络空间的秩序与和谐发展,并从不同角度对网络道德与法治建设作出重要论述,为我国网络道德与法治建设提供了指导,指明了方向。

---

① 郭玉锦、王欢:《网络社会学》,中国人民大学出版社2005年版,第285页。

（一）我国领导人高度重视网络道德与法治建设

1. 网络道德建设

江泽民从信息网络管理的角度强调要加强网络道德建设。他指出,在信息网络管理工作中"要有促进信息网络从业单位行业自律的规定","要加强规范,依法管理,保障和促进我国信息技术和信息网络健康有序发展"。① 因而,我们发展网络技术以促进生产力的发展和先进文化的发展,不能仅仅关注网络技术本身,还必须加强网络技术的伦理道德建设、信息网络的建设和管理。

胡锦涛强调要营造文明健康的网络环境,要把网络道德治理融入社会主义核心价值体系建设。他指出,要"营造文明健康的网络环境,营造共建共享的精神家园。网络环境状况如何,关系到人们身心健康,特别是关系到青少年健康成长。要净化网络环境,努力营造文明健康、积极向上的网络文化氛围。要大兴网络文明之风,在网上广泛开展社会主义荣辱观宣传教育,倡导文明办网、文明上网,帮助和引导群众加强维护网络环境的责任和义务意识,共建网上精神家园"②。

习近平强调,要加强网络伦理、网络文明建设,发挥道德教化引导作用,用人类文明优秀成果滋养网络空间、修复网络生态。他指出,"网络空间是亿万民众共同的精神家园。网络空间天朗气清、生态良好,符合人民利益。网络空间乌烟瘴气、生态恶化,不符合人民利益"③。他还强调要加强网络文明建设,"网络文明是新形势下社会文明的重要内容,是建设网络强国的重要领域。近年来,我国积极推进互联网内容建设,弘扬新风正气,深化网络生态治理,网络文明建设取得明显成效。要坚持发展和治理相统一、网上和网下相融合,广泛汇聚向上向善力量。各级党委和政府要担当责任,网络平台、社会组织、广大网民等要发挥积极作用,共同推进文明办网、文明用网、文明上网,以时代新风塑造和净化网络空间,共建网上美好精神家园"④。

2. 网络法治建设

江泽民强调,要注意充分运用法律手段,搞好对信息网络的管理工作。信息网络化的发展也给政府管理和社会管理提出了新的问题。比如,网上一些迷信、色情、暴力和其他有害信息的传播,对人民群众尤其青少年的身心健康造成很大危害;网络违法犯罪行为日益突出,网上诈骗等种种违法活动干扰了市场的有序运行;等等。对保证我们国家的信息安全等问题,必须进一步研究和采取切实有效的措施,在加强网络安全保障体系建设的同时,更要注意充分运用法律手段,搞好对信息网络的管理工作,以推动信息网络的快速健康发展。就如何加强网络法治建设,江泽民提出五个方面的具体要求:第一,要充分认识

---

① 《江泽民文选》第3卷,人民出版社2016年版,第302页。
② 《胡锦涛文选》第2卷,人民出版社2016年版,第561页。
③ 中共中央党史和文献研究院编:《习近平关于网络强国论述摘编》,中央文献出版社2021年版,第71页。
④ 《习近平谈治国理政》第4卷,外文出版社2022年版,第319页。

依法保障和促进信息网络健康发展的重要性。第二,要加强和完善信息网络立法。第三,要加强信息网络方面的执法和司法。第四,要积极参与国际信息网络方面规则的制定。第五,要加强信息网络管理人才的培养。①

胡锦涛强调,要推进互联网管理法制化,加大执法力度,做到有法可依、有法必依、执法必严、违法必究。他指出:"要建立健全宏观管理体系,改进管理方式,提高管理水平,综合运用法律、行政、经济、科技等手段,实行科学管理、依法管理。要加强涉及意识形态工作的立法,对急需立法的重点领域和难点问题要加紧梳理和调研,尽快建立健全相关法律法规。"②"要综合运用法律、行政、经济、技术、思想教育、行业自律等手段,提高网络管理水平,加强对互联网的管理,加快形成依法监管、行业自律、社会监督、规范有序的互联网信息传播秩序。要推进互联网管理法制化,加大执法力度,做到有法可依、有法必依、执法必严、违法必究。要加强未成年人网络权益法律保护,加大网上知识产权保护力度。要充分发挥行业组织自我教育、自我管理的作用,落实网络运营单位的管理责任,引导网站和从业人员自觉遵守国家法律和有关政策,规范行业行为,注重职业操守。要加大对关键技术、重要阵地、重点工程的政策扶持力度,加强网络安全和管理的技术开发,善于运用技术手段提高防范能力,切实维护国家文化信息安全。"③

习近平强调,互联网不是法外之地,要全面推进互联网法治建设。在对党的十八届三中全会《决定》的说明中,习近平指出,"如何加强网络法制建设和舆论引导,确保网络信息传播秩序和国家安全、社会稳定,已经成为摆在我们面前的现实突出问题"④。对于互联网上存在的各种违法犯罪行为,习近平强调,"互联网不是法外之地。利用网络鼓吹推翻国家政权,煽动宗教极端主义,宣扬民族分裂思想,教唆暴力恐怖活动,等等,这样的行为要坚决制止和打击,决不能任其大行其道。利用网络进行欺诈活动,散布色情材料,进行人身攻击,兜售非法物品,等等,这样的言行也要坚决管控,决不能任其大行其道"⑤。对于如何推进互联网法治建设,习近平提出具体而又明确的要求:一是全面规划,系统推进网络空间法治化;二是突出重点,着力解决现实问题。在中央网络安全与信息化领导小组第一次会议上,习近平提出,"要抓紧制定立法规划,完善互联网信息内容管理、关键信息基础设施保护等法律法规,依法治理网络空间,维护公民合法权益"⑥。他还指出,"要严密防范网络犯罪特别是新型网络犯罪,维护人民群众利益和社会和谐稳定"⑦;"要依法加强对大数据的管理。一些涉及国家利益、国家安全的数据,很多掌握在互联网企业手

---

① 《江泽民文选》第3卷,人民出版社2006年版,第301—302页。
② 《胡锦涛文选》第2卷,人民出版社2016年版,第530页。
③ 《胡锦涛文选》第2卷,人民出版社2016年版,第562页。
④ 《习近平谈治国理政》第1卷,外文出版社2018年版,第84页。
⑤ 《习近平谈治国理政》第2卷,外文出版社2017年版,第336页。
⑥ 《习近平谈治国理政》第1卷,外文出版社2018年版,第198—199页。
⑦ 中共中央党史和文献研究院编:《习近平关于网络强国论述摘编》,中央文献出版社2021年版,第73页。

里,企业要保证这些数据安全"①。

(二) 我国网络道德与法治建设的基本状况

1. 我国网络道德建设的基本状况

我国网络道德建设起步较晚,体系化建设相对滞后。党的十八大以来,在以习近平同志为核心的党中央高度重视和关心下,我国网络道德建设取得巨大进步和显著成就,具体来看,我已开展的网络道德建设工作主要有如下两方面。

第一,党的十八大之前,积极针对互联网领域出现的突出性问题开展网络道德建设。2001年9月,我国颁布的《公民道德建设实施纲要》明确提出,要"引导网络机构和广大网民增强网络道德意识,共同建设网络文明"。同年11月,团中央等部门发布的《全国青少年网络文明公约》向全国青少年提出了"五要五不"的网络道德要求标准。2004年6月,遵照"积极发展、加强管理、趋利避害、为我所用"②的基本方针,为建立我国互联网行业自律机制,规范从业者行为,依法促进和保障互联网行业健康发展,我国制定了《中国互联网行业自律公约》。中国互联网协会作为公约的执行机构,负责公约的组织实施。随后中国三大门户网站——新浪、搜狐、网易在京宣布,为积极响应2004中国互联网大会"构建繁荣、诚信的互联网"和"坚决抵制互联网上有害信息"的号召,正式成立中国无线互联网行业"诚信自律同盟"。

第二,党的十八大以来,网络道德建设逐步引导和规范网民的网络素养和行为,加强网络内容建设和管理。2015年5月,南京邮电大学信息产业发展战略研究院和中国行为法学会基础理论研究会在京举办"中国互联网竞争与监管研讨会",并发布我国首部《中国互联网竞争与监管蓝皮书》(以下简称《蓝皮书》)。《蓝皮书》提出,互联网服务业应当履行行业自律,承担社会责任,特别强调互联网行业应当以维护我国互联网发展良好生态环境为主旨,注重培育优良的企业文化和维护网络社会道德责任。同年,为充分发挥网络文化活动在网络社会治理中滋养人心、凝聚力量的作用,大力培育有高度的安全意识、有文明的网络素养、有守法的行为习惯、有必备的防护技能的"四有"中国好网民,推动网络空间进一步清朗起来,国家互联网信息办公室与中国网络电视台、人民网、新华网、中国网、中国青年网、光明网等多家媒体联合推出"2015中国好网民"公益广告设计活动。2016年4月,北京市网络文化协会携同百度、新浪、搜狐、爱奇艺、优酷等20余家从事网络表演(直播)的主要企业共同发布《北京网络直播行业自律公约》,要求网络直播房间必须标识水印,内容存储时间不少于15天备查,所有主播必须实名认证等。2019年10月,中共中央、国务院印发《新时代公民道德建设实施纲要》(以下简称《纲要》),《纲要》强调,要加强网络内容建设,深入实施网络内容建设工程,发展积极向上的网络文化;培育文明

---

① 习近平:《在网络安全和信息化工作座谈会上的讲话》,人民出版社2016年版,第22页。
② 中共中央文献研究室编:《江泽民思想年编(1989—2008)》,中央文献出版社2010年版,第460页。

自律网络行为,建立和完善网络行为规范,引导广大网民尊德守法、文明互动、理性表达;丰富网上道德实践,培育和引导互联网公益力量,拓展"互联网+公益""互联网+慈善"模式;营造良好网络道德环境,建立完善新技术新应用道德评估制度,维护网络道德秩序,开展网络治理专项行动,反对网络暴力行为,促进网络空间清朗。2021年9月,中共中央办公厅、国务院办公厅印发了《关于加强网络文明建设的意见》(以下简称《意见》),《意见》包括总体要求、加强网络空间思想引领、加强网络空间文化培育、加强网络空间道德建设、加强网络空间行为规范、加强网络空间生态治理、加强网络空间文明创建、组织实施八个部分。同年11月,以"汇聚向上向善力量,携手建设网络文明"为主题的首届中国网络文明大会在北京举办,主论坛发布了《新时代网络文明建设十件大事》和《共建网络文明行动倡议》,七场分论坛围绕"网上内容建设""网络生态治理的挑战与应对""网络法治""青少年网络文明素养""数据与算法""网络公益慈善发展与挑战应对""平台经济诚信建设"等主题,对网络道德建设进行研讨。2022年8月,以"弘扬时代新风 建设网络文明"为主题的中国网络文明大会在天津举行,会上首次发布了我国网络诚信发展年度报告——《中国网络诚信发展报告2022》,报告全面反映了2021年以来我国网络诚信建设取得的新进展新成就。

2. 我国网络法治建设的基本状况

党和政府高度重视网络空间的法治建设,把握互联网发展规律,坚持科学立法,使网络立法随着互联网发展经历了从无到有、从少到多、由点到面、由面到体的发展过程。从1994年至今,中国制定出台网络领域立法140余部,网络立法的"四梁八柱"基本构建,加之网络执法的不断加强,为网络强国建设提供了坚实的制度保障。梳理我国网络法治建设步伐,大体上可以将这一过程划分为三个发展阶段。

一是从1994年到1999年,是网络法治建设初期。我国互联网治理伴随网络发展而起步,即传统电信立法阶段。这一时期,我国刚刚接入国际互联网,互联网自身处于起步阶段,上网用户和设备数量稳步增加,互联网立法内化于传统电信立法之中,多以行政法规、部门规章为主。例如,1994年12月,我国国务院颁布了中国第一部有关互联网的法律文件——《中华人民共和国计算机信息系统安全保护条例》,由此拉开了我国网络立法的序幕。之后,我国在计算机系统和互联网安全管理方面又发布了《计算机信息网络国际联网管理暂行规定》《计算机信息网络国际联网安全保护管理办法》,落实宪法对通信自由和通信秘密基本权利的保护。

二是从2000年至2011年,是网络空间法律体系初步建立的阶段。这一时期,随着计算机数量逐步增加、上网资费逐步降低,用户上网日益普遍,网络信息服务迅猛发展。这一阶段网络立法转向侧重网络服务管理和内容管理,一些互联网特定领域的法律法规陆续出台,网络法治覆盖面逐渐扩大。例如,2000年12月,全国人大常委会通过了《关于维护互联网安全的决定》,确立了民事责任、行政责任和刑事责任三位一体的网络安全责任体系框架。同年,国务院公布《电信条例》,规定电信用户依法享有使用电信的自由和通信秘密受法律保护。随着网络空间成为人们生产生活的新空间,网络法治建设亦成为法治中国建设的新领域。2001年5月,中国互联网协会成立,协会制定并发布《中国互联网行业自律公约》,标志着网络治理社会力量在我国开始自觉成长。2004年8月,全国人大常委会通过《中华人民共和国电子签名法》等,初步构建了覆盖信息网络建设、信息应用管理、信息安全保障和信息权利保护的网络安全和信息化法律体系。

三是从2012年至今,是网络法治飞速发展阶段。党的十八大以来,随着移动互联网的发展,我国互联网走向广泛应用、深度融合的新阶段,网络立法逐步趋向全面涵盖网络信息服务、信息化发展、网络安全保护等在内的网络综合治理。这一阶段,基本形成以宪法为根本,以法律、行政法规、部门规章和地方性法规、地方政府规章为依托,以传统立法为基础,以网络内容建设与管理、网络安全和信息化等网络专门立法为主干的网络法律体系。习近平指出:"要抓紧制定立法规划,完善互联网信息内容管理、关键信息基础设施保护等法律法规,依法治理网络空间,维护公民合法权益。"[①] 2012年12月,全国人大常委会通过了《关于加强网络信息保护的决定》,规定了互联网环境下公民、法人和其他组织的电子信息保护的相关制度,明确保护能够识别公民个人身份和涉及公民个人隐私的电子信息。中国互联网协会于2015年成立互联网法治工作委员会,每年组织中国互联网法治大会,积极关注、探讨互联网治理与法治热点问题。2016年4月,习近平在网络安全和信息化工作座谈会上就网络法治建设提出了新要求,包括"我们要本着对社会负责、对人民负责的态度,依法加强网络空间治理""要加快网络立法进程,完善依法监管措施,化解网络风险"[②]等。会议结束后不久,《中华人民共和国网络安全法》(以下简称《网络安全法》)于2016年11月通过,成为我国首部网络安全领域的法律,进一步完善个人信息保护规则。2017年6月,《网络安全法》正式实施,对保护个人信息、治理网络诈骗、保护关键信息基础设施、网络实名制等方面作出明确规定。2018年8月,全国人大常委会通过《中华人民共和国电子商务法》,规定电子商务经营者销售的商品或者提供的服务应当符合保障人身、财产安全的要求。2019年8月,国家互联网信息办公室公布《儿童个人信息网络保护规定》,2020年10月,全国人大常委会修订《未成年人保护法》,对加强未成年人网络素养教育、网络内容监管、个人信息保护和网络沉迷防治等作出专门规定。之后,《数据安全法》《个人信息保护法》《关键信息基础设施安全保护条例》等法律法规出台,细化完善个人信息保护原则和个人信息处理规则,赋予个人信息主体多项权利。除此之外,随着《网络信息内容生态治理规定》《互联网跟帖评论服务管理规定》《即时通信工具公众信

---

① 中共中央党史和文献研究院编:《习近平关于网络强国论述摘编》,中央文献出版社2021年版,第34页。
② 中共中央党史和文献研究院编:《习近平关于网络强国论述摘编》,中央文献出版社2021年版,第71、95页。

息服务发展管理暂行规定》(简称"微信十条")、《互联网用户账号名称管理规定》(简称"账号十条")、《网络安全审查办法》、《云计算服务安全评估办法》等规章制度陆续出台,网络安全审查、云计算服务安全评估、数据安全管理、个人信息保护等一批重要制度逐步建立。这些法律法规对信息检索、网络交易、网络娱乐等网络行为加以规约,列举了网络空间频发的散布谣言、虚假宣传、隐私泄露、网络诈骗、恶意营销等败德违法现象,并明确了行为人应承担的责任。2021年,国家网信办部署开展了诸如算法滥用治理,打击网络水军、流量造假、黑公关,规范网络账号运营,整治网上文娱及热点排行乱象等系列专项行动,重拳整治网络违法违规问题。2022年,国家网信办对网络谣言,网络直播、短视频领域乱象,暑期未成年人网络环境等十个方面进行重点整治。目前,网络法治领域的基础性立法和制度框架已基本建成,配套法律体系正在快速推进形成。

三、国外网络道德与法治建设的实践与经验

(一) 美国和英国的网络道德与法治建设概述

网络空间是人们活动的第二空间,而且日益成为人们须臾不可分离的重要空间。为了维护这一空间的和谐有序,世界各国都注重网络空间的道德与法治建设,尤其是美英等互联网先发国家,它们的建设做法与经验有一定的参考和借鉴意义。

1. 美国和英国的网络道德建设

在国外,网络道德也被称为计算机伦理、网络伦理或信息伦理。加强网络道德建设,进行网上文明行为规范,在国外已形成比较成熟的内容。尤其是美国和英国都非常重视网络道德教育,在网络道德建设方面取得了一定的成就。

美国的网络道德建设涵盖全体使用互联网的人员,在教育内容和方式上有不同的要求。在教育内容上,美国的网络道德教育具有层次教育的特点,针对不同人群制定不同的规范,大大提高了网络道德规范的执行力与约束力。对于青少年,美国重视对其在网络礼仪、保护隐私权、尊重知识产权和负责任地使用技术等方面和基本价值观、信息伦理道德规范的培养。[①] 美国教育机构和各级学校通过确定网络道德教育目标、开设网络伦理道德课程和其他形式对青少年进行网络道德教育,使学生意识到具备计算机能力和伦理意识是一种任务和责任。对于高校大学生,美国侧重于关注网络公民道德教育、网络历史教育、网络法治教育、网络宗教教育以及网络信息素养教育,涉及大学生发展的多个方面,但始终是围绕公民教育或者爱国主义教育的宗旨而展开的。例如,美国制定了一些信息素养标准,如《国家教育技术学术标准》《学生学习的信息素养标准》《美国高等教育信息素养能力标准》;美国的杜克大学为学生开设了"伦理学和因特网"课程;特拉华州立大学规

---

① 袁晓琳、肖少北:《国外青少年网络道德教育的概况及其启示》,《教育现代化》2019年第6期。

定新生入学后必须接受一次计算机使用道德方面的教育,学校也为此专门制定了计算机网络使用守则,向学生解释诸如攻击计算机网络和发送伪造的电子邮件等行为是错误的,学生还必须参加一次以守则为内容的网上考试,成绩合格者才有资格使用校园网。此外,美国还针对教师使用计算机网络,制定了《教师计算机职业道德规范》;针对计算机专业人士,美国计算机协会(ACM)制定了《计算机协会伦理和职业行为规范》。

在教育方式上,美国政府采用"疏堵"结合办法,利用各种形式进行网络道德教育。"疏"体现在美国的娱乐软件业的分级管理制度上。按照分级规定,特定等级的游戏产品只能卖给特定年龄的消费者,如有含糊,销售游戏的商店将会受到处罚。"堵"体现在美国对不利于青少年学生身心健康网站的屏蔽上,美国的学校都对学校中的电脑实行联网管理。美国计算机伦理协会制定的"计算机伦理十戒",教育学生要对自己行为的后果负责。

英国的网络道德建设不仅对学生进行教育,而且将网络道德建设覆盖到社会各领域,实现人员层次全面覆盖。在加强学生网络道德建设方面,学校开设了专门的信息伦理、网络伦理和计算机伦理课程,以此来规范学生网络道德行为。同时,也制作了专门的课程教学软件,将技术与道德相结合。此外,英国开设媒介素养课程,并要求将网络伦理课程融入各个学科中,如在信息技术教育课程中加入网络伦理道德相关内容,以此加强网络道德建设,提高信息素养。除此之外,英国还注重对普通大众、网络安全专业人员、政府部门官员进行网络道德培养。自2012年起,每年10月英国都在欧盟网络安全月框架内开展提高社会网络道德意识的各类活动。在2020年正式脱欧之后,英国也依然坚持开展相关集中教育宣传活动。此外,英国有专门的企业为政府部门、公私机构提供提高网络道德的专门培训。

同时,英国的网络道德建设还注重自律、共同监管、发挥社会监督作用。网络道德建设不能单纯依靠政府的力量,而是要将多种机制结合,特别是要注重发挥非政府组织的作用。例如,网络观察基金组织(IWF)在处理互联网有害内容方面扮演了至关重要的角色。IWF作为英国最大的网络自律机构,其主要工作内容之一是管控儿童色情信息,并建立了分类明确的儿童色情信息等级划分标准。同时,英国的自律协议在网络道德建设中发挥着至关重要的作用。通过严格的行业自律和对公民个人的自律要求及其自律习惯的培养,英国的网络道德建设取得了显著成效。

2. 美国和英国的网络法治建设

面对网络空间的复杂化趋势,网络空间治理问题越来越成为国家治理的重要内容,各国普遍十分重视网络空间法治化建设。

美国作为互联网的创始国,也是最早对互联网内容进行约束和管理的国家,可以说在美国,关注网络法治问题与网络发展是同步的。美国的网络法治建设主要包括两方面。一方面是进行网络法治教育。在网络法治教育上,美国特别重视青少年的网络法治教育,建立了专门的网络法治教育机构,关注学生法治理念的养成和法治实践教育,并重视运用网络技术进行法治教学。针对学生网络犯罪率不断上升的趋势,美国各高校相继开设与网络法治相关的课程,对大学生进行网络法治教育,帮助大学生掌握一定的网络技能、帮助其认识到网络犯罪的危害性。另一方面是加强网络立法。美国特别重视网络立法建设,美国国会及政府各部门通过了大量与网络相关的法律法规,数量高居世界之首,主要涉及未成年人保护、国家安全、保护知识产权、计算机与网络安全等四大领域,逐步搭建了较完善的法律体系,并不断修订完善相关法律法规。美国的网络立法工作与计算机网络及其安全形势的发展相伴随,大致可分为三个阶段:起步阶段、发展阶段和成熟阶段。起步阶段是从1977年至1986年,主要颁布的网络相关法律有《联邦计算机系统保护法》(1977)、《外国情报监听法》(1978)、《计算机欺诈与滥用法》(1984)、《电子通信隐私法》(1986)等。发展阶段是从1987年至2000年,这一阶段的网络相关法律主要有《计算机安全法》(1987)、《信息技术管理改革法》(1995)、《国家信息基础设施保护法》(1996)、《公共网络安全法》(1997)、《加强计算机安全法》(1997)、《政府信息安全改革法》(2000)等。成熟阶段是从2001年至今,主要的网络相关法律有《关键基础设施保护法》(2001)、《联邦信息安全管理法》(2002)、《国土安全法》(2002)、《反垃圾邮件法》(2003)、《网络安全法》(2010)、《网络安全加强法》(2010)等。2015年,美国《网络安全法案》出台,将之前单一的"信息系统安全"调整为"信息系统安全"和"网络数据安全"两大部分。之后,美国又颁布了《政府信息技术现代化法案》(2017)、《电子邮件隐私法案》(2017)、《信息与通信技术战略法案》(2021)、《电信与信息管理局政策及网络安全协调法案》(2021)、《美国网络安全素养法案》(2021)等。

英国是欧洲国家中互联网普及率最高的国家之一,作为网络大国,英国的社会经济生活高度依赖网络,英国政府高度重视本国网络安全和战略利益等问题,将信息安全列为国家安全战略的重要组成部分,加强信息安全顶层设计,确立了信息安全战略在国家安全战略中的重要地位。早期的英国网络立法侧重保护关键性信息基础设施。随着网络的不断发展,英国在加强信息基础设施保护的同时,也强调网络信息的安全、加强对网络犯罪的打击。1990年,英国制定了《计算机滥用法》,将未经授权非法占用计算机数据并意图犯罪,故意损坏、破坏、修改计算机数据或程序认定为违法行为。2000年,英国又制定了《通信监控权法》,规定在法定程序条件下,为维护公众的通信自由和国家安全利益,可以动用皇家警察和网络警察。2001年实施的《调查权管理法》,要求所有的网络服务商均要通过政府技术协助中心发送数据。该中心由军情五处负责运营,官员可以检查和阅读所选定的任何电子信息。除了本国制定的法律,在脱欧前,欧盟的相关规定同样对英国具有约束和指导作用,如欧盟于2001年11月通过了国际上第一个针对计算机系统、网络或数据犯罪的多边协定——《网络犯罪公约》,明确了签署国需要对九类网络犯罪行为进行处罚。2009年,英国制定了国家网络安全战略计划。2014年7月,英国出台《紧急通讯与互联网数据保留法案》。2016年6月,英国下议院发布《网络安全:个人在线数据保护》的报告。2018年5月,英国正式通过新修订的数据保护法案——《2018年数据保护法》。2023年,为确保儿童安全并防止网络种族主义歧视和其他网络暴力虐待,新法案《在线安全法案》正式立法通过。此外,英国政府迄今共计发布5份网络安全战略文件,分别是2009年发布的《英国网络安全战略:网络空间的安全、保障和弹性》,2011年发布的《英国网络安全战略:在数字世界中保护和发展英国》,2016年发布的《国家网络安全战略:2016—2021年》,2021年发布的《2022国家网络战略》,2022年发布的《政府网络安全战略:2022—2030年》。

(二)美国和英国网络道德与法治建设的经验

第一,大力推进立法,完善网络空间法律体系。美国、英国的法治建设实践表明,完善立法是提升网络空间治理水平的重要依托。为完善网络道德与法治建设,首先应加快推动一批基础性、全局性、综合性立法,加快推动关键信息基础设施保护、互联网信息服务管理、互联网数据管理、个人信息保护、未成年人网络保护等方面的立法。其次,应积极推动现行法律延伸适用至网络空间,对于现行部门法中涉及网络空间法律问题的,应分类梳理,差异管理,坚持立改废释并举。最后,应积极主动地参与全球互联网规则的制定,促进网络空间法治化进程与全球接轨、与世界同步。

第二,重视网络道德建设,建立分众化、精致化的网络道德规范体系。相较于美国分人群的丰富的网络伦理规范制度,我国的网络道德建设仍有不足之处,多为宏观抽象的理念与方向,而缺乏适用于不同群体的、明确精致成文的道德规范要求,这必然导致网络道德的约束力差、规范的可执行性差。为此,应切实加强网络道德建设,加快建立分众化、精致化的网络道德规范体系,真正发挥道德规范惩恶扬善的功能。

第三,强化专门机构建设,明确网络道德与法治建设的主体和职权。上文提到,英国的网络观察基金组织(IWF)在英国的互联网监管中发挥了重大作用,尤其以IWF为中心的行业自律体系,将政府管不了、管不好,或将纯粹自律管不住的部分,通过共同管理的机制协同治理,使英国在净化儿童色情网络信息方面取得了很好的效果。这启发我们,建立专门有力的网络道德与法治建设的治理机构、执行机构十分重要,不管是官方还是民间,让建设责任落实到具体主体,并赋予主体相应权力和资源,将有利于实现"专人专办",进而明确职权、提高效率。

第二节 网络领域中的道德与法律问题

开展网络道德与法治建设应从网络空间的现实出发,梳理网络空间在道德与法治方面存在的问题,研判态势、分析原因,为有针对性地解决问题奠定基础。

一、网络领域中的道德问题

(一) 网络道德问题的主要类型

从现象层面来看,网络领域中存在的道德问题可以说是层出不穷、多样复杂的。研究者们从不同角度对网络道德问题进行了归纳,有研究者认为,网络道德问题集中表现为:(1)道德意识上的相对主义盛行和道德无政府主义的泛滥;(2)道德情感上的冷漠和人际关系的疏远;(3)网络价值观念模糊,网民的道德人格虚伪甚至扭曲;(4)网络行为随意放纵,自由主义盛行;(5)网络信息污染严重,以色情信息为代表的有害信息泛滥;(6)西方资本主义大国以经济实力的强大与技术上的先行为后盾,推行网络文化殖民主义;(7)黑客行为对他人与社会利益的侵害;等等。[1] 还有研究者将网络道德问题概括为四大类:一是道德相对主义的盛行和无政府主义的泛滥,二是道德冷漠现象的产生和人际情感的疏远,三是传统的道德规范受到严峻挑战和冲击,四是严重的网络道德失范行为凸显。[2] 其实,从现象层面去描述网络道德问题是难以穷尽的,网络空间充满了不确定性和复杂性,网络道德问题从具体表现看是复杂多样的,从问题的发生、发展与演变来看也是复杂多变的。因此,认识网络道德问题,需要结合人的网络实践行为方式,根据人的实践活动类型去认识不同实践活动样态中分别存在哪些网络道德问题,从而确定网络道德问题的基本类型。

本书认为,人的网络实践行为主要包括三种基本样态,即网络人机互动(处理人与计算机网络的关系)、网络人际互动(处理人与他人、社会的关系)和网络自我互动(处理人与自我的关系),在这三种样态和三大关系领域中,存在不同的网络道德问题:一是网络空间中人与计算机网络关系处理不当导致的问题,如网络沉溺、网络信息焦虑、网络自戕等,这属于人被计算机网络所奴役而带来的问题;二是网络空间中人与他人关系处理不当导致的问题,如侵犯网络隐私、网络欺诈、网络窃取、网络失信、网络道德情感冷漠等,这属于在网络空间中因交往不合理而产生的问题;三是网络空间中人与自我关系处理不当带来的问题,如网络自我认同危机、网络人格分裂、网络深度成瘾、网络自我宣泄等,这往往是由于网络自我膨胀而导致无视现实自我、无视现实规约的自我异化状态。以上网络道德问题的类型划分对我们厘清纷繁复杂的网络道德问题具有启发意义。

(二) 网络道德问题的实质及其影响

如前所述,网络道德问题的发生从根本上说是基本关系处理不当而引发的,而关系处理不当现象的存在,又与人们的认识缺失或滞后密切相关。所以,在一定意义上可以说,

---

[1] 李合亮:《"技术网络"与"道德网络"辩证——关于网络道德的深层思考》,《电化教育研究》2004年第7期。

[2] 瞿卫星:《网络道德的失范与建设》,《河北师范大学学报(教育科学版)》2001年第1期。

网络道德问题之所以普遍存在，是由技术与人文的矛盾引发的，其实质是技术与人文的冲突。所谓技术与人文的冲突，具体而言，就是面对互联网技术的飞速发展，相应的人文研究与人文思考并没有跟上技术发展的步伐，人文的发展远远滞后了，进而导致人们无法理性地认识互联网，更无法自觉地与互联网自主理性地相处，取而代之的是本能的被动适应、"无知无畏"、"为所欲为"。有的人为了自己的目的在网络空间中不择手段、无视他人、没有禁忌，从而导致了各种各样的网络乱象。

技术与人文失衡的状况如果长期得不到解决，任由各种网络道德问题发展，势必带来巨大的负面影响。这种影响表现在经济领域，是带来重大的经济损失；在政治领域，是带来主流价值认同的弱化；在社会领域，是带来诸多的社会问题；在文化领域，是败坏文化环境，低俗、媚俗、庸俗成风；等等。所以，网络道德问题虽然复杂多样，规范难度大，但加强网络道德治理，用网络道德教化引导人们的行为具有突出的重要性与迫切性，是互联网时代无法回避的问题。

二、网络领域中的法律问题

（一）网络法律问题的主要表现

从一般意义上讲，网络领域中的法律问题主要有如下几种基本类型。

第一，个人隐私的泄漏。移动互联网等网络基础设施的完善，新媒体信息技术的迅速发展，以及以智能手机为代表的移动终端的普及，虽然在一定程度上满足了用户的便捷性需求，但也使得个人隐私泄露事件频繁发生，损害了个人隐私安全。中国互联网络信息中心（CNNIC）发布的第52次《中国互联网络发展状况统计报告》显示，截至2023年6月，23.2%的网民遭遇过个人信息泄露。在移动互联网中，个人隐私体现为个人信息和个人数据的私人拥有，但是移动社交媒体用户在使用移动社交媒体的过程中常常会被动地、无意间造成个人隐私泄露，尤其是移动社交媒体的运营商在提供相关服务时，一般都会要求用户填写个人敏感信息，从而掌握用户的大量个人隐私。如在淘宝、京东等电商平台进行购物；通过支付宝、微信等进行支付；通过青桔、哈啰等共享单车平台出行；通过美团、大众点评等享受餐饮、住宿等服务；通过携程、去哪儿等办理出行事宜；等等。这些网络应用往往会采集个人的身份证号、姓名、手机号甚至身体比例、主观喜好等隐私信息，再加上部分平台记录着个人的交往隐私等，可以说个人信息几乎处于暴露的、毫无隐私的状态。而运营商不管是一时疏漏，或是有意而为，都有可能造成用户个人隐私的泄露。每年"3·15"晚会曝光的个人隐私泄露问题比比皆是，触目惊心。例如，2022年"3·15"晚会曝光了部分儿童智能手表可以收集孩子的行动轨迹，还能录音、监控，听到孩子与家人对话的内容，并且可以看到孩子的实时行为。近年来，随着《中华人民共和国网络安全法》《中华人民共和国个人信息保护法》《中华人民共和国电信条例》《互联网信息服务管理办法》《规范互联网信息服务市场秩序若干规定》《电信和互联网用户个人信息保护规定》等法律法规的出台，我国加大违法行为处置力度，持续开展移动互联网应用程序违法违规收集使用个人信息专项治理，对个人信息的保护也越来越全面和严格，但仍有不少运营商和开发商在利益的驱使下以身试法。

第二，网络谣言。美国学者卡普费雷认为，谣言是在社会中出现并流传的未经过官方公开证实或者已经被官方所辟谣的信息。① 在"人人都有麦克风"、人人都可以自由表达且每个人的声音都能让世界听到的互联网时代，网络的开放性和自由性，使人人都可以释放自己的表达欲望，都可以自主且相对自由地表达自我。但有些人为了达到被关注、被追捧或非法牟利的目的，恶意制造和散布谣言，严重扰乱社会秩序，构成违法事实。常见的网络谣言主要有以下几种：一是突发事件类谣言。在突发事件中，一些账号故意搭蹭热点，臆测歪曲事实，恶意炒作引流，产生恶劣社会影响。二是社会民生类谣言。一些账号捏造歪曲社会负面事件，误导网民认知，严重扰乱社会秩序。如快手账号"小九说交通"发布"2022年将实行红绿灯新国标"的谣言，引发网民猜测质疑。2022年3月17日，国务院新闻办公室举行新闻发布会，介绍了2022年"清朗"系列专项行动，其中"惩治源头，严肃追究网上谣言信息发布传播的相关方责任"成为广大网民关注的重要内容，针对网络谣言乱象，要从谣言传播链条的角度建立溯源机制，对首发网络谣言的账号和平台加大惩处力度，使舆论、心态、秩序得以平复。

第三，网络暴力。有观点认为，网络暴力是针对特定个人的侵权行为，这种行为往往具备由一个人发起、参与人数众多、公众互动频次高、跨平台传播等特点，其危害后果不可预测、不可控制，通常伴有侵犯人的名誉、披露人的隐私、侮辱人的尊严等侵权行为。网络暴力常见的表现形式有引战营销、煽动对立、言语谩骂、私信轰炸、恶意剪辑、人肉搜索、P图抹黑、造谣诋毁等。随着移动互联网的飞速发展，网络空间成为一些人宣泄负面情绪的窗口，不讲事实、不信真相，肆意发泄个人愤怒。网络暴力是暴力的一种形式，它是一类在网上发表具有伤害性、侮辱性和煽动性的言论、图片、视频的行为，它对当事人造成名誉损害，而且它超越了道德底线，也伴随着侵权行为。网络暴力往往通过制造舆论压力来伤害受害者。如恶性的人肉搜索，即在没有经过当事人同意的情况下，将当事人的个人信息、家庭信息、工作信息等搜索出来并发布在公共网络平台上，如同将当事人"脱光示人"，再加上随之而来的各种邮件骚扰、电话骚扰，使得当事人的正常生活遭到严重侵害。网络暴力的泛滥，势必导致恶劣的社会影响，危及人们的安全感。网络的随意施暴，把人与人之间的尊重、信任抹杀殆尽，带来人际的提防、冷漠。近年来，网络暴力越来越呈现出有组织、有策划、有产业链条的倾向。施暴者及策划者的目的常常不是简单的情绪发泄，而是有着各种利益诉求。网络暴力就是一把无形的凶器，会给他人名誉、身心造成巨大损

---

① ［法］让-诺埃尔·卡普费雷：《谣言：世界最古老的传媒》，郑若麟译，上海人民出版社2008年版，第15页。

害。如 28 岁女子被造谣"出轨快递小哥"、韩国女明星因网络暴力抑郁自杀、河北寻亲男孩刘学洲不堪网暴自杀等。网络不是发泄私愤的出口,2022 年 11 月,中央网信办印发《关于切实加强网络暴力治理的通知》,就建立健全网络暴力预警预防机制、强化网暴当事人保护、严防网暴信息传播扩散、依法从严处置处罚等作出要求,也给"键盘侠"敲响了警钟。

第四,网络诈骗。网络诈骗是指以非法占有为目的,利用互联网采用虚构事实或者隐瞒真相的方法,骗取数额较大的公私财物的行为。据第 52 次《中国互联网络发展状况统计报告》显示,截至 2023 年 6 月,遭遇过网络诈骗的网民比例为 20%,通过对遭遇网络诈骗网民的进一步调查发现,虚拟中奖信息诈骗是网民最常遭遇的网络诈骗类型,占比为 38.0%;遭遇网络购物诈骗的比例为 34.3%;遭遇网络兼职诈骗的比例为 26.2%;遭遇冒充好友诈骗的比例为 21.1%;遭遇钓鱼网站诈骗的为 24.4%;遭遇利用虚假招工信息诈骗的比例为 22%,这说明网络诈骗依然是突出的网络安全问题。相较于其他犯罪,网络诈骗治理更难,这不仅仅是因为网络诈骗手段更隐秘、方式更多样、技术更新,更重要的是其具有基于此而演变出的诈骗对象精准、运作方式链条化等特点。公开数据显示,2022 年 1 月至 10 月,累计有 260 种新诈骗手法出现,且呈现周期长、环节多、跨平台等特点。"2019 年至 2021 年,全国共起诉电信网络诈骗犯罪 12.9 万人。2017 年至 2021 年,全国一审审结电信网络诈骗犯罪案件 10.3 万件,22.3 万名被告人被判处刑罚。"[①]近年来,网络诈骗分子将罪恶之手伸向在校学生,出现被害人"赚到几十元,被骗几万元"的情况,这给高校学生带来高额经济损失,为校园安全稳定带来极大风险。2022 年 12 月 1 日起,《中华人民共和国反电信网络诈骗法》施行,这是我国第一部专门、系统、完备规范反电信网络诈骗工作的法律。2023 年,针对缅北涉我国电信网络诈骗犯罪严峻形势,公安部连续开展多轮打击行动,取得显著战果。

除了以上几种类型之外,还有其他一些网络违法违纪问题以多种形式存在于网络空间中,如依托于大数据技术出现的网络犯罪新形式、网络病毒、网络恐怖主义、网络赌博、网络色情、网络侵权等,在此不再一一罗列。

(二)网络法律问题的影响与实质

网络违法犯罪直接挑战网络社会的底线,给人们的生命财产安全、给社会的正常运转带来恶劣的影响。我们必须正视其负面效应,且需加大立法、执法的力度,早日让网络空间清朗起来。但同时,我们又要看到,网络法治建设往往具有滞后性,尤其在网络空间这一数字化构建的虚拟空间中,网络法治建设难度更大、障碍更多、复杂程度更高。当然,这些困难并不能消减我国以法治网的决心和信心,党的十八大以来,党和政府对加强网络社

[①] 中华人民共和国国务院新闻办公室:《新时代的中国网络法治建设》,《人民日报》2023 年 3 月 17 日。

会管理、推进网络依法规范有序运行提出了明确要求。特别是党的十八届四中全会的《决定》提出,要"加强互联网领域立法,完善网络信息服务、网络安全保护、网络社会管理等方面的法律法规,依法规范网络行为"①。中央的一系列要求,为我国加强网络法治建设、依法治网提供了基本遵循,为互联网法律体系的构建指引了方向。我们应更加深刻地认识到,网络法律法规是中国特色社会主义法律体系的重要组成部分,依法治网是依法治国的重要组成部分,加快完善网络立法、全面推进依法治网,是落实全面依法治国基本方略的重要举措,是当前我国法治建设的一项重要任务,是推进国家治理体系和治理能力现代化的应有之义,是维护公民、法人和其他组织合法权益的必然要求,是促进、推动、保障互联网快速健康有序发展,建设网络强国的必由之路。

第三节 网络道德教育与网络法治教育

面对网络空间中存在的道德与法律问题,网络思想政治教育应自觉承担起网络道德教育与网络法治教育的使命,将二者作为重要内容,深入开展理论研究与实践探索。这既是我国互联网发展的需要,也是网络思想政治教育本身回应现实问题、实现学科价值的需要。具体而论,加强网络道德教育与网络法治教育,需从内容与方法两个维度着力。

一、网络道德教育的主要内容

网络道德现象纷繁复杂,网络空间的道德问题也多样多变,如何开展网络道德教育,首先需要对网络道德教育的内容进行重新梳理。不同的内容蕴含着不同的教育理念与教育原则。本书主要依据人的网络实践样态分类,梳理三大实践领域面临的不同道德问题,从而实现对网络道德教育内容的划分与建构。

(一)网络人机互动中的道德

这一类道德主要用于规范人与计算机网络的关系。人是计算机网络的创造者,是使用计算机网络的主体,居于主体地位,良性的网络人机关系应是在计算机网络的帮助下,使人作为主体的主体性得到新的发展,人的本质力量得到新的提升。但现实并非如此,在当下网络空间中存在的诸多道德问题表明,很多时候,人们在处理自身与计算机网络关系的过程中并未实现主体性张扬,反而导致了主体性的失落、被压抑,有的人甚至丧失了主体地位,沦为计算机网络的奴隶,进而滋生一些对个体和社会都影响恶劣的网络行为,如

---

① 《中共中央关于全面推进依法治国若干重大问题的决定》,人民出版社2014年版,第14页。

网络沉溺、网络自戕、网络焦虑、网络滥用等。

针对网络人机关系中人的行为存在的问题,教育者应通过网络道德针对性地去规范不良行为,提升人的行为自觉与行为理性,引导人们合理处理人与计算机网络的关系,这是网络人机互动中的道德及其教育应追求的目标。具体而言,网络人机互动中的道德强调如下基本内容:(1)人是创造者、使用者,处于不容置疑的主体地位;(2)计算机网络是人的创造物,处于客体地位,为人的全面发展服务;(3)人应主动调整自身与计算机网络的关系,发挥计算机网络的正向价值,规避负向价值,使计算机网络为人的成长服务;(4)一旦出现人被计算机网络奴役的异化问题,人应当自觉增强主观能动性,增强自身的精神力量,实现高技术与高精神的平衡。

(二) 网络人际互动中的道德

这一类道德主要用于规范网络空间中人与他人、社会之间的关系。互联网的出现及其对个体生活的深度渗透,极大地张扬了个体的自主性和可能性,加上符号身份的虚拟性、隐匿性、扮演性,外在规范难度空前加大,进而导致部分个体出现狂妄自大、目中无人、为所欲为,为达目的不择手段等多种道德失范行为,造成网络诽谤、网络暴力、网络情感冷漠等。

其实,网络人际互动实践中,人与他人、社会的关系同在现实社会中的一样,关系本身并没有发生根本转变,没有本质上的区别。只是人在网络空间中的数字化存在方式给个体造成错觉,误以为网络纯粹是虚拟的,可以随意行为而不需负责。但事实并非如此,网络空间中的人际交往依然是有明确对象的,这种"人—机—人"的交往模式,虽然在中介手段上因计算机网络的强大功能而变得丰富多样、蕴含无限可能,但人通过机还是会实现与他人的互动,他人依然是边界,他人的权益依然需要被尊重。具体而论,网络人际互动中的道德应突出如下基本内容:(1)他人不是实现自身利益的手段,网络空间无边界,但个人行为有禁区,侵犯他人权益的行为应受到谴责与惩罚;(2)虽然网络空间中个人行为的个体化程度很高,但个体依然是网络社会的一分子,身份可以退场,但社会责任永远在场;(3)网络空间中的个人同时也是现实社会关系中的责任主体,个人在体验网络空间的自由的同时,还是得回归现实,接受现实伦理的约束,因而个体应在遵循道德的前提下实现自身网上与网下行为的统一;(4)善待他人就是善待自我,网络空间的风清气正需要全体参与者共同努力。

(三) 网络自我互动中的道德

这一类道德指向网络空间中人与自我的和谐相处。人处理与自我的关系何谈道德?要回答这一问题,需关注网络空间中自我存在发生的重大变化。一言以蔽之,互联网时代,人的自我存在发生了革命性变革,一种新的自我样态即网络自我产生了,网络自我的多样性、复杂性使得网络自我互动也呈现出多种类型,远比现实自我互动来得复杂。有研究将网络自我互动的基本类型归纳为"多样自我互动""流变自我互动""异化自我互动"

"真假自我互动""网络自我与现实自我互动"五种类型①,网民个体需处理与"多样的我""流变的我""异化的我""形形色色的假我"等自我展现样态之间的关系,在这一过程中,如果没有道德规范的引导势必导致行为的自发性、盲目性、无序性,进而带来各种问题。既然网络自我互动需要处理实实在在的关系,那么就需要相应的道德规范为关系处理指明规则、提出要求。目前网络空间中存在的网络自我认同危机、网络人格分裂、网络重度成瘾等问题,都属于因网络自我关系处理不当而衍生的问题,这些问题直接或间接影响网络空间道德秩序,同时也是网络道德问题的反映。

网络自我互动中的道德应体现如下基本内容:(1)网民个体具有实现自身身心和谐的责任,自我的多种样态即物质自我、社会自我、精神自我与网络自我之间应追求和谐相处、平衡发展的状态;(2)网民个体应处理好现实自我与网络自我的关系,既不沉迷于网络自我,也不刻意回避网络自我对现实自我发展带来的可能性;(3)网民个体能够自觉克服自我认同危机,在诸多自我样态中具备实现自我同一性的能力,克服自我分裂带来的个人问题与社会问题。

二、网络法治教育的主要内容

网络思想政治教育中的网络法治教育,主要解决受教育者两个方面的问题,一是培育网民在网络空间中尊法、学法、守法、用法的自觉;二是帮助网民全面了解网络空间的法律法规体系。前者依靠培育网民的网络法治思维而实现,后者依靠系统梳理法律法规基本内容而实现。

(一)网络法治思维教育

法治思维是指以法治价值和法治精神为导向,运用法律原则、法律规则、法律方法思考和处理问题的思维模式。它是一种融法律的价值属性和工具理性于一体的高级法律意识。在网络空间中,因人的实践样态发生了根本变革,这必然影响人们的法律意识,因而,广大网民应确立网络法治思维,用网络法治思维指导自身的实践活动。网络空间法律问题频发表明,不少人在网络空间中并未自觉用网络法治思维指导自身实践,或把网络空间视为"法外之地",或利用网络空间中的"灰色地带"谋求私利,或忽视乃至无视网络法治的重要性。

面对上述现状,研究并加强网络法治思维教育势在必行。培养网民的网络法治思维主要通过如下途径:一是学习网络法律知识;二是掌握网络法律方法;三是参与网络法治实践;四是自觉养成网络空间中的守法习惯。这样才能使网民养成网络法治思维,自觉遵循法律,并自觉运用法律保护与实现自身的合法权益。

---

① 谢玉进、胡树祥:《网络自我互动——网络实践的主体内省》,人民出版社2017年版,第65—92页。

(二) 网络法律法规教育

宣传普及网络法律法规是网络法治宣传教育的重点内容。在培育法治思维的前提下,网络法治教育还应帮助网民系统了解网络法律法规,使网民知法懂法,进而为自觉守法、理性用法奠定基础。

1. 保障网络信息安全的法律

良好的网络秩序是各种互联网工作开展的基础,也是保障网络信息安全的重要法宝。1994年2月,国务院发布全国性行政法规《中华人民共和国计算机信息系统安全保护条例》,这可以看作是我国网络信息安全法治建设的起点。2017年6月1日起施行的《中华人民共和国网络安全法》,包括七章七十九条,对网络安全支持与促进、网络运行安全、网络信息安全、监测预警与应急处置、法律责任等进行了规定,完善了网络安全的义务和责任,在落实总体国家安全观、规范社会各方主体的网络安全行为与执法体制中起到了重要指导作用。2020年1月1日起施行的《中华人民共和国密码法》对核心密码、普通密码、商用密码及法律责任进行了规定。2021年9月1日起施行的《中华人民共和国数据安全法》对数据安全与发展、数据安全制度、数据安全保护义务、政务数据安全与开放以及法律责任进行了规定。2021年11月1日起施行的《中华人民共和国个人信息保护法》对个人信息处理规则、个人信息跨境提供的规则、个人在个人信息处理活动中的权利、个人信息处理者的义务、履行个人信息保护职责的部门及法律责任进行了规定。为应对日益严峻的网络安全威胁,我国《刑法》也对违反国家规定,侵入计算机系统,提供专门用于侵入、非法控制计算机信息系统的程序、工具,对计算机信息系统功能进行删除、修改、增加、干扰,造成计算机信息系统不能正常运行,故意制作、传播计算机病毒等破坏性程序,或者利用计算机实施传统犯罪的行为进行定罪处罚。此外,对不构成犯罪的危害网络安全的违法行为,可依照《中华人民共和国治安管理处罚法》《中华人民共和国电信条例》《计算机信息网络国际联网安全保护管理办法》《互联网信息服务管理办法》等法律法规予以行政处罚。

2. 有关电子商务的法律

电子商务平台在线交易消费模式为消费者提供了极大便利。同时,为保护消费者权益,各大电商平台均依法建构了自身的消费者权益保护规则。我国于2005年实施的《中华人民共和国电子签名法》开启了我国网络法治建设的新阶段。《电子签名法》实施以来,我国的电子签名及认证服务业得到了迅速发展,有效地保障了网络交易安全,并为构建网络社会信任体系奠定了基础。同时,一些地方性法规也对电子商务进行了规制。自20世纪90年代电子商务出现至今,电子商务逐步成为中国数字经济不可或缺的一部分,中国也已经发展成为全球最大的电子商务市场。2014年实施的《中华人民共和国消费者权益保护法》为消费者保护个人信息提供了参考,首次规定了经营者侵害消费者个人信息权利要承担相应的赔偿责任。2019年实施的《中华人民共和国电子商务法》对民众普遍关切的电子商务治理中的重大问题给予法律层面的回应,为规范电子商务法律行为和促进电子商务行业健康发展提供了法律依据。《电子商务法》是我国打击网络信息侵权,保护互联网交易中的商户的信息安全的主要依据,是电子商务领域的专门立法。此外,《中华人民共和国民法典》《中华人民共和国食品安全法》《中华人民共和国反垄断法》《中华人民共和国反不正当竞争法》等法律中也有涉及电子商务的法律条款。

3. 保护个人隐私和个人信息的法律、法规及行业自律规范

保护个人隐私和个人信息安全是我国目前重点关注的一个问题,相关法律体系逐步建立。我国于2009年颁布的《刑法修正案(七)》规定了出售、非法获取和提供个人信息罪,2010年7月1日实施的《侵权责任法》明确规定了对公民个人隐私权的保护。我国第一部个人信息保护专门法律是2021年公布施行的《个人信息保护法》,该法对个人信息的过度收集、强制收集和违法收集等行为作出了规定,对规范个人信息处理活动、保障个人信息安全具有里程碑式的意义。此外,《民法典》《全国人民代表大会常务委员会关于维护互联网安全的决定》《电信条例》《计算机信息网络国际联网安全保护管理办法》《互联网医疗保健信息服务管理办法》《网络商品交易及有关服务行为管理暂行办法》《互联网视听节目服务管理规定》《上海市促进电子商务发展规定》等法律、行政法规、部门规章以及地方性法规也有保护个人信息的规定。我国互联网行业从业单位还以行业自律规范的形式签署了《中国互联网行业自律公约》,其中规定互联网服务提供者必须采取有效措施保护用户的个人隐私。通过上述法治建设,我国逐步构建了以法律保护为主、行业自律为辅的个人隐私和个人信息保护模式。

4. 保护网络知识产权的法律

加强网络知识产权保护是支持网络科技创新的关键。随着互联网信息技术的飞速发展以及网络用户规模的不断扩大,以互联网技术为依托而实施的知识产权犯罪活动也日益凸显,知识产权犯罪手段更加隐蔽、形式更加多样。为应对网络对知识产权保护提出的挑战,面对新出现的网络知识产权犯罪,我国修订了《著作权法》,制定了《计算机软件保护条例》《互联网著作权行政保护办法》《信息网络传播权保护条例》,最高人民法院出台了《关于审理涉及计算机网络著作权纠纷案件适用法律若干问题的解释》。针对域名管理有关问题,有关部门制定了《中国互联网络域名管理办法》《中国互联网络域名注册实施细则》《中国互联网络信息中心域名争议解决程序规则》等规范性文件,最高人民法院也出台了《关于审理涉及计算机网络域名民事纠纷案件适用法律若干问题的解释》,这些规定为我国域名注册、管理和争议解决提供了基本的依据,有效地平衡了域名持有人与商标权人等其他民事权利人之间的利益。同时,面对网络知识产权犯罪日益增多的现实,在结合已有司法实践的基础上,我国在2020年通过的《刑法修正案(十一)》中对有关网络知识产权的规定进行了修改和完善,明显增强了对互联网环境下知识产权的保护,并实现了与《反不正当竞争法》《著作权法》的衔接。同时,我国常态化组织开展打击网络侵权盗

版的"剑网"专项行动,有效打击了网络知识产权犯罪,"北京冬奥会、冬残奥会期间,开展冬奥版权保护集中行动,推动网络平台删除涉冬奥侵权链接 11 万余个"①。

5. 保护网络市场秩序的法律

网络市场快速崛起,对稳经济、促消费、保就业、惠民生发挥了重要作用。为规范网络业务市场的竞争秩序,适应电信业对外开放的需要,我国积极探索与网络市场体系新业态相适应的执法模式,打击不法新型交易行为,助力网络市场健康可持续发展。面对"掐尖式并购"、无正当理由屏蔽链接、"二选一"、大数据杀熟、流量挟持等妨碍市场公平竞争的问题,我国依法规范和引导资本健康发展,采用多种治理平台竞争失序的执法举措,聚焦大型网络平台价格欺诈、低价倾销等重点问题,通过行政约谈、行政指导、规则指引等多种监管手段,整治垄断和不正当竞争行为。2020 年至 2021 年,依法立案查处电商、网络餐饮外卖等领域 2 件典型的"二选一"垄断案件,罚款 216.7 亿元。2021 年共查处网络不正当竞争案件 1998 件,罚没金额 1.19 亿元。2020 年至 2022 年上半年,依法审查涉及平台经营者集中申报案件 56 件,依法查处涉及平台企业未依法申报违法实施经营者集中案件 159 件。同时为营造良好网络市场环境、维护广大网络交易主体权益的必要要求,中国连续开展"网剑行动",集中整治网上营销侵权假冒伪劣商品、网上非法野生动植物交易、网上发布违法广告等突出问题。指导网络交易平台删除违法商品信息 182.97 万条,关闭网站 2.39 万个次,责令停止网站平台服务 10.5 万个次。②

6. 确保未成年人上网安全的法律

我国未成年人使用互联网已经相当普及,互联网为青少年的生活带来便利的同时,也带来了上网成瘾、网络不良信息侵扰等重大隐患。为依法保护未成年人上网安全,营造有利于未成年人健康成长的网络环境,2004 年,最高人民法院、最高人民检察院联合出台了《关于办理利用互联网、移动通讯终端、声讯台制作、复制、出版、贩卖、传播淫秽电子信息刑事案件具体应用法律若干问题的解释》,根据该司法解释,向不满十八周岁的未成年人贩卖、传播淫秽电子信息和语音信息的,依照制作、贩卖、传播淫秽物品罪的规定从重处罚。2006 年 12 月,全国人大常委会对《中华人民共和国未成年人保护法》进行了修订,规定了预防未成年人沉迷网络和接触有害信息的具体措施。2010 年 6 月,文化部颁布了《网络游戏管理暂行办法》,规定以未成年人为对象的网络游戏不得含有诱发未成年人违法犯罪的行为和妨害未成年人身心健康的内容。2012 年,中国创建全国青少年普法网,设置影视动漫、法律小故事、看图学法等栏目,为中小学生法治教育学习提供平台。2019 年 10 月 1 日,《儿童个人信息网络保护规定》正式实施,这是我国首部规定儿童个人信息网络保护的专门立法。2020 年 3 月 1 日起正式施行的《网络信息内容生态治理规定》中,

---

① 中华人民共和国国务院新闻办公室:《新时代的中国网络法治建设》,《人民日报》2023 年 3 月 17 日。
② 中华人民共和国国务院新闻办公室:《新时代的中国网络法治建设》,《人民日报》2023 年 3 月 17 日。

专门要求网络信息内容生产者和内容服务平台要积极采取措施从源头防止未成年人浏览不良信息。2020年10月,全国人大常委会通过了最新修订的《未成年人保护法》,新增了"网络保护"章节,进一步体现出对未成年人的网络保护。上述法律法规为保障未成年人的合法权益提供了基本依据,为维护网络信息安全、促进互联网普及和应用发挥了重要作用。从2011年起,我国定期开展"护苗"行动,一方面组织执法力量定期检查校园周边重点市场点位,深层清理网上对未成年人具有诱导性的不良内容。另一方面,培育"护苗"品牌,打造"护苗"教育基地,推动学校、家庭严格管理学生使用手机等智能终端产品。2021年,通过全国青少年普法网参与宪法在线学习人次达到83亿。

三、网络道德与法治教育的途径与方式

深入开展网络道德与网络法治教育应实现多方结合,合理布局、形成合力,即家庭教育、学校教育与社会教育相结合,发挥多元教育主体的施教功能;线上教育与线下教育相融合,实现传统教法与现代教法、网外资源与网络资源的整合,以形成强大合力;他教与自教相配合,培育网民个体的自教能力和自觉自主的责任意识。而在具体方式上,网络道德与法治教育的开展主要应夯实三类教育,即课程教育、实践教育和自我教育。

(一)课程教育:将网络道德与法治教育融入课程,提高认知水平

互联网发展迅速、变革剧烈,我们对互联网的已知远远不如未知。面对互联网技术本身的飞速发展、变动不居,高校应开设专门的互联网技术普及类课程来帮助大学生认识网络、理解网络,提高大学生的信息素养,这是大学生能够积极适应互联网时代的前提。当然,除了技术普及类课程,高校还应回应现实,直面网络空间中的诸多乱象,开设网络道德、网络法治类专题课帮助大学生了解网络空间的运行状况,增进对与网络道德和网络法治相关知识的理解程度。其实,互联网的先发国家,都非常注重通过课程教育、培训等手段来提升网民的认知水平和信息素养,比如英国为了保证教师、学生、家长都具备网络安全意识,要求学校定期进行网络安全培训教育,确保全体师生员工了解网络风险,形成安全责任意识和行为习惯。培训应指导学生掌握并遵守学校网络使用条款,了解网络中存在哪些风险、什么是不宜内容、什么是不法内容、如何在缺失成人监护和技术保护的情形之下进行自我保护或寻求帮助等方面的基本常识。培训还应让学生认识到各种相关数据保护、知识产权方面的法律法规对自身的权利既是限定也是保护。①

(二)实践教育:开展网络道德与法治相关实践活动,增强实践能力

网络道德与网络法治教育如果仅停留于认知层面是远远不够的,道德和法律都是用于规范人的行为的,人的行为是否能够遵循道德和法律的规范要求,需要通过不断的实践

---

① 马元丽、费龙:《英国中小学生网络安全策略》,《外国教育研究》2009年第8期。

来养成习惯、形成自觉、增强能力。实践教育的开展贵在精致化的设计,学校应结合学生在网络道德与网络法治方面的不足和需求,有针对性地设计相关实践活动鼓励学生参与到网络道德实践与网络法治实践的活动中,帮助学生在实践体验中认识遵法守德的重要性,强化道德与法治意识,切实增强网络道德与法治的相关能力。例如,教育部举办的全国大学生网络文化节,旨在鼓励引导广大青年大学生积极参与网络文化作品生产,唱响网上好声音,传播网络正能量,全面提升网络素养,争做校园好网民,共同守护好网上精神家园。这类活动就是深入开展大学生网络实践教育的有益方式。未来,还需加大研究与探索力度,创新方式方法,让更多的大学生能够深度参与到与网络道德和网络法治相关的实践教育活动中,在实践中长知识、增才干。

(三)自我教育:提升网民自我教育的意识与素养,强化责任担当

网络空间的扁平化、去中心化赋予了网民空前的自主性,网民个体的能量被放大。尼葛洛庞帝说:"在广大浩瀚的宇宙中,数字化生存能使每个人变得更容易接近,让弱小孤寂者也能发出他们的心声。""数字化生存有四个强有力的特质,将会为其带来最后的胜利。这四个特质是:分散权力、全球化、追求和谐和赋予权力。"[①]从这段论述中,我们可以强烈地感受到互联网对网民个体的赋权,也可以体验到网络空间中网民个体自主性的空前增强的态势。既然网民个体高度自主,那么他们就应当为自己的自主行为负责;同时,网络赋予网民个体更多的权利,个体也应当承担更多的责任。有学者指出,在网络空间中,"网下现实社会生活中那些可以直接让人感受到的外在监督和约束的力量,几乎很难能够再让人们感觉得到它们的存在。这时候,他律的暂时性退场,在很大程度上'放大了'人们网络行为活动的自主性和随意性,容易'造就出'一些失范行为。而就避免网络行为失范的发生,维持网上社会良好的运行秩序来说,行为主体的自省和自律,就显得弥足重要"[②]。这也强调了网民个体自律和自觉担当责任的重要性。

基于网民个体自主性的张扬,网络思想政治教育应把培育网民自我教育的能力与素养作为重要着力点,帮助网民提高自我教育的意识和自我教育的能力,树立在网络空间中的责任意识,养成遵法守德的行为习惯,进而为清朗网络空间贡献个体的积极力量。

---

① [美]尼古拉·尼葛洛庞帝:《数字化生存》,胡泳、范海燕译,海南出版社1997年版,第7、269页。
② 李一:《网络行为失范》,社会科学文献出版社2007年版,第294页。

第六章 网络思想政治教育方法的创新发展

网络思想政治教育起源于20世纪90年代中期"网络危害论"的认识阶段,兴起于世纪之交"网络工具论"的认识阶段,发展于"网络社会观"的认识阶段。网络思想政治教育理论与方法历经近三十年发展,取得了长足的成效,尤其是网络思想政治教育方法在维护网络社会主流意识形态安全,加强网络正面宣传,培育健康网络文化,引导广大青少年形成良好的网络思想素养、政治素养、道德素养、法治素养、心理素养和信息素养等方面发挥了不可替代的作用。然而,随着移动互联网、大数据、云计算、物联网和人工智能等新技术的快速发展和日益普及,网络空间日益成为社会信息交流的大平台,成为亿万民众共同的精神家园。各种社会文化和社会思潮在网络空间中展开的交流、交融、交锋日趋激烈,对亿万广大网民,尤其是广大青少年网民的思维方式、价值观念、行为方式产生了深刻的影响,同时也为网络思想政治教育方法创新发展带来了新的挑战和机遇。

第一节 网络思想政治教育方法创新发展的时代需求

习近平指出:"互联网是当前宣传思想工作的主阵地。这个阵地我们不去占领,人家就会去占领;这部分人我们不去团结,人家就会去拉拢。要把这些人中的代表性人士纳入统战工作视野,建立经常性联系渠道,加强线上互动、线下沟通,引导其政治观点,增进其政治认同。"[①]如何去占领网络思想阵地,怎样去团结亿万网民、引导广大网民的政治观点、增进其政治认同,这些问题的解决无不涉及网络思想政治教育方法的创新发展。因此,面对网络技术的快速发展和日益普及,创新发展网络思想政治教育方法是巩固我国网络意识形态安全的需要,是实现人的网内网外虚实和谐发展的需要,是实现网络思想政治教育科学化的需要。

一、巩固网络意识形态安全的需要

面对互联网的快速发展,世界各国都把发展互联网作为抢夺新一轮科技革命主动权的战略选择,网络空间主权防护成为国际竞争的重要内容。我国在2014年提出的建设网络强国的目标愿景,为巩固网络意识形态安全带来了难得的机遇。习近平指出:"我们不

---

① 《习近平谈治国理政》第2卷,外文出版社2017年版,第325页。

断推进理论创新和实践创新,不仅走出一条中国特色治网之道,而且提出一系列新思想新观点新论断,形成了网络强国战略思想。"[1]但是,当前网络意识形态话语权竞争日趋激烈,为坚持和巩固马克思主义在网络意识形态领域的主导权、话语权、建设健康网络文化、加强网络舆情引导、提升网络思想政治教育的科学化水平,客观上要求创新发展网络思想政治教育方法。

(一)巩固马克思主义在网络意识形态领域的指导地位需要创新发展网络思想政治教育方法

随着互联网、物联网、大数据等新技术的加速发展和广泛运用,网络空间已成为广大人民群众生产生活的新空间和新场域,也成为社会舆论的放大器和思想文化交流交融的重要平台。加强网络空间治理,维护网络意识形态安全,已经成为事关党长期执政、事关国家长治久安、事关经济社会发展和人民群众福祉的重大问题。党的十八大以来,以习近平同志为核心的党中央准确把握网络社会发展的新动向和新特点,加强和完善党对网络安全和信息化工作的集中统一领导,密切结合网络信息工作实践,高度重视网络意识形态安全,坚持主动出击,趋利避害,运用信息网络技术,加强网络思想舆论阵地建设,拓展了思想政治教育的空间和渠道,创新发展网络思想政治教育方法,提高网上引导水平,讲求引导艺术,大力弘扬爱国主义、社会主义、集体主义主旋律,用习近平新时代中国特色社会主义思想团结和凝聚亿万网民,扩大覆盖面,增强影响力,掌握网络舆论主导权,筑牢共同思想基础,不断提高思想政治教育的时效性和有效性,形成积极向上的主流舆论,不断巩固马克思主义在意识形态领域的指导地位,构建起网络综合治理新格局。

网络空间已经成为人们生活中不可或缺的场域,网络场域已经成为各种社会思潮和社会舆论的放大器,客观上要求把网络思想政治教育作为网络宣传思想工作的重中之重来抓,不断创新发展适合和引导亿万网民思想发展的网络思想政治教育方法,把网络意识形态工作的主导权和网络舆论战场上的主动权牢牢掌握在自己手中。习近平指出:"没有网络安全就没有国家安全;过不了互联网这一关,就过不了长期执政这一关。"[2]"网络已是当前意识形态斗争的最前沿。掌控网络意识形态主导权,就是守护国家的主权和政权。"[3]坚持用习近平关于网络强国的重要思想指导网络思想政治教育方法创新发展,充分利用网络信息传播的开放性、即时性、受众面广、多样性的特点,主动出击,及时准确地向广大网络受众推送真实客观、权威可信、观点鲜明的信息内容,抢占权威信息发布的制高点,有效引导网民思想认识的发展。针对网络空间中的各种社会思潮和舆论观点,要创新发展以理服人、循序善诱的引导和疏导方法。对于网络舆论场域中肆意诋毁、抹黑我国

---

[1] 《习近平在全国网络安全和信息化工作会议上强调:敏锐抓住信息化发展历史机遇 自主创新推进网络强国建设》,《人民日报》2018年4月22日。
[2] 《习近平谈治国理政》第3卷,外文出版社2020年版,第317页。
[3] 习近平:《论党的宣传思想工作》,中央文献出版社2020年版,第22页。

的各种谎言谣言,以及粗暴干涉我国主权、安全和发展利益等错误言行,要创新发展旗帜鲜明、立场坚定、针锋相对的严厉批驳各种错误思想、观点和言论的方法,讲清中国主张,亮明中国立场,让亿万网民认清事件是非曲直,与错误思想观念开展坚决斗争,维护国家政治安全。

(二)建设健康的网络文化需要创新发展网络思想政治教育方法

网络技术与社会文化生活的融合,催生了全新的文化形态——网络文化。网络文化的兴起和发展,对一个国家的经济、政治、文化、社会、生态以及国际交往、国家安全等产生了深刻而重要的影响。党的二十大报告指出:要健全网络综合治理体系,推动形成良好网络生态。习近平指出:"建设网络强国,要有自己的技术,有过硬的技术;要有丰富全面的信息服务,繁荣发展的网络文化。"①因此,加强网络文化建设和管理,形成积极健康的网络文化,已经成为发展社会主义先进文化、维护网络安全的必然要求,也是顺应人民群众的需要、树立国家良好形象的必然选择。然而,对于以信息海量化为突出特点的网络文化来说,网络空间中良莠不齐的海量网络信息呈现出主导文化、高雅文化、大众文化、民间文化共生的多元形态和先进文化、有益文化、落后文化、腐朽文化并存的复杂格局,在大力发展先进文化的同时,如何鼓励有益文化,转化落后文化,抵制腐朽文化仍然是当前网络文化建设面临的难题。因此,在信息海量的网络空间,培育和发展健康的网络文化,弘扬主旋律,激发正能量,大力培育和践行社会主义核心价值观,需要网络思想政治教育工作者根据网络文化建设规律,把握网络文化的特点,创新和发展网络思想政治教育方法,提升广大网民的网络思想道德素养、网络信息素养和审美能力,积极引导广大网民自觉弘扬社会主义先进文化,抵制各种低俗庸俗的网络文化,反对各种落后腐朽的网络文化,绝不让网络空间成为传播有害信息、造谣生事的平台,真正营造清朗的网络空间环境,实现网络文化育人,让网络文化服务于网络安全和广大网民发展的需要。习近平指出:"我们要本着对社会负责、对人民负责的态度,依法加强网络空间治理,加强网络内容建设,做强网上正面宣传,培育积极健康、向上向善的网络文化,用社会主义核心价值观和人类优秀文明成果滋养人心、滋养社会,做到正能量充沛、主旋律高昂,为广大网民特别是青少年营造一个风清气正的网络空间。"②

(三)加强网络舆情引导需要创新发展网络思想政治教育方法

网络空间是各种参差不齐的海量信息传播的集散地,这使其成为各种社情民意的聚集地,也成为各种社会舆论的"放大器"。一方面,多元思想文化交流与交融,极大地丰富人们文化生活,开阔人们视野,促进个性培养,提升人类智慧。另一方面,多元思想文化也在网络空间交锋和角力,网络空间成为争夺民心民意的新领域。其中,非主流的、歪曲事

---

① 《习近平谈治国理政》第1卷,外文出版社2018年版,第198页。
② 《习近平谈治国理政》第2卷,外文出版社2017年版,第337页。

实的、不稳定不成型的价值态度等各种信息碎片化式的扩散传播,混淆视听,涣散和弱化主流文化,解构人们的认知、情感、观念,容易导致文化盲从现象的出现,加剧文化认同危机,进而对一个民族和国家的主流价值观念、文化传统、精神信仰形成巨大冲击,给国家的文化安全带来严重挑战。近年来,虽然我国网络安全治理格局日渐完善,网络空间日渐清朗,网络舆论向上向好发展态势正在形成。但也必须看到,网络空间舆论主体多元化、传播平台多样化、舆论交锋复杂化,为进一步加强网络舆情引导提出新的课题。

网络舆情是指网民在互联网虚拟交往空间中通过网络语言和其他方式,围绕社会公共事务性的热点或普遍关注的议题所表达的情绪、态度和意见的集合,是网民对现实生活中存在问题和现象在互联网络空间中的一种群体性社会心理的反映,是网络言论和行为交互作用的产物。网络舆情依据不同标准可以划分为不同的类型:按其内容可以分为政治性网络舆情、经济性网络舆情和社会公共生活网络舆情;按其诉求的目的可以分为利益诉求性网络舆情和社会公共事务网络舆情;按其性质可以分为正向网络舆情和负向网络舆情、主流网络舆情和非主流网络舆情;按网络舆情形成的时效可以分为突发型网络舆情和储存型网络舆情;等等。

一般来说,网络舆情的形成需要在互联网虚拟空间经历议题形成、舆论发展、舆情爆发和舆情衰落等四个阶段,同时还需要满足如下三个条件。一是社会热点性、焦点性、敏感性的议题是网络舆情形成的必要条件。二是广大网民参与议题的讨论、辩论等活动是网络舆情形成的根本条件。三是网络空间的自由交互和即时性传播是网络舆情形成的基本条件。网络舆情除了具有与现实社会舆情共有的基本属性外,还具有直接性与客观性、即时性与突发性、丰富性与多元性、互动性与反馈性、情绪化与偏差性等特点。因此,在网络舆情复杂多变的网络空间,需要网络思想政治教育工作者根据网络舆情的形成发展规律,把握网络舆情的时、度、效的特点,抓住时机、把握节奏、讲究策略,创新和发展网络舆情引导方法。习近平指出:"做好网上舆论工作是一项长期任务,要创新改进网上宣传,运用网络传播规律,弘扬主旋律,激发正能量,大力培育和践行社会主义核心价值观,把握好网上舆论引导的时、度、效,使网络空间清朗起来。"[①]

二、促进人的全面发展的诉求

互联网已经融入现代人的日常生活和工作学习之中。当下人们不是生活在网外就是生活在网内;不是在上网,就是在去上网的路上。网内网外有机融合,构成了人们生存和发展的新场域。作为一个完整的社会人,既要寻求在现实社会场域中的发展,也要谋求在网络社会场域中的发展,力求实现网内网外虚实和谐发展。因此,面对日趋激烈的网络空

---

① 《习近平谈治国理政》第1卷,外文出版社2018年版,第198页。

间竞争和人们生存发展的需要,创新发展网络思想政治教育方法,是引导人们在现实社会和网络空间生存发展的要求。

(一)促进人在网络空间的生存和发展,需要创新发展网络思想政治教育方法

作为一个完整的社会人,网络社会的形成与发展不仅拓展了人的发展外延,而且丰富和优化了人的发展内涵。从本质上说,当下人的发展是人在现实空间和网络空间的一种虚实和谐发展。人既要在现实空间中发展自己,占有自己的本质,也要在网络空间中发展自己,占有自己的本质,更要实现在现实空间和网络空间的虚实和谐中发展自己,占有自己全面的本质。因此,当下人的发展前提就是要正确处理好人在现实空间与网络空间发展的关系问题。不能因为人的基本生存和需要离不开现实空间,就以现实空间的发展取代和压制,甚至杜绝网络空间的发展,因为网络空间已经无可置疑地成为一个客观存在的社会场域。同时,我们也不能以人在网络空间中的发展取代和消解在现实空间中的发展,更不能远离现实空间。因为人的物质、情感、亲情等需要在现实空间中完成,而且网络空间只有在现实空间的基础上才能健康有序地发展,那种离开现实空间追求在网络空间发展的人,不仅不能发展自己,反而会限制自己的发展,导致自己畸形地发展。因此,需要创新发展网络思想政治教育方法,引导人们按照网络空间的道德规范和法律规范进行学习、工作、交往和生活,学会运用网络空间丰富的资源发展自己。

(二)提升人的网络思想政治素养,需要创新发展网络思想政治教育方法

提升人的网络思想政治素养,需要立足人在网络空间生存和发展的实际,依据人在网络空间思想和行为的特点与形成发展规律,不断创新发展有利于促进人的网络思想政治素养发展和提升的网络思想政治教育方法。

网络空间不是一片净土,而是各种思想观念和社会舆情交流、交锋、碰撞的集散地。这一现实意味着需要创新发展网络思想政治教育方法,加强对广大网民思想和行为的引导,帮助他们形成正确的思想政治立场、态度、情感和价值观,提升广大网民明辨是非、决断选择的能力,使其在网络空间中自觉抵制各种错误的社会思想和观念,弘扬正能量,共同营造生态良好的网络精神家园。网络空间也绝不是道德天堂,同样充满正义与邪恶、美与丑的较量,甚至有时还是一个充斥着虚假、欺骗、攻击、谩骂、恐怖、色情、暴力的空间,不法分子依托网络空间进行各种欺诈活动、散布色情材料、进行人身攻击、兜售非法物品,等等。因而,维护网络空间正义,净化网络空间环境,需要创新发展网络思想政治教育方法,从而培养广大网民良好的网络道德素养和网络道德行为,自觉抵制各种不健康不道德的不良行为,不让不健康不道德的行为和现象大行其道。网络空间也绝非法外之地。鼓吹推翻国家政权,煽动宗教极端主义,宣扬民族分裂思想,教唆暴力恐怖活动等违法犯罪活动有时也充斥着网络空间。一方面,应对这些违法犯罪活动坚决予以制止和打击,绝不能姑息养奸。另一方面需要创新发展网络思想政治教育方法,加强网络法治教育,培养广大网民良好的网络法治素养和法治行为,自觉地抵制各种网络违法现象和行为,维护网络空

间的法治环境。

（三）矫正网络异常行为，需要创新发展网络思想政治教育方法

网络异常行为，也称网络越轨行为、网络离轨行为、网络反常行为、网络偏差行为等。网络异常行为是指在网络空间违反网络规则或社会基本价值观念和准则，并引起非议、惩罚或影响自身发展的行为。网络异常行为主要包括五种类型：一是沉迷于网络，并影响自身健康发展的网络行为；二是使人感到反常、奇特以及感到厌恶或产生抵触的网络行为；三是违反社会基本价值观念和行为准则的网络行为；四是违反道德观念、道德准则和违反网络相关法律乃至构成犯罪的网络行为；五是违反人性，属于邪恶的网络行为。网络异常行为通常被看作是消极、病态或犯罪的网络行为，如青少年的网络成瘾、网络恶搞、网络欺诈、网络色情、网络犯罪、网络暴力等。矫正网络异常行为，需要创新发展网络思想政治教育方法。如可运用网络认知行为矫正法、网络注意力转移法、网络替代延迟满足法、网络团体辅导法等网络思想政治教育方法来矫正网络成瘾行为。又如可运用网络道德教育法、网络引导法、网络规制法等网络思想政治教育方法来加强对网络恶搞的引导与规制。

三、推进网络思想政治教育科学化发展的需要

网络思想政治教育目标能否实现、效果好坏，都离不开网络思想政治教育方法的运用。网络思想政治教育面临着与现实思想政治教育完全不同的环境和条件，面对网络空间环境下思想政治教育的复杂性和开放性。唯有坚持网络思想政治教育方法创新发展，才能提升网络思想政治教育科学化水平，才能确保网络思想政治教育增强影响力和提高实效性。因而，创新发展网络思想政治教育方法是实现网络思想政治教育引导、激励、协调作用的重要手段，是实现网络思想政治教育目标的必要条件，是影响网络思想政治教育实效性的重要因素。

网络思想政治教育从起源、兴起到发展，虽经历近三十年的探索和发展，形成了网络思想政治教育自身的研究对象，探索形成了网络思想政治教育理论与方法。但是在网络技术飞速发展的新时代，提升网络思想政治教育科学化水平，回应网络空间的各种思想和社会热点问题，维护网络空间安全，加强网络舆论引导，净化网络空间环境，弘扬正能量，巩固马克思主义在网络意识形态领域的主导权和话语权，提高网络思想政治教育感染力、针对性和实效性，都需要创新发展网络思想政治教育方法。

（一）实现网络思想政治教育目的，需要创新发展网络思想政治教育方法

一定的目的往往需要通过一定的方法才能实现，如果方法不当，再好的目标也难以实现。网络思想政治教育活动需要借助一定的教育方法来实现网络育人的目的。网络思想政治教育是教育者在一定的网络空间发布或推送一定的思想政治教育信息，使受教育者在网络空间中根据自己的认知和需要选择相应的思想政治教育信息进行学习、

理解、吸收的过程。网络思想政治教育过程展现了网络空间"教育者—界面—受教育者"的信息关系。教育者如何既能有效地将教育信息推送到网络空间，又能有效地使受教育者自主地选择这些教育信息作为自己的学习内容，方法起到关键性作用。如果方法不当或不足以引起受教育者的注意力和兴趣，再好的网络思想政治教育内容也难以实现育人目的。因而，根据网络思想政治教育受教育者的网络认知特点和思想需求，遵循网络思想政治教育规律，创新发展适合网络思想政治教育的方法是实现网络思想政治教育目的的需要。

（二）提高网络思想政治教育影响力和实效性，需要创新发展网络思想政治教育方法

网络思想政治教育的实效性是网络思想政治教育效果的一个关键问题。没有网络思想政治教育的实效性，就难以推进网络思想政治教育的科学发展。网络思想政治教育方法在一定程度上决定了网络思想政治教育的影响力和实效性。只有满足受教育者需要的网络思想政治教育方法，才会增强广大网民参与网络思想政治教育的学习主动性。反之，则难以吸引广大网民参与网络思想政治教育学习活动，网络思想政治教育影响力就无从谈起，实效性也就无法保证。目前我国网络思想政治教育方法发展尚处在起步阶段，科学性和应用性强的网络思想政治教育方法还有待进一步开发和总结提炼，还没有形成一套行之有效的方法体系。因此，要提高网络思想政治教育的影响力，扩大覆盖面，提高实效性，必须不断创新发展既反映网络思想政治教育特点与规律，又满足网络思想政治教育对象需要的网络思想政治教育方法。

第二节　网络思想政治教育方法创新发展的条件

网络思想政治教育方法创新发展是基于在网络空间实施的思想政治教育活动，以及人们在网络空间的思想与行为的特点和规律而展开的网络思想政治教育方法理论和实践创新发展的过程，需要各种主客观要素的相互支撑。所谓网络思想政治教育方法创新发展的条件，是网络思想政治教育方法创新发展所依赖的各种要素的总称，是网络思想政治教育方法创新发展的基础。网络思想政治教育方法创新发展的条件主要包括了网络思想政治教育方法创新发展的理论条件、实践条件和技术支撑等。依据这些条件有助于揭示网络思想政治教育方法创新发展的机理，为推动网络思想政治教育方法创新发展奠定基础。

一、网络思想政治教育方法创新发展的理论条件

网络思想政治教育方法是实施网络思想政治教育活动的重要手段，同时也是在网络思想政治教育实践中逐步形成和发展起来的，是为网络思想政治教育的目的和任务服务

的。它是由人们在网络空间中的思想行为形成发展规律和网络思想政治教育的规律所决定的。厘清网络思想政治教育方法创新发展的理论条件,是创新发展网络思想政治教育方法的必然要求,也是实现网络思想政治教育目的、增强网络思想政治教育的吸引力和影响力、提高网络思想政治教育的针对性和实效性的客观要求。

(一)马克思主义为网络思想政治教育方法创新发展提供世界观与方法论

马克思主义是创新发展网络思想政治教育方法的世界观与方法论。其中,马克思主义哲学是网络思想政治教育方法创新发展的理论基石。唯物辩证法是网络思想政治教育方法创新发展的实践理论基础,主要包括唯物辩证法的联系的观点、发展的观点、矛盾的观点等。辩证唯物主义认识论是创新发展网络思想政治教育方法的认识论基础。

马克思主义关于人的本质理论是网络思想政治教育方法创新发展的直接理论基础,既包括人的实践本质理论,也包括人的社会本质理论。创新发展网络思想政治教育方法就是要坚持以发展和丰富人的本质为中心。马克思主义从人的社会实践活动深刻阐明人作为类存在的本质,即人的自由的有意识的活动;从人的社会实践活动中所结成的社会关系进一步阐明人的社会本质,即一切社会关系的总和。马克思指出:"人的本质不是单个人所固有的抽象物,在其现实性上,它是一切社会关系的总和。"[①]人的本质内涵不是一成不变的,而是随着人的社会实践活动发展而不断丰富和发展。

马克思主义关于人的全面发展理论是创新发展网络思想政治教育方法的又一直接理论基础。创新发展网络思想政治教育方法的出发点和落脚点就是要推进人的思想政治素质的发展,促进人与自身、社会、自然的和谐发展。马克思主义认为,人的全面发展是指每一个现实的人摆脱和超越各种内在和外在的限制和束缚,实现人在关系、能力、素质和个性等诸方面的普遍提高与协调发展的过程和境界。[②]用马克思的话来说,就是"人以一种全面的方式,也就是说,作为一个完整的人,占有自己的全面的本质"[③]。用列宁的话说,就是"会做一切工作的人"[④]。因此,马克思、恩格斯认为,人的全面发展的实质就是要摆脱束缚人发展的各种外在与内在的局限和限制,人的外延发展就是摆脱束缚人的社会关系的局限和限制,人的内在发展,就要摆脱束缚人的实践能力和素质进一步发展和提高的局限和限制。马克思、恩格斯指出:"每一个单个人的解放的程度是与历史完全转变为世界历史的程度一致的。至于个人在精神上的现实丰富性完全取决于他的现实关系的丰富性……只有这样,单个人才能摆脱种种民族局限和地域局限而同整个世界的生产(也同精神的生产)发生实际联系,才能获得利用全球的这种全面的生产(人们的创造)的能

---

① 《马克思恩格斯选集》第1卷,人民出版社2012年版,第135页。
② 陈志尚:《人的自由全面发展论》,中国人民大学出版社2004年版,第89页。
③ 《马克思恩格斯全集》第42卷,人民出版社1979年版,第123页。
④ 《列宁全集》第39卷,人民出版社2017年版,第29页。

力。"①因此,人的全面发展主要包括人的社会关系的全面发展、人的素质的全面发展、人的能力的全面发展、人的个性的全面发展等四个方面的内容。

(二) 思想政治教育基本原理为网络思想政治教育方法创新发展提供基础理论

创新发展网络思想政治教育方法的基础理论主要包括思想政治教育本质理论、思想政治教育过程理论、思想政治教育方法理论。这些理论直接为网络思想政治教育方法创新发展提供基础理论支撑。

思想政治教育本质理论是创新发展网络思想政治教育方法的根本遵循。网络思想政治教育方法必须服务和服从于思想政治教育本质要求。思想政治教育方法服务于思想政治教育目标和任务,创新发展网络思想政治教育方法必须有利于开展思想政治教育工作,有利于受教育者自觉接受思想政治教育基本理论,并内化为思想观念,外化为行为指南。网络思想政治教育方法服从于思想政治教育基本理论,意味着创新发展网络思想政治教育方法要围绕思想政治教育基本理论的教育教学来进行。

思想政治教育过程理论是创新发展网络思想政治教育方法的理论支撑。创新发展网络思想政治教育方法需要准确把握思想政治教育过程的矛盾和特点,遵循思想政治教育过程的规律。如果背离或偏离思想政治教育过程的矛盾、特点和规律,创新发展网络思想政治教育方法将会成为无源之水、无本之木。因此,创新发展网络思想政治教育方法需要依据思想政治教育过程理论,结合网络空间的特点,在继承中创新发展。

思想政治教育方法理论是创新发展网络思想政治教育方法的直接依据。网络思想政治教育方法创新是基于思想政治教育方法理论基础上的创造性转化、创新性发展过程。网络思想政治教育方法创新发展需要坚持思想政治教育方法理论的指导,一方面,要继承已经被网络思想政治教育实践活动证明了的切实有效的思想政治教育方法,另一方面,要立足网络空间,根据网络思想政治教育的特点和规律,对现实空间环境下的思想政治教育方法进行移植再生,创新发展网络思想政治教育方法。

二、网络思想政治教育方法创新发展的实践条件

网络空间已经成为人们获取信息、交流信息的重要平台,是人们学习、工作、交往、生活的新空间。网络强国建设、网络意识形态主导权建设和网络思想政治教育实践平台的兴起发展为网络思想政治教育方法创新发展提供了实践条件。

(一) 网络强国建设为网络思想政治教育方法创新发展提供实践基石

党的十八大以来,以习近平同志为核心的党中央准确把握时代潮流,立足我国互联网发展与治理实践,围绕什么是网络强国、怎样建设网络强国提出一系列新思想新观点新要求,在实践中形成了网络强国战略思想。习近平指出:"网络安全和信息化是事关国家安

---

① 《马克思恩格斯选集》第 1 卷,人民出版社 2012 年版,第 169 页。

全和国家发展、事关广大人民群众工作生活的重大战略问题,要从国际国内大势出发,总体布局,统筹各方,创新发展,努力把我国建设成为网络强国。"①网络安全建设是网络强国建设的重要内容。近年来,我国在加强网络安全建设方面取得了显著的成效,形成了一系列加强网络安全建设的好经验和好做法,尤其在提升网民的网络安全意识和网络安全素养等方面探索出了一系列行之有效的方法,为网络思想政治教育方法创新发展提供实践基石。

（二）网络意识形态主导权建设为网络思想政治教育方法创新发展提供实践基础

网络意识形态主导权建设既是网络强国建设的重要内容,又是一项长期、复杂且艰巨的任务。党的十八大以来,我国更加重视加强网络意识形态主导权建设。我国立足于网络空间舆论实际,遵循网络舆论形成和发展的规律,主动出击,趋利避害,注重加强网上正面宣传,旗帜鲜明坚持正确政治方向、舆论导向、价值取向,用习近平新时代中国特色社会主义思想铸魂育人,团结、凝聚亿万网民,形成了许多加强网络意识形态主导权建设的好经验和好方法。尤其是近年来,党和国家积极倡导净化网络空间,建设良好网络生态,坚持网络主流意识形态阵地建设,注重加强网络主旋律教育,发挥网络引导舆论、反映民意的作用等,这些为网络思想政治教育方法创新发展提供了实践基础。

（三）网络思想政治教育实践平台为网络思想政治教育方法创新发展提供实践保障

网络思想政治教育实践平台是网络思想政治教育方法创新发展的有效载体,也是网络思想政治教育方法创新发展的基本保障。进入21世纪以来,我国高校十分注重网络思想政治教育实践平台建设,开设了一大批思想政治教育主题网站,为网络思想政治教育方法创新发展提供了实践运用平台。尤其是党的十八大以来,"互联网+教育"的平台建设方兴未艾,更是为网络思想政治教育方法创新发展提出了实践要求。如近年来在全国高校兴起的思想政治理论课慕课、微课、翻转课堂等网络思想政治教育实践平台,对与之相应的网络思想政治教育方法的创新发展提出了更高的期许。与此同时,思想政治理论课慕课、微课、翻转课堂等教育平台的兴起,也为网络思想政治教育方法和手段的创新发展提供了实践保障。

三、网络思想政治教育方法创新发展的技术支撑

随着网络信息技术迭代不断加快,网络信息技术正以前所未有的速度、广度和深度发展,深刻改变了思想政治教育教学方法,为网络思想政治教育方法创新发展提供了技术支撑和实现的平台。网络思想政治教育方法突破了时间和空间的限制,为学生共享优质思想政治教育资源,促进其自主学习和合作学习提供了可能。

（一）网络信息技术的匿名特性为网络思想政治教育方法创新发展提供技术支撑

网络信息技术的匿名特性改变了传统思想政治教育面对面、身体在场、实名制的教育

---

① 《习近平谈治国理政》第1卷,外文出版社2018年版,第197页。

教学方法。传统思想政治教育方法是基于一定的现实物理空间,教育者与受教育者身份明确、身体在场的一种实名制教育方法。这种身体在场的实名制的思想政治教育方法使得教育者在教育教学过程中往往起到主导作用,而受教育者的主体性往往难以有效发挥,教育者难以有效地针对受教育者的思想实际开展思想政治教育活动。而网络信息技术的匿名特性改变了传统思想政治教育方法,教育者和受教育者以一种身体缺场、数字符号化在场的方式参与教育活动,教育者和受教育者的身份和社会地位被淡化,教育者和受教育者主要关注的是教育内容、教育形式和教育方式。教育者与受教育者在教育过程中不再是主动与被动、主导与被主导的关系。因此,网络信息技术的匿名特性为构建起基于网络空间的教育者与受教育者平等、民主的主体间性网络思想政治教育方法提供了技术支持和保证。

(二)网络信息技术的共享特性为网络思想政治教育方法创新发展提供新路径

共享性是网络信息技术的主要特性之一。网络信息技术的共享特性打破了思想政治教育资源共享的壁垒,突破了物理时空界限,实现了教育者与受教育者、受教育者与受教育者之间的教育知识信息的共享。思想政治教育信息共享成为网络思想政治教育受教育者获取和学习思想政治教育知识信息的主要方式和行为习惯。这种"即时共享"的网络思想政治教育学习方式方法,为受教育者有效利用碎片化时间进行思想政治学习提供了技术保障。网络信息技术的共享特性提升了网络思想政治教育的实效性,同时又极大地扩大网络思想政治教育的覆盖面和影响力,提升了网络思想政治教育资源的利用率。

(三)网络信息技术的交互特性为网络思想政治教育方法创新发展提供新的空间

交互性是网络信息技术又一显著的特性。网络信息技术的交互特性使思想政治教育突破了传统的时空边界,实现了跨越物理时空开展活动。交互性的网络思想政治教育方法使网络思想政治教育者与受教育者在网络空间实现了即时与实时的交流互动。因此,网络信息技术的互动特性为创新发展网络思想政治教育方法提供了新的空间和场域。

第三节　网络思想政治教育方法创新发展的途径

网络思想政治教育方法创新发展是一个立足网络空间,着眼网络思想政治教育对象思想发展需要,遵循网络思想政治教育规律,创新发展网络思想政治教育方式和手段的过程。网络思想政治教育方法创新发展需要在继承传统思想政治教育方法和借鉴吸收相关学科教育教学方法的基础上,基于网络空间开展教育方式和手段的创新。

一、在网络信息技术与传统思想政治教育方法融合中创新

随着网络信息技术,尤其是网络平台和大数据广泛运用,网络信息技术与传统思想政治教育方法日益有机融合,解决了传统思想政治教育方法想解决而难以解决的思想政治

教育难题，实现了传统思想政治教育方法想实现而没有实现的思想政治教育目标。比如，二者的融合解决了传统思想政治教育方法想解决而难以解决的思想政治教育时空限制问题。网络信息技术与传统思想政治教育方法的融合，可以实现在网络空间对传统思想政治教育方法进行创造性转化和创新性发展。又如在虚拟技术广泛运用之前，思想政治教育一直想解决既突破物理时空，又能跨域实施身临其境的思想政治教育活动难题。网络信息技术与传统思想政治教育方法融合，使我们可以在虚拟时空环境下开展身临其境的网络思想政治教育活动。

（一）对传统思想政治教育基本方法进行创造性转化

思想政治教育基本方法是反映思想政治教育基本规律的一般方法，是在思想政治教育全过程中起主导作用的、不可替代的方法，在思想政治教育活动中具有普遍性。而网络思想政治教育方法是现代思想政治教育方法的重要组成部分，是传统思想政治教育方法向网络空间延伸、拓展、改造、运用的结果，但它不是对传统思想政治教育方法的简单复制，也不是对传统思想政治教育方法的全盘否定或割裂，而是对行之有效的传统思想政治教育方法在继承中转化发展，在转化发展中继承。这既符合思想政治教育方法的一般规律要求，又符合网络思想政治教育的特殊规律要求。因此，对传统思想政治教育方法的创造性转化，主要是对在思想政治教育活动中具有普遍性的思想政治教育基本方法的创造性转化。

对传统思想政治教育基本方法进行创造性转化，主要指立足网络空间，依据网络思想政治教育目标、内容的需要，运用网络信息技术对传统思想政治教育基本方法进行转化，以生成适应于网络思想政治教育活动需要的网络思想政治教育方法，主要包括理论教育方法、实践教育方法和批评与自我批评方法的创造性转化。理论教育方法的创造性转化是指根据网络受众碎片化阅读习惯，运用微课等相关资源，按照网络受众5—10分钟碎片化网络阅读时间，将思想政治教育基本观点、基本理论和基本知识融入5—10分钟的网络理论教育微课等教育方法。实践教育方法的创造性转化是指根据网络受众虚拟实践活动的特点，运用虚拟现实等相关技术，将实践教育方法创造性转化为网络爱国主义教育等一系列虚拟实践教育方法。而批评与自我批评方法的创造性转化是指基于QQ群、微信群等网络互动平台，将批评与自我批评方法转换为网络批评与自我批评方法。

（二）对传统思想政治教育具体方法进行创新性发展

传统思想政治教育具体方法主要是指针对思想政治教育的具体对象、目标、内容而选择的教育方法，主要包括思想政治教育信息收集方法、思想政治教育分析方法、思想政治教育决策方法等思想政治教育认识方法，以及思想政治教育实施方法、反馈调节方法、总结评估方法、研究方法等。思想政治教育具体方法适用于不同的教育目的、内容和环节，在实际运用时要根据教育对象、教育环境的具体情况和教育环节的特点选择具有针对性和有效性的方法。因此，对传统思想政治教育方法的创新性发展，主要是对在思想政治教育活动不同环境和环节的思想政治教育具体方法的创新性发展。

对传统思想政治教育具体方法进行创新性发展,主要指立足网络空间,依据网络思想政治教育目标、内容和不同环境、不同教育对象的要求,运用网络信息技术对传统思想政治教育具体方法进行创新性发展,以生成适应于网络思想政治教育活动不同环境、不同条件、不同环节和不同教育对象需要的网络思想政治教育方法,主要包括疏导教育方法、比较教育方法和典型教育方法等方法的创新性发展。疏导教育方法的创新性发展是指根据网络思想政治教育对象在网络空间的思想和行为特征,在继承传统思想政治教育疏导教育方法优势的基础上,有针对性地运用网络匿名性等相关技术特性对网络思想政治教育对象的思想进行疏通引导,创新性发展生成网络思想政治教育顺势引导方法、造势引导方法和逆势引导方法等。比较教育方法的创新性发展是指根据不同网络思想政治教育内容的性质和特点,运用网络多媒体技术,将比较教育方法创新性发展为直观形象多维的比较教育方法。而典型教育方法的创新性发展是指基于网络空间,运用网络3D等相关技术,将典型教育方法创新性地发展为生动形象的网络典型教育方法。

二、在借鉴相关学科方法中移植再生创新

网络思想政治教育方法创新发展,既表现为对传统思想政治教育方法的创造性转化和创新性发展,也表现为基于网络空间本质特点对相关学科方法的借鉴、移植、再生过程。网络思想政治教育内容是综合性的,与一些学科有交叉,因而网络思想政治教育方法也会与其他学科的方法有联系与交叉。因此,创新发展网络思想政治教育方法可以借鉴、移植相关学科的方法,通过再生创新的方式,形成网络思想政治教育新的方法。尤其可以通过对心理学、教育学、社会学、新闻传播学等相关学科的方法进行借鉴、移植、再生,创新发展网络思想政治教育方法。

(一)对心理学相关方法的移植再生创新

网络思想政治教育与心理学有着密切的关系,在网络空间中,人们的心理和思想问题往往交织在一起表现出来。因此,在网络思想政治教育过程中往往需要了解和掌握网络受众的心理特点和心理需要,这是开展网络思想政治教育的前提和基础。同时,在网络思想政治教育实施中也需要将网络心理健康教育问题纳入其中,这就能很自然地将心理学中的一些基本方法,依托网络空间的技术特性,结合网络思想政治教育的需要和要求,通过移植再生的方式创新发展网络思想政治教育方法,主要包括将心理学中常见的心理咨询方法、心理辅导方法等基本方法的移植再生,创新发展为网络思想政治教育咨询方法、网络思想政治教育辅导方法等。

网络思想政治教育咨询方法是对心理咨询方法移植再生创新的一种网络思想政治教育具体方法。它通过网络程序和平台(如QQ群、微信群、主题教育网站、慕课、微课、微博等网络平台),运用网络信息技术,对心理咨询方法的基本理念、基本内容、基本要求和具体操作程序进行借鉴,然后通过创新等手段再生成为适应网络思想政治教育需要的新方

法。网络思想政治教育咨询方法既克服了传统思想政治教育中面对面的咨询教育方法难以突破时空的局限，又有效克服了咨询教育过程因面对面带来的难以构建起良好咨询关系的不足。更重要的是，这一方法还实现了远程即时互动咨询，大大提高了咨询教育的时效性和实效性。

网络思想政治教育辅导方法也是对心理辅导方法移植再生创新的一种网络思想政治教育具体方法。它通过网络程序和平台（如QQ群、微信群、主题教育网站、慕课、微课、微博等网络平台），运用网络信息技术，对心理辅导方法的基本理念、基本内容、基本要求和具体操作程序进行借鉴，然后通过创新等手段再生成为适应网络思想政治教育需要的新方法。网络思想政治教育辅导方法为网络思想政治教育远程实时互动辅导提供可能，尤其为远程动态答疑辅导和咨询辅导等提供了便捷的方式，有利于开展远程思想政治教育活动，提高了教育的针对性和实效性。

（二）对教育学相关方法的移植再生创新

网络思想政治教育与教育学有着直接的关系，从教育学的视角来看，在网络思想政治教育过程中可以直接移植运用教育学的一般教育方法，也可对教育学的一些具体方法通过移植再生的方式，将其创新发展为网络思想政治教育方法。因此，网络思想政治教育过程也要符合教育学方法的基本规律，这是开展网络思想政治教育活动的基础。同时，网络思想政治教育实践往往也会借鉴移植教育学方法，将其应用于网络思想政治教育活动，如讲授法、谈话法、讨论法、体验式教学法和启发式教学法等教育学方法可以通过网络空间，结合网络思想政治教育的需要和要求，运用网络技术进行移植再生，将其创新发展为适应网络思想政治教育的具体方法，主要包括将教育学中常见的讲授法、讨论法等基本方法，创新发展为微课讲授法、网络谈话法、网络研讨法、网络虚拟体验法、网络引导法等一系列网络思想政治教育方法。

网络微课讲授法是对教育学中的讲授法通过网络技术移植再生的一种网络思想政治教育具体方法。它是基于人们在网络空间中碎片化的学习方式，在网络空间以短小精悍的内容篇幅和生动形象的讲授方式对思想政治教育基本知识、观点、理论等进行讲授的一种网络思想政治教育具体方法。它能有效地满足网络思想政治教育对象网络碎片化学习的需要。网络微课讲授法可以有效地实现时时学习，呈现出主题鲜明、知识聚焦、讲解透彻、形式生动、方式灵活等特点，便于网络思想政治教育对象学习思考和掌握基本知识理论。

网络谈话法是对教育学中的谈话法的移植再生。它基于网络空间的符号化交流对话方式开展，旨在实现网络思想政治教育目的和任务。网络谈话法较传统线下面对面直接谈话法更能开展深层次互动交流，更有利于受教育者敞开心扉交流，进行深层次交流，更易于使受教育者接受教育。

（三）对社会学相关方法的移植再生创新

网络思想政治教育与社会学也有着密切的关系，网络空间已经发展成为人化的社会空间和场域,人们在网络空间的思想与行为总是交织在一起,网络行为总是在一定思想观念的指导下进行,网络空间成为各种思想观念交流碰撞的集散地。因此,网络思想政治教育需要了解和掌握网络空间的舆情动态,运用网络思想政治教育网络舆情引导方法,有针对性地引导网络舆情发展,这也是提升网络思想政治教育针对性的需要。网络舆情是网络受众对现实生活中存在问题和现象在网络空间中的群体性社会心理的反映,是网络言论和行为交互作用的产物。网络舆情调控方法主要包括网络舆情的掌握方式和网络舆情的引导方法。

网络舆情的掌握方式,主要包括网络舆情前期把握方式、网络舆情信息收集方式、网络舆情分析方式、网络舆情处置方式等。网络舆情前期把握方式是指通过对网络舆情形成之前或初始的舆情信息进行分析预测的一种网络舆情掌握方式。网络舆情信息收集方式主要包括直接收集、网络媒体收集和特定渠道收集等。网络舆情分析方式是网络舆情掌握方式中最为烦琐的一种。首先,要对收集到的网络舆情信息进行梳理,按照信息主题进行分类,细化热点、焦点问题。同时还要对潜在的可能会形成舆情的信息进行识别,并且进行持续动态跟踪,对舆情发展趋势进行科学预测,以便采用适当的方式进行调控;对已经形成网络舆情的负面信息、热点话题要发布预警,追其根源,认清实质,分析对策。网络舆情处置方式是指对网络中各种网络信息刺激源进行科学梳理,认真区分主流信息和支流信息,预测网络舆情的发展苗头和趋势,对可以进行教育引导的信息,使用舆情引导方法进行调整,使之向积极正确的方向发展;对可能形成大规模群体性事件的网络舆情应进行紧急处置,给予及时管理与干预。

网络舆情的引导方法主要包括网络舆情调控策略和网络舆情转化方法等。网络舆情调控策略主要是指对网络舆情形成、发展、爆发和衰落等各个环节有计划有目的地实施监测、分析、研判、调整和控制等所采取的方略。按照舆情发生的过程以及调控的时空可以将网络舆情调控策略分为网下事前调控、网上调控、网下事后调控三种。网络舆情转化方法主要包括情感认同与信息同化的办法、双面说理与巩固内化的办法、行为控制与增强力度的办法等。此外,网络舆情的引导方式,主要包括网上舆情引导方式和网下舆情引导方式等方式。网上舆情引导方式主要包括因势引导方式、逆势引导方式和造势引导方式等。网下舆情引导方式,主要针对网络舆情中所蕴含的行为倾向已经转化成现实中的群体性的行动而采取的引导方式,亦即网络舆情网下引导的方式。

网络思想政治教育方法创新发展还可以借鉴、移植政治学、伦理学、传播学、管理学等相关学科的方法,通过运用网络信息技术将其改造创新再生为网络思想政治教育具体方法。

第七章　网络思想政治教育的平台建设

　　加强和改进大学生思想政治教育,是培养中国特色社会主义事业的合格建设者和可靠接班人的必然要求,是培育有理想、敢担当、能吃苦、肯奋斗的新时代好青年的重要举措,也是凝心聚力向第二个百年奋斗目标进军的重要保障。2016年12月7日至8日,全国高校思想政治工作会议在北京举行,习近平出席会议并发表重要讲话。他指出,做好高校思想政治工作,要因事而化、因时而进、因势而新,要遵循思想政治工作规律,运用新媒体新技术使工作活起来。作为思想政治教育的重要载体和支撑,应高度重视网络思想政治教育平台的建设,要进一步做好规划、整合资源、优化功能,不断提升网络思想政治教育平台在人才培养工作中的重要作用。

第一节　高校网络思想政治教育平台建设的现状与原则

　　1994年4月20日,中国正式全功能接入国际互联网,思想政治教育工作随之进入到网络发展创造的新环境中,开启了一个新的时代。"网络社会的到来,既推动了思想政治教育的创新,也为思想政治教育的创新提供了条件,思想政治教育同互联网的结合,就是同新的认识工具、新的交流工具和新的生产力相结合,也就具有生机和活力。"[①]作为高校思想政治教育的工具,同时又作为高校思想政治教育的场所与平台,网络的双重身份特性在高校思想政治教育中越来越明显,催生了一批较有影响力的网络思想政治教育平台,不断发挥其育人功效。

　　一、网络思想政治教育平台概述

　　(一) 基本概念
　　平台,一般是指"高于附近区域的平面",在网络中,平台通常是指网站。但随着现代互联网的不断发展,网络中"平台"的内涵也越来越深化,形式多样化趋势日益明显,扮演的角色和发挥的作用日益重要,对社会发展方方面面的影响也日益深刻。
　　网络思想政治教育平台,也可称为"思想政治教育的网络平台",它是相对于传统的思想政治教育平台(如面对面的沟通、课堂教学、线下互动交流等)而言的,是指为开展思

---

① 杨立英:《网络思想政治教育论》,人民出版社2003年版,第54—55页。

想政治教育工作而借助或搭建的各种网络载体与工具,是一种线上交流的平台,如网站、QQ空间、博客、SNS社区等。

对于"什么是网络思想政治教育平台"这一问题,高校思想政治教育工作者基本都能意会和区分,但学界对其的研究与界定较为有限。有学者认为,高校网络思想政治教育平台是指"高校思想政治教育者向教育对象传导符合我国社会发展所要求的思想观念、政治观点、道德规范的虚拟的网络环境和网络场所"[①]。还有学者将大学生网络思想政治教育平台界定为"利用计算机以及网络技术,把众多涉及思想政治教育的知识和资源积累起来,进行科学分类和有效整合的知识服务体系。使其成为融理论性、教育性、参与性和启发性为一体的大学生愿意访问、学习、下载的网络平台"[②]。综合而言,网络思想政治教育平台是指在网络思想政治教育工作者开展思想政治教育工作,受教育者接受思想政治教育的全过程、全环节中,围绕达成教育目标而积极借助或主动搭建的各种网络载体与工具,它是一种融教育性与娱乐性、科学性与生活性于一体的,服务于学习、教育、生活与工作的网络环境。

(二) 主要特征

与传统思想政治教育平台相比,网络思想政治教育平台具有如下几大特征。

一是信息的丰富性与共享性。网络思想政治教育平台起源于网络、依赖于网络,具有信息全球性、开放性的特点,素材资源可以实现高覆盖、快传播。此外,绝大多数网络信息都是开放与公开的,大量的信息资源都能实现共享共用。

二是现实性与虚拟性。搭建网络思想政治教育平台的最终目的,是为了更好地实现思想政治教育的目标,解决思想政治教育工作实践中的现实问题,因此具有很强的针对性。与此同时,因为网络的属性,在网络思想政治教育平台上开展工作、实施教育的主体大多采用的是虚拟身份,有一定的隐蔽性。

三是既要遵循互联网规律,又要符合思想政治教育规律。网络思想政治教育平台要想吸引更多的师生使用,一方面,必须严格遵循互联网规律来建设和优化;另一方面,为保证顺利达成思想政治教育的效果和目标,网络思想政治教育平台的发展与运行又必须充分遵循思想政治教育规律。

四是快速的升级换代与不变的引领战略。网络平台的发展紧随信息技术潮流进行更新换代。与社会网络平台相比,高校网络思想政治教育平台对技术的推崇虽然不是那么"痴狂",但要想在用户市场中始终保持自身的黏度,"及时更新换代、保持在同类平台中的技术与服务领先"是关键的法则。

---

① 曾杰、周菁:《论高校思想政治教育网络平台的建设》,《遵义师范学院学报》2011年第1期。
② 王务均:《搭建大学生网络思想政治教育平台的经验与做法》,《思想理论教育导刊》2012年第10期。

二、高校网络思想政治教育平台的发展现状

在网络平台快速发展大环境的影响和带动下,高校网络思想政治教育平台的发展也呈现出蓬勃兴旺之势,无论是在数量上,还是在质量上,都有非常明显的提升。

(一)高校网络思想政治教育平台的建设基本实现了"全覆盖",解决了"有无"的问题

网络思想政治教育平台在高校的起步较为缓慢。20 世纪 90 年代中期,国内只有几家高校建有自己的网站,且都是从门户网站开始。到 90 年代末期,门户网站才开始在大多数高校中推广。同时,对 QQ 等网络通信工具的使用也才刚刚开始,直到 21 世纪初才初步普及。2000 年以后,各式专题类的思想政治教育网站在高校中相继出现。微博、微信等官方新媒体平台的应用到 2009 年后才在高校中逐渐兴起。

但网络思想政治教育平台一旦在高校中立足,其普及和发展速度却是惊人的。截至 2022 年 5 月 31 日,全国高等学校共计 3 013 所,目前各高校普遍开设了自己的门户网站和专题性思想政治教育网站,在点和面上实现了全覆盖。以上海交通大学为例,据统计,以 sjtu.edu.cn 为后缀的校园网站就有 600 余个,其中专门用于服务思想政治教育工作的网站就有"焦点网(形势与政策教育)""心擎网(心理咨询服务)""家园网(生活园区教育服务)""团旗飘飘(社会实践教育)""励志讲坛(理想信念教育)"等 30 余个,基本涵盖了师生学习、生活的方方面面。高校网络思想政治教育平台建设的"全覆盖"从根本上解决了网络思想政治教育平台在高校的"有无"问题,也是提升高校网络思想政治教育平台建设质量的前提基础。

(二)高校网络思想政治教育平台探索出区域化与全国性相结合的模式,破解了"联动"的问题

在网络思想政治教育平台的建设上,高校也经历了从"单打独斗"到"集团作战"的转变。从早期的高校建单个网络平台、单个高校建网络平台,到建成高校网站群、同一省份高校共建,再到现在全国高校共建网络平台,我国高校在资源共享、协作联动、全员共建等方面的探索取得了可喜的成绩。

其中,全国性网络思想政治教育平台中最具代表性的是"中国大学生在线"。它是教育部主管主办的在全国大学生中具有较高知名度和影响力的综合性、服务性、公益性主题教育网站,从创建之初就采用了"全国高校共建"的模式,目前在 600 多所高校建立校园网络通讯站,拥有注册会员 1 230 余万。2014 年 11 月 22 日,中央网信办、教育部在上海联合召开创新网络思想政治教育现场经验交流会。同年,教育部办公厅、国家互联网信息办公室秘书局联合印发《"易班"推广行动计划和中国大学生在线引领工程实施方案》,正式全面启动实施"中国大学生在线引领工程",力争把中国大学生在线打造成为覆盖面宽、影响力大、引领性强的全国大学生思想教育类网站的"旗舰",带动全国高校校园网站建设,筑牢高校网络思想文化新阵地。区域性网络思想政治教育平台中有代表性的有"易班

网""湖北高校思政网"等。"易班"于2007年开始试点建设,2009年经上海市教委重新改版后转型为上海市大学生网络思想政治教育平台,首批在上海交通大学、东华大学、上海海洋大学等4所高校开展试点推广;2012年,覆盖上海60余所高校和部分中小学,并在四川省西华大学启动沪外高校试点,开启了区域联动共建工程;2015年,全新改版升级,成为全国教育系统的知名文化品牌。

(三)高校网络思想政治教育平台建成了"立体化"的架构,健全了"体系"的问题

高校不是一个封闭的系统,它是各种思想交汇的地方,很容易受到国际国内各方面的影响。在网络思想政治教育平台的建设上,网络技术的发展会第一时间传播到高校;作为互联网用户,高校师生也会依据社会网络平台的发展态势对网络思想政治教育平台的建设不断提出更新的要求和更高的标准。

从呈现形式来看,高校网络思想政治教育平台在早期主要表现为"单一化"的载体,如各式网站等;发展到第二个阶段则呈现出"多元化"的特点,主要包括门户网站、QQ群、专题网、校园论坛等;在第三个阶段则集体呈现出"新媒体化"的转型趋势,将重心放在建设SNS社区或新媒体(微博、微信)平台上。[①] 发展至今,高校网络思想政治教育平台的建设已囊括多种形式,基本形成了"立体化"的体系架构,既有传统的网站(门户网站、专题网),又有BBS、SNS社区,还有"双微"平台。部分高校还研发一些新媒体平台,设计了不少符合新媒体时代特点、深受师生喜爱的网络卡通形象标识等,其网络思想政治教育平台的建设理念也日渐完善。

(四)高校网络思想政治教育平台坚持内容与技术并举,明确了"有效性"的问题

高校网络思想政治教育平台建设的初衷,是为了提升思想政治教育的效果与质量,加强对师生的思想教育与价值引领。为加强网络思想政治教育平台的吸引力与黏度,教育主管部门做了不少规划,高校也下了很多功夫,思想政治教育工作者还做了不少研究,高校网络思想政治教育平台的建设思路和理念也历经了几次转型。

在早期,高校对网络思想政治教育平台的建设更为偏重"技术","有或没有"是一个根本性的问题,而"有了之后的建设情况怎么样"则是次要的问题,"快速建网站""尽早搭平台"成为绝大多数高校的工作选择。到21世纪初,在网络思想政治教育平台建设初步完成的情况下,高校开始越来越多地关注到"内容"的问题,针对不同的教育外延和教育目的,分别设计和建设不同类型的平台,希望用"人有我优"的策略,加速内容建设,以占据主动权。但近年来,新媒体的发展,特别是网络社区的升级、传统媒体向新媒体的快速转型、依托新媒体的创业项目与企业的不断增多,高校师生面临的选择越来越多,对校园网络思想政治教育的冲击也越来越大。在这种背景下,高校网络思想政治教

---

① 陈华栋:《当前高校网络思想政治教育的发展特征与建设思考》,《思想理论教育导刊》2015年第5期。

育平台的建设发生了第三次转型——从单一追求"技术领先"发展到高度重视"内容为王",再到"技术与内容并举",实现"技术不落后、内容更迷人"的建设目标,不断提升工作有效性。

三、高校网络思想政治教育平台建设的原则

美国学者迈克尔·哈耶特曾提出,在当今市场要想获得成功,必须拥有两个战略资产:让人欲罢不能的产品和有效平台。但如何才能搭建一个有效的网络思想政治教育平台呢?这就涉及网络思想政治教育平台建设的原则问题。

(一)整体规划与梯次推进相结合的原则

高校网络思想政治教育平台的建设是一项系统工程,主题包括方方面面,目标涉及各大条块,类型更是多种多样,为此需要加强统一规划、统一领导和统一指挥。同时,网络思想政治教育的实施又不能过于宽泛、过于笼统,不能"大而全、小而全",为此需要进一步精准细分、落实落小,加强网络思想政治教育平台的层次性建设和阶段性建设,以提升工作效果。

(二)立体综合与主体互补相结合的原则

一方面,随着网络的不断发展,高校网络思想政治教育平台要特别注重体系化建设,形成网站、社区、新媒体、移动终端等不同网络平台的立体支撑格局,发挥多种网络平台的互补优势和综合效应,形成思想政治教育全方位网络传播的态势。另一方面,高校网络思想政治教育平台的建设不能光靠高校自身,也不能只靠思想政治教育工作者,更需要注重发挥学生网民的自主意愿,把"官办"网络平台和学生自办的网络平台有机融合起来,形成学校力量和学生力量的合力,真正实现网络思想政治教育平台的"双主体"作用。

(三)注重时效与倡导新颖相结合的原则

网络平台的生命力在于可读的内容和新颖的形式。为此,一方面要加强网络平台内容的吸引力,坚持贴近实际、贴近生活、贴近学生的"三贴近"原则,选取大家感兴趣的话题,结合社会热点、结合学生的实际问题进行教育与分析,提高学生的参与度和点击率。另一方面要树立"互联网思维",注重形式创新,尽可能多地采用学生喜闻乐见的方式,把思想性、知识性与趣味性有机统一于网络思想政治教育平台的建设与网上教育活动中。

(四)个性发挥与舆论导向相结合的原则

高校网络思想政治教育平台的开发与建设,在很大程度上要基于教育对象的情感需要、生活需要与知识需要。一方面,为更好地把现实思想政治教育(网外)和网络思想政治教育(网内)结合起来,需要充分发挥各网络思想政治教育平台的特色,塑造各网络思想政治教育平台的个性。另一方面,网络思想政治教育平台建设的最终目标,还是要实现

对受教育者的思想教育与价值引领。为此,在平台建设过程要尽量规避网络的局限性,努力消除负面影响、净化传播内容,形成健康向上的网络氛围、营造清朗的网络空间,积极发挥网络思想政治教育平台的正能量。

第二节　网络思想政治教育平台建设的类型与策略

思想政治教育因依托网络而具有了新的特性和活力。丰富的网络资源使得思想政治教育的社会化特征越来越明显,思想政治教育的内容更加生活化、大众化、时代化,受教育者的个性也得到了更进一步的张扬和发展。作为思想政治教育的分支,网络思想政治教育需要适应社会观念的现代化、管理体制的现代化、教育内容的现代化和方式手段的现代化,但与此同时,网络思想政治教育的发展还不够完善,以网络思想政治教育平台的搭建为例,主要存在网络思想政治教育平台构建不科学、网络思想政治教育平台管理不及时、网络思想政治教育平台规划不可持续等现象,有待进一步优化提高。

一、思想政治教育主题性教育网站概述

(一) 网站与思想政治教育网站

网站(Website)是指在因特网上根据一定的规则,使用 HTML 等工具制作的用于展示特定内容相关网页的集合。它是一种沟通工具,既可以让发布者发布自己想要公开的信息,又可以让访问者通过搜索而获取自己想要的网络服务。目前,网站已深入人们生活的方方面面。

思想政治教育网站是指基于思想政治教育的宗旨与目的,为提升思想政治教育的效果,由教育主管部门、教育实施主体或教育工作者根据工作需要而设立的专门类网站。其功能定位相对单一,在发布信息内容的选择上也十分清晰,价值性和导向性都较为明确。而思想政治教育主题性教育网站,则是指围绕某一教育主题而创建的思想政治教育网站。

(二) 高校思想政治教育主题性教育网站的主要类型

从实践工作来看,目前对高校思想政治教育主题性教育网站的划分大致有如下几个标准。

一是按内容来划分。主要包括综合教育型(主题定位较为宽泛,如各地的思想政治教育网等)、专题教育型(如社会实践网、焦点网等)、政治学习型(如十八届六中全会精神学习网、"两学一做"教育活动专题网等)、课程教育型(如广东省高校形势与政策教育网、安徽省思想政治理论课教学网等)。

二是按承建主体来划分。如按主体性质不同,可分为"官办"与网民自办主题性教育

网站。如按主体范围不同,可分为全国性、区域性、高校自设的主题性教育网站。

三是按教育内容的重心来划分。如按内容的侧重点不同,可分为红色网站(党建类)、绿色网站(教育服务类)、彩色网站(综合教育类)等①。再如按内容的服务对象不同,主要可分为服务教师的网站、服务学生的网站、综合服务类网站等。

四是按运行周期来划分。主要包括长期性(如青年马克思主义学校网等)、阶段性(如"创先争优"主题教育实践活动网等)与临时性(如每年度的学生军训临时党支部网等)的网站等。

(三) 高校思想政治教育主题性教育网站建设的原则与策略

与高校其他类型网站不同,思想政治教育主题性教育网站有其特殊的定位,其建设工作需要采用一定的策略。

一是要坚持政治导向鲜明与内容鲜活开放相结合。习近平指出,要坚持社会主义办学方向,把立德树人作为教育的根本任务。这不仅是对思想政治工作的要求,也是思想政治教育主题性教育网站建设的遵循。要保证思想政治教育网站的吸引力,一方面,必须在内容上下足功夫,认真筛选、贴近实际、精心组织。另一方面,尽管内容在发展变化,但万变不离其宗,在政治方向与政治原则上不能犯任何错误,在坚持以马克思主义科学理论为指导的问题上不能有一点迷糊,在弘扬社会主义核心价值观上不能有丝毫松懈。

二是要坚持尊重教育对象特点与落实价值引领相结合。思想政治教育工作的有效性,部分程度上与教育对象的学历层次、生活背景、真实需要密切相关。思想政治教育主题性教育网站的建设也要充分考虑这些因素,建设主体、建设形式应尽可能灵活多样,力争做到科学规划、合理区分、有序选择。但思想政治教育网站又不同于娱乐网站,不能以取乐于观众为唯一标准,而要把"引人以道、启人以智"的思想融入网站建设的全过程,引导学生网民树立远大理想、培育正确的价值观念,教育引导学生正确认识世界和中国发展大势、中国特色和国际比较、时代责任和历史使命、远大抱负和脚踏实地。

三是要坚持形式改革创新与线上线下教育联动相结合。与其他网络平台相比,思想政治教育主题性教育网站有其自身独特的优势,但在信息的及时性、形式的活泼性、传播的广泛性等方面仍存在明显不足。要想进一步提升思想政治教育主题性教育网站的建设质量,就必须在呈现形式上大胆创新,借用其他网络形式的长处和优势,采用多极联动的工作网络来更好地发挥教育作用。此外,网络思想政治教育工作与思想政治教育工作一样,归根结底还是做人的工作,离不开线下的当面沟通和交流。思想政治教育主题性教育网站的建设不能孤立地进行,而应该与线下的思想政治教育工作实践有机结合起来,要因

---

① 对思想政治教育红色、绿色和彩色网站的划分,主要流行于 21 世纪初的前几年,目前已基本不用。

事而化、因时而进、因势而新,加强线上线下的联动,实现工作机制的进一步优化。

二、思想政治教育网络互动社区概述

(一) 思想政治教育网络互动社区的内涵界定

对于"网络社区",大家很自然地都能把它与高校的 BBS、天涯社区、强国论坛等联系起来。具体而言,网络社区是指包括 BBS/论坛、贴吧、公告栏、群组讨论、在线聊天、个人空间、无线增值服务等形式在内的网上交流空间,同一主题的网络社区集中了具有共同兴趣的访问者。从字面含义来看,网络社区就是以网络为媒介而形成的社会群体。从构成来看,网络社区可以看作具有共同兴趣爱好的网络用户在网络空间的聚合体。

基于此,我们可以把思想政治教育网络互动社区界定为围绕思想政治教育的目标与宗旨而设计开发的网上交流空间,在其中,网民进行频繁的教育互动与社会互动,进而形成具有广泛文化认同、价值认同、观念认同与目标认同的共同活动场所。总体而言,它具有以下几个特征。

第一,思想政治教育网络互动社区以互联网为教育传播媒介。在网络互动社区中开展的思想政治教育活动不是在日常学习生活空间中进行的,而是通过网络空间与网络平台进行的。

第二,思想政治教育网络互动社区成员必须通过社区来进行信息共享与教育互动。网络社区内人与人(教育主客体之间、教育主体之间、教育客体之间)、人与群体、群体与群体的交流互动,表现为沟通、合作、适应、对话等多种形式。

第三,思想政治教育网络互动社区对成员而言有一定的归属感。网络互动社区具有基本的组织管理权限,能为网民提供持续的各式服务,并通过丰富的线上活动和讨论话题,让成员在情感上有归属感,产生较强的黏度。

第四,思想政治教育网络互动社区具有鲜明的教育文化特征。同一网络互动社区中的用户要么具有相似的教育背景、要么具有相同的信息需求、要么具有同样的发展诉求,他们有共同的话题与价值判断,对社区话题有积极的反馈与互动,符合教育管理工作者的创建初衷。

(二) 思想政治教育网络互动社区的主要类型

伴随着互联网的不断发展,思想政治教育网络互动社区的形式也日益多样,在发展历程中出现过以下几种类型。

1. 校园 BBS

校园 BBS 最早见于 1995 年,大多由学生自主开发,以清华大学的"水木清华"、北京大学的"北大未名"、上海交通大学的"饮水思源"为代表。在鼎盛时期,几大主要的校园 BBS 日均同时在线人数都超过 5 500 人,成为高校师生最为集中的地方,是师生思想舆情动态的晴雨表和风向标,在高校沟通信息、加强思想政治教育的工作中扮演着非常重要的角色。近些年,由于受到微信、SNS 社区等的冲击,校园 BBS 人气逐年下降,上站人数锐减,在思想政治教育工作的重要性也在减弱。

2. 辅导员博客

博客(blog)是一种通常由个人管理、不定期张贴新的文章的网站。博客上的文章通常根据张贴时间,以倒序方式由新到旧排列。许多博客专注在特定的主题上提供评论或新闻,其他则是私人化色彩较浓的网络日记。博客于 2000 年开始进入中国,比较知名的有博客中国、新浪博客、网易博客等。

为及时借鉴吸收网络新技术的发展,提升高校思想政治教育工作效果,2006 年 3 月,由教育部牵头、中国大学生在线负责、上海交通大学承建的"辅导员博客"正式上线,拉开了高校思政博客的建设序幕。与新浪、网易等博客相比,辅导员博客聚焦于服务引导学生思想、加强同学生的交流碰撞,迅速赢得了高校辅导员的广泛认可,并诞生了"全国高校十佳辅导员博客""全国高校辅导员年度人物"等评选活动。辅导员博客曾作为中国大学生在线的一个重要栏目,在全国高校辅导员中产生了较大的影响力。

3. 以 QQ 空间、易班社区等为代表的 SNS 社区

SNS 社区,全称为"Social Networking Services",即社会性网络服务,专指旨在帮助人们建立社会性网络的互联网应用服务。SNS 社区的本质,即通过网民共同的兴趣爱好结交朋友,并遵守"六度关系理论"①而建立的网站。

事实上,许多 Web2.0 网站都属于 SNS 社区网站。但对高校网络思想政治教育产生重要影响的,主要有以下两种:一是 QQ 空间。QQ 空间是腾讯公司于 2005 年开发出来的一个具有个性空间、具有博客功能的产品,自问世以来受到众多人的喜爱。在 QQ 空间可以书写日志、写说说,上传用户个人的图片,听音乐,写心情等。二是教育社区。例如,易班是集教育教学、生活服务、文化娱乐为一体的新型互联网教育平台,创立于 2007 年,当时正是社交网络在中国兴起的阶段。考虑到以社交网络为代表的互联网应用将迅速崛起,易班旨在建设一个能够符合学生需求特点、同时兼具教育性和安全性的网络社区。

(三)加强思想政治教育网络互动社区建设的原则与策略

通过多年的探索与实践,高校在思想政治教育网络互动社区建设上取得了可喜的成绩,但也存在一些问题,比如:不同社区平台的重复性建设现象时常发生,各高校社区平台的差异不太明显,真正懂网络社区建设与运行规律的专职工作队伍较为缺乏,工作过程中常用的仍旧是传统的行政思维,等等。为加强思想政治教育网络互动社区的建设,可考虑从以下几个方面着手。

一是要做好思想政治教育网络互动社区建设的统筹与规划。思想政治教育网络互动

---

① "六度关系理论"是由美国著名社会心理学家米尔格伦于 20 世纪 60 年代最先提出,是指在人际脉络中,要结识任何一位陌生的朋友,这中间最多只要通过六个朋友就能达到目的。

社区的建设不能"等",错过了第一波机会,就不会再有第二波机会。但思想政治教育网络互动社区的建设也不能"一窝蜂",还是要有所规划、合理布局。高校在平台重点上,要根据在校学生特点和使用习惯适当选择;在内容重心上,要结合自身工作有针对性地加强教育;在建设进度上,要根据平台实际及时跟进、及时更新;在建设方法上,要把巧借外力和自我开发有机结合起来,使效率达到最优。

二是要加强思想政治教育网络互动社区建设的工作队伍力量。与思想政治教育主题性教育网站建设不同,思想政治教育网络互动社区的运营与管理需要一批更为专业的工作人员,他们要准确把握网络互动社区的特点、掌握网络互动社区的规律、了解网络互动社区的趋势,从形式、风格、内容、栏目和日常的建设机制等方面进行科学设计。同时,他们还要深刻理解思想政治教育基本规律、学生成长成才规律,准确把握教育的方向和学生的需求,切实遵循教育发展规律、思想政治工作规律和学生成长成才规律,力争有效实现思想政治教育网络互动社区的高质量建设。

三是要加大"以我为主"型思想政治教育网络互动社区的开发。目前在高校中产生重大影响的思想政治教育网络互动社区,大多是由社会商业网站开发的,抢夺了高校网络思想政治教育的主动权。高校思想政治教育要想继续掌握教育的话语权,就需要加大思想政治教育网络互动社区的自主开发与创新力度。第一,高校可以充分调动在校学生的才智与积极性,选拔组建工作团队,以专项工作组的名义,加快自身社区平台的开发;第二,高校可以优化现有 BBS 平台,借用 SNS 社区的理念进行改版,恢复原有的人气与活力;第三,高校还可以加强与社会商业网站的合作,特别是在一些关键栏目的设置、功能的开发上,尽可能多地对社会商业网站提出建议、明确需求,巧借外力。

四是要加强对思想政治教育网络互动社区相关规律的研究。高校要研究思想政治教育网络互动社区的运行与运营规律,为网络思想政治教育提供理论参考,提升教育的有效性;要研究学生网民在不同网络互动社区间的"迁移"规律,找出内在的驱动力,发现学生网民在不同阶段的真实需求,为高校网络思想政治教育工作提供决策参考,增强教育的针对性;要研究学生网民在不同网络互动社区的言行规律,掌握他们的思想特征,选配更为精准的网络内容,为高校网络思想政治教育提供建设参考,以提高吸引力。

三、思想政治教育新媒体平台概述

(一)思想政治教育新媒体平台的界定及特征

随着无线网络技术的迅速发展,移动互联网新媒体获得了巨大的发展空间。互联网新媒体已经成为大学生学习知识、交流思想、休闲娱乐的重要平台,也对大学生的思想观念、道德规范和行为方式产生了全方位的深刻影响。

那么,到底什么是新媒体,目前并没有形成统一的定义。不少传统媒体人把新媒体视为新的传播技术或传播渠道,显然这是不全面的。美国《连线》杂志对新媒体的定义是:

所有人对所有人的传播。也有相关从业人员认为,新媒体是以数字信息技术为基础,以互动传播为特点、具有创新形态的媒体。

新媒体是一个相对的概念,不同于传统意义上的媒体平台,而是一种在互联网时代新兴的信息传递平台,是在报刊、广播、电视等传统媒体之后发展起来的新的媒体形态,包括但不限于:数字报纸、数字广播、手机短信、移动电视、桌面视窗、数字电视、数字电影、触摸媒体。它不仅是一个内容集成平台、信息发布平台,更是一个开放的综合服务平台。

相对于报刊、广播、出版、影视四大传统意义上的媒体,新媒体很多时候被形象地称为"第五媒体"。从这个角度出发,新媒体可以被界定为以智能视听设备为终端和上网为平台的个性化即时信息传播载体,它是以大众为传播目标,以定向为传播目的,以及时为传播效果,以互动为传播应用的大众传媒平台。

(二)思想政治教育新媒体平台的主要类型

新媒体是在新的技术支撑体系下出现的媒体形态,形式多样、普及度高,从门户网站到社交平台,从微博到微信,从 PC 端到移动端,形成了社会化、移动化、平台化的发展趋势,对社会的发展和高校思想政治教育都产生了深刻影响。就目前的建设情况来看,高校思想政治教育新媒体平台主要有以下几种类型。

1. 微博

微博即微型博客(Microblog),是一个基于用户关系的信息分享、传播与获取平台。用户可以通过 WEB、WAP 等各种客户端组建个人社区,以 140 字(包括标点符号)以内的文字更新信息,并实现即时分享。微博的关注机制分为可单向、可双向两种。作为一种分享和交流平台,微博更注重时效性和随意性。微博信息具有简短、及时、受众广,内容零碎化、开放化、真假难辨的特点,同时,微博可以利用电脑和手机进行查看和发送,已经成为大学生主要的交流平台。2009 年 8 月,中国门户网站新浪推出"新浪微博"内测版,成为国内第一家提供微博服务的门户网站,微博也正式进入中文上网主流人群视野。各高校相继入驻,精心打造各自的官方微博平台。

2. 微信

微信是腾讯公司于 2011 年 1 月 21 日推出的一个为智能终端提供即时通信服务的免费应用程序。微信支持跨通信运营商、跨操作系统平台通过网络快速发送免费(需消耗少量网络流量)语音短信、视频、图片和文字,同时,也提供共享流媒体内容的资料和公众平台、朋友圈、消息推送等功能。用户可以通过"摇一摇"、搜索号码、"附近的人"、扫二维码等方式添加好友和关注公众平台,同时也可以将内容分享给好友以及将其看到的精彩内容分享到微信朋友圈。微信公众平台于 2012 年 8 月 23 日正式上线,曾名"官号平台"和"媒体平台",是公众平台的一种账号类型,旨在为用户(个人、政府、媒体、企业等)提供服务。2013 年 8 月 5 日,微信从 4.5 版本升级到 5.0 版本,微信公众账号被分成订阅号和服务号,运营主体是组织(比如企业、媒体、公益组织)的,可以申请服务号。目前高校在用的微信平台,主要是师生个人的微信平台和官方的微信公众号,其影响力正在不断提升,已有超过微博之势。

3. 手机报

当前,手机已成为最普及、最便捷的信息接收智能终端,也应成为网络思想政治教育的重要工具。不少高校在思想政治教育工作中先后采用过"手机报"的媒介形式。手机报(Mobile Newspaper)是依托手机媒介,由报纸、移动通信商和网络运营商联手搭建的信息传播平台,用户可通过手机浏览到当天发生的新闻,因而手机报被誉为"拇指媒体"。它的实质是电信增值业务和传统媒体相结合,从而在手机上开发发送新闻、图片、广告等功能。手机报可以为企业发送大容量的多媒体信息,如较长篇幅的文章和图片等。手机报的形式大多在阶段性或专项工作(军训、社会实践、迎新)中被采用,影响力相对微博、微信而言比较小。

(三)高校思想政治教育新媒体平台建设的原则与策略

随着宽带无线接入技术和移动终端技术的飞速发展,人们迫切希望能够随时随地乃至在移动过程中都能方便地从互联网获取信息和服务。加强高校思想政治教育新媒体平台信息服务的及时性、优化大学生网络思想政治教育新媒体平台功能、创新大学生网络思想政治教育新媒体平台的建设内容,对于增强大学生思想政治教育实效性具有非常重要的实践意义和工作价值。

一是要进一步重视思想政治教育网络微平台的建设。大学生思想政治教育网络微平台,既是大学生思想政治教育过程中的一种载体,也是大学生思想政治教育过程中的一种方法。各高校虽然积极响应,建设了一大批基于移动互联网的新媒体平台,如微博、微信平台等,但一方面由于缺乏整体性、系统性规划,难以形成由点到面的辐射;另一方面由于缺乏持续建设的长效机制,大多数高校的"双微"平台常呈现虎头蛇尾的现象。其中,"双微"平台建设相对较好的高校主要有清华大学、上海交通大学、浙江大学、华中科技大学、复旦大学、北京大学、武汉大学等。各高校应进一步加深对网络微平台在提升思想政治教育效果重要性上的认识,从整体规划、资源投入、队伍配备、机制建设等方面下足功夫,切实把"双微"平台建成高校思想政治教育的新阵地。

二是要进一步推进网络思想政治教育生活化策略。网络思想政治教育生活化,是指立足于网民的网络生活实际,通过创设积极健康向上的网络文化开展思想政治教育,使马克思主义理论能够通过网络为广大网民所熟悉、所掌握,使之成为指导网民正确处理包括网络生活在内的各种生活问题的重要思想武器,帮助网民树立正确的世界观、人生观、价值观,从而达到引领网民精神生活、促进网民全面发展的目的。新媒体的发展使得人与人之间的联系更为直接、更为密切,消解了很多交流的壁垒与障碍,同时也打破了教育者与受教育者之间的神秘感,对教育者的主体权威带来了不小的冲击。要想在新媒体的环境中赢得新的"权威",就必须积极借助新媒体平台,使思想政治教育工作活起来;从用户切实需要的视角,遵循教育规律、网络发展规律和学生网民成长规律,重塑思想政治教育的流程、机制与内容,贴近学生网络生活、贴近学生现实生活、贴近学生精神生活,深入实施网络思想政治教育生活化策略。

三是要进一步加强对思想政治教育新媒体平台内容信息的监管。与传统媒体不同,新媒体平台上信息的传播具有裂变式、发散式和点阵式传播的特点,主体参与形式多样、信息交互传播多样、媒介平台转换多样,这为用户提供了十分丰富的信息资源,但也给思想政治教育工作带来了较大的信息防范风险。新媒体平台信息监管难、收集难、研判难是近些年一直困扰高校思想政治教育工作者的现实难题,也让网络思想政治教育和网络舆情研判工作的效果大打折扣。放眼未来,各高校应注重协同联动,构建新媒体平台信息的协作沟通、协作处置机制;要加大技术研发,开发行之有效的技术系统,尽快实现对新媒体平台信息的及时监管;要加强理论研究,科学分析师生网民在新媒体平台的言行与思想特征,提出引导网民形成正确世界观、人生观、价值观的针对性对策;要增强与社会资源的合作,逐渐形成高校引领、社会共建、人人参与的思想政治教育新媒体平台建设与工作大格局。

四、思想政治教育短视频平台概述

(一) 思想政治教育短视频平台的界定及特征

短视频是最近几年兴起的一个网络新词,它是继文本、图片和传统视频之后的又一个新兴内容传播载体。短视频平台是指以新媒体为传播渠道,时长为 15 秒至 5 分钟的短视频内容的创作平台。如其他网络应用一样,短视频平台最早也是从社会生态中诞生并发展,后逐渐传播和推广到教育战线,进而深入到思想政治教育领域。与新媒体平台相比,可能是受限于短视频表达形式的高艺术性以及短视频持续创作的高难度,目前思想政治教育短视频平台的建设尚处在轻应用和慢应用的阶段。

一般而言,短视频具有生产成本低、传播和生产碎片化,传播速度快、社会属性强,生产者和消费者之间的界限是模糊的等特点,其内容虽短小却精悍,网络交互性较强,目标定位较为精准,但区别于商业短视频平台,思想政治教育短视频平台还有几个独特的显著特征。

第一,思想政治教育短视频平台能将短视频的娱乐性与思想政治教育的引导性进行有效结合。短视频之所以能快速兴起,就是因为创作者可以运用充满个性和创造力的制作和剪辑手法创作出精美、震撼的短视频,以娱乐化的视角带领观众,分享事件和观点。但思想政治教育短视频平台在保留娱乐化视角的同时,还要渗透科学价值观的引导与构建,与立德树人主旋律相契合。

第二,思想政治教育短视频平台可将目标群体定位的单一性与传播扩散的广泛性进行有效整合。从短视频的传播来看,它更符合"95 后"和"00 后"的个性化特征与认知接受特点,短视频的创作最开始也是定位于这个群体。但思想政治教育短视频平台在服务于这个群体需求的同时,还兼顾了其他年龄群体学生以及家长、社会公众的阅读需求,在内容素材上进行了充分整合。

第三,思想政治教育短视频平台将短视频的单主体与其他媒介形式的多主体进行有效交叉。从功能效果上看,思想政治教育短视频平台尚不能完全满足思想政治教育工作的需要。目前绝大多数思想政治教育短视频平台的建设,都是同其他媒介形式联动开展的,以期构建思想政治教育新媒体平台的矩阵。

(二) 思想政治教育短视频平台的主要类型

随着智能手机应用的不断普及,作为碎片化阅读重要载体的短视频得到了飞速发展。思想政治教育短视频平台更多借助商业化平台而建设,根据用户群体分类进行细分,目前主要有以下几种。

1. 抖音

抖音是最先兴起的第一批短视频平台的典型代表,呈现形式上主要以竖屏的小视频居多,目标用户最早定位为一二线城市的中产群体,在应用的早期更受女性的偏爱。它的关键词主要有年轻、时尚、高颜值等。目前在内容多样、用户多元等方面,抖音都有了明显的扩张,受众面较广。

2. 快手

快手在呈现形式上与抖音相同,但早期目标用户的定位主要为三四线城市中真实热爱分享的人群,用户特征被网友戏称为"老铁文化"。快手一方面对创作者的支持力度比较大,鼓励原创;另一方面推崇真实热爱生活分享的群主,用户黏度比较高。

3. 哔哩哔哩

哔哩哔哩,又称"B站",它的呈现形式主要为横屏的短视频。"B站"是一个非常注重垂直领域的视频网站平台,目标用户主要为"90后"和"00后"的二次元文化爱好者。目前活跃用户中在校学生人群占比较高,且整体黏性较好。

4. 微视

微视更为推崇竖屏的小视频,在社会白领群体中占有一定的市场份额。从思想政治教育短视频平台来看,微视更多承载着学校与校友群体、社会人士沟通分享的重要功能。

(三) 思想政治教育短视频平台建设的原则与策略

进入新媒体时代,各高校都高度重视借助新平台新载体来不断提升思想政治教育的效果,对于建设思想政治教育短视频平台的认知也较为统一,但在投入与效果上却有所不同。思想政治教育短视频平台的建设既要面临其他宣传教育平台的竞争,又要应对建设队伍能力与本领不足的挑战。建设好思想政治教育短视频平台一方面需要硬性的投入,如人力、资金等,另一方面也需要软性的保障,如校园文化、教育生态、内容素材等。为此,我们需要从以下几个方面来做进一步的努力。

一是要形成学校思想政治教育短视频平台建设的科学规划。思想政治教育短视频平台不是单一的,从依托部门看,有学工系统的、有党务系统的、有教师系统的、有教学系统的;从层级看,有校级的、有二级学院的;从内容看,有文化类、有教学类、有活动类、有信息服务类;等等。为此,学校一方面要摒弃"自发野蛮式生长"的观念,更为主动地参与思想政治教育短视频平台的设计,从宏观顶层做好规划,形成一个相互支撑、相互补充、相互呼应的系统化短视频平台矩阵;另一方面要摒弃"大而全、小而全"的观念,建设思想政治教育短视频平台不能贪大贪多贪全,而应有所为有所不为,根据学校特色与实际基础作出取舍,追求效果最优化。

二是要建立学校思想政治教育短视频平台效果的追踪机制。作为垂直细分领域的一款应用,思想政治教育短视频平台最大的优势就是对用户有较强的吸引力,能保持足够高的黏度。要保障思想政治教育短视频平台取得预期的建设效果,就需要建立一个深度的追踪分析机制。一方面是对思想政治教育短视频平台内容发布后的传播效果进行分析,寻找传播最佳时段、最佳素材等关键点,为下一步提升平台建设技巧做好准备;另一方面是对思想政治教育短视频平台与其他新媒体教育平台的效果进行不定期的比较分析,寻找思想政治教育短视频平台的最佳架构与素材偏好,为充分发挥思想政治教育短视频平台的教育功能提供支撑。

三是要探索学校思想政治教育短视频平台队伍的多元组成。短视频平台的最大生命力就在于不断创新,而创新就需要有足够多的人才队伍。为此,要建设好思想政治教育短视频平台,学校就不应被定位为需要负责的单主体,不能仅仅局限于在校老师和在校学生。在维护好现有工作队伍的同时,学校还要特别注重挖掘两支队伍的资源。其一,善于发现"民间高手",发掘校内在视频制作、创意方案、形象设计、新媒体图像制作等方面有兴趣特长的学生和老师,共建共享学校思想政治教育短视频平台;其二,敢于选用"非编队伍",对思想政治教育短视频平台的校外"老铁"要搭建投稿机制、畅通交流渠道,共商共建学校思想政治教育短视频平台。

第八章 网络思想政治教育的管理

以数字化、全球化、交互性和虚拟性等为基本特征的信息网络,是当今世界科技迅猛发展的产物。网络不仅改变着人们的生活方式,也深刻影响着人们的思想观念。人们在享受网络带来便捷的同时,也暴露出道德失范等问题。为了更好地开展网络思想政治教育工作,除了进行系统的思想政治教育之外,我们还应进一步加强网络思想政治教育的管理,即以全新的理念管好全新的阵地,以全方位的工作实现网络管理的全面展开和有序进行,培育出一代又一代高素质的社会主义建设者和接班人。

第一节 网络思想政治教育管理的组织和制度

伴随着互联网、大数据、人工智能、物联网等的高速发展,科学化、信息化、个性化、专业化成为网络思想政治教育管理提升适应性和影响力的必然要求。网络思想政治教育管理作为一个新的研究领域,是一个动态、开放、复杂的过程,突破了传统思想政治教育管理的局限,其与管理组织、管理活动有效领导、管理决策相结合发挥出管理的效能,以确保网络思想政治教育目标的实现。

一、网络思想政治教育管理组织的结构和职能

网络思想政治教育管理作为人类社会特有的对象性活动,在人类社会发展中占据重要地位,但是目前学界还没有对网络思想政治教育管理的科学内涵形成统一的意见。管理学中的管理是指通过计划、组织、领导和控制资源,以高效方式实现目标的过程。因此,可以借鉴管理学的定义,将网络思想政治教育管理理解为是教育主体通过计划、组织、领导和控制教育资源,以有效益和高效率的方式实现教育组织目标的过程。其中,管理网络思想政治教育组织是网络思想政治教育管理的一项重要职能,是网络思想政治教育为获得管理组织授权和实现管理组织目标而对组织任务和资源进行整合的过程。

(一)网络思想政治教育管理组织的结构

网络思想政治教育组织的结构对网络思想政治教育的管理和发展具有引导作用。通过不同的原则和手段,网络思想政治教育管理组织的结构可以分为纵向和横向两种模式,在其之下又可以细分为以下几种形式。

1. 纵向层面的直线式、职能式和区域式结构

首先,直线式。网络思想政治教育管理组织的直线式结构是指通过行政单位的划分,

由不同行政单位承担网络思想政治教育管理的不同职责,上级对下级进行垂直领导,下级只接受对应上级的指令,各级行政负责人对所负责部分负责,各级之间互不干预、协作。此形式具有结构简单、职责明确、统一领导的优势,但是也容易出现管理寡头、管理断层、决策失误、适用范围较小等问题。

其次,职能式。网络思想政治教育管理组织的职能式结构是指设置职能部门协助教育管理负责人进行管理,各职能机构对下属部门下达指令,各级行政负责人除了接受上级行政负责人的指令外,也得接受上级职能机构的领导。这种形式虽然分担了行政负责人的重任,有助于各级部门之间协同配合,但是也不利于集中领导,加剧了管理秩序混乱、纪律松弛、盲目邀功、推卸责任等现象。

最后,区域式。网络思想政治教育管理组织的区域式结构是一种高度集中的组织管理形式,是直线式和职能式的融合。具体而言,这一结构是在统一领导下划分若干区域,各区域又对其所负责的部门进行责任划分和职能分工,不同部门又对个人负责的内容进一步细化,层层推进、职责化小、分工明确。这一形式融合了直线式和职能式管理结构的优点,弥补了二者单一实施的不足,是当下网络思想政治教育管理组织中较好的一种结构形式。

2. 横向层面的部门式结构

网络思想政治教育管理组织的部门式结构是指依据管理的工作职能组建不同的部门,不同部门之间相互独立,是平级关系。各个部门按其职责开展网络思想政治教育管理工作,如宣传部门负责网络思想政治教育的宣传,宣传的内容、形式、时长、范围都由自己决定,技术部门负责基础技术、核心技术、创新技术等的管理,诸如此类。这种管理形式有助于调动各部门的积极性,做到管理的专业化,但是也存在信息沟通不及时、决策权分散等缺点。

3. 纵、横交错的矩阵式结构

网络思想政治教育管理组织的矩阵式结构既有纵向层面直线式结构的行政职责划分,也有横向层面部门式结构的部门职责划分。这种结构通常是为了完成某一特定阶段的任务,按分工不同,从其他部门调配人员组建临时部门,人员是流动的,负责人和委托者也是暂时的,一旦完成任务会解散这一部门。这种结构的优点是人员机动、工作灵活、配置资源合理、分工明确等,但是由于没有直接的责任关系,也存在临时责任人责任弱化、不能保证工作效益最大化等缺陷。

(二)网络思想政治教育管理组织的职能

网络思想政治教育管理组织的职能是指网络思想政治教育管理所确定的任务由谁完成及如何协调任务过程,也指网络思想政治教育管理组织对网络思想政治教育管理所做的贡献和发挥的功能。根据责任主体的不同,网络思想政治教育管理组织的职能可分为基础职能、核心职能、派生职能。

1. 基础职能

网络思想政治教育管理组织的基础职能也即所有管理组织共有的职能。网络思想政治教育管理是针对网络思想政治教育中存在的各种问题,如多元社会思潮冲击主流价值观、网络黑客侵袭损害网络安全、低级虚假信息消解真实信息的合法性等。因此,网络思想政治教育管理组织的基础职能包括监管网络思想政治教育信息内容,优化网络思想政治教育环境,为人们提供真实可靠的教育资源,打击恶意攻击网络思想政治教育者的行为,加强网络思想政治教育平台管理,为网络思想政治教育的开展提供基础保障等。网络思想政治教育管理组织的基础职能决定着核心职能和派生职能的发挥。因此,要注重网络思想政治教育管理组织的基础职能的落实。

2. 核心职能

网络思想政治教育的根本目的是坚定人们的政治理想和政治信念,促进每个人自由而全面的发展,其核心职能即政治职能。网络思想政治教育管理组织应引导受教育者坚定马克思主义信仰、共产主义远大理想、中国特色社会主义共同理想,坚定拥护党对中国特色社会主义事业的领导,坚定服务人民群众的宗旨意识,不断增强"四个意识",坚持把党的政治建设摆在首位,自觉维护党中央权威和集中统一领导。概括而言,网络思想政治教育管理组织要为政治目标服务,发挥战斗堡垒作用,确保网络思想政治教育目标的实现。政治目标属于上层建筑体系,反作用于经济基础,只有管理组织实现政治职能,才能发挥好上层建筑的反作用,服务于中国特色社会主义事业建设。

3. 派生职能

网络思想政治教育管理组织除了具有以上基础职能、核心职能以外,还有经济职能、社会职能、文化职能、生态职能等派生职能。网络思想政治教育管理组织的经济职能即优化管理资源配置、降低管理成本、提高管理效率。网络思想政治教育管理组织的社会职能即调节管理中的各种人际关系,加强团体之间的互助,形成网络思想政治教育管理的和谐氛围。网络思想政治教育管理组织的文化职能即丰富网络思想政治教育文化资源,为网络思想政治教育管理提供文化支撑,创新网络思想政治教育管理的文化理论,促进网络思想政治教育管理的文化交流。网络思想政治教育管理组织的生态职能包括改善网络思想政治教育各类环境,优化网络思想政治教育管理的网络空间,提高网络思想政治教育的自我净化能力。

二、网络思想政治教育管理制度的变革与创新

随着互联网的迅猛发展,网络思想政治教育管理制度要因事而化、因时而进、因势而新,聚焦网络思想政治教育发展的现实问题,网络思想政治教育不仅需要精神引导等"软控制",也需要管理制度等"硬约束"。为进一步做好网络空间意识形态工作,构建科学、系统、完备、可操作的网络思想政治教育制度,推动网络思想政治教育管理制度规范化、标

准化和程序化建设势在必行。

(一)网络思想政治教育管理制度的变革

网络思想政治教育管理制度是指在互联网、新媒体、云计算、大数据、人工智能等新技术的支撑下,网络思想政治教育者为维护正常的工作、学习、生活的秩序,更好地将网络的开放性和超时空性转化为网民自由而全面发展的条件,防止网民陷入海量的、碎片化的信息洪流之中,保证国家政策的顺利执行和思政工作的正常开展,依照法律、法规、政策制定的行政法规、章程、公约的总和。加强网络思想政治教育管理制度的变革与创新是网络思想政治教育发展的必然要求。网络思想政治教育管理制度变革的背景是网络思想政治教育面临新的发展困境、发展条件和发展目标,但网络思想政治教育的根本性质并未改变。

1. 培育网络思想政治教育者的管理制度素养

网络思想政治教育者既是网络思想政治教育管理制度的主体,也是网络思想政治教育管理制度的客体,网络思想政治教育者的网络素养影响着网络思想政治教育管理制度水平的高低。现实社会中,由于一些网络思想政治教育者缺乏系统的思想政治教育理论知识和网络知识,缺乏网络思想政治教育管理制度思维,忽视网络思想政治教育管理制度的落实、落地,用传统的思想政治教育办法解决网络思想政治教育管理制度难题,给网络思想政治教育管理制度造成很大的阻力。为解决上述问题,要培养网络思想政治教育者的管理制度素养,让其认识到制度管理的重要性,用网络思想政治教育管理制度严格要求教育对象,加强对网络思想政治教育管理制度落实的监督,养成自律精神,提高自身的综合素养。

2. 提升网络思想政治教育管理制度的安全效能

网络思想政治教育的主阵地是网络社会,网络空间的安全制约着网络思想政治教育的效能和目标的实现。但是,随着各国在网络空间的争夺越发激烈,我国网络社会的安全环境面临威胁,西方大国加紧推进在网络空间的部署,妄图侵犯我国网络发展的自主权,加紧对我国网络社会进行监控和干扰,对我国网络安全构成巨大的挑战。要加强对网络空间的安全监管,严格落实《国家网络空间安全战略》的要求,提升网络思想政治教育管理制度的安全保障能力和水平。

3. 形成网络思想政治教育管理制度的协同效应

当前我国网络思想政治教育管理制度存在分而治之、各自为政的多头管理现象,职能分散,权责交叉造成管理的盲点,网络思想政治教育内容管理、技术管理、网络安全管理相互独立,这种分割式的网络思想政治教育管理制度形式与网络互联互通、和谐共享的理念相违背。所以,要建立网络思想政治教育管理制度的协同模式,整合网络思想政治教育的内容、技术、安全、宣传等管理部门,推动各部门之间协同配合,聚合网络思想政治教育管理制度的职能,划清其权责界限,确保责任落实,使各部门、各地区、各行业的网络思想政治教育管理制度协同推进,形成网络思想政治教育管理制度的协同效应。

（二）网络思想政治教育管理制度的创新

网络思想政治教育管理制度创新是为了实现更高效益而对制度进行的变革，只有坚持创新，才能顺应网络思想政治教育主体、客体、环体、介体的变化趋势，才能解决网络社会中的人在精神价值、行为和存在方式等方面存在的问题。

1. 创新网络思想政治教育管理制度的内容

将人的发展和社会的发展作为出发点是网络思想政治教育管理制度的前提。网络思想政治教育管理制度关键、根本的问题是促使教育对象将网络思想政治教育制度的外在要求内化于心、外化于行，将网络思想政治教育管理制度的他律转变成自律。所以，创新网络思想政治教育管理制度必须重视教育对象的现实需要，尊重教育对象的层次性、差异性和自由个性，注重解决教育对象的现实难题，促使网络思想政治教育制度内容成为教育对象学习、生活和工作的有力助手，做到既守住底线、树立规范，又接地气、满足需求、促进发展。

2. 创新网络思想政治教育管理制度的运行

网络思想政治教育是教育者与受教育者双向互动的过程，网络思想政治教育管理制度要从理性出发，建立双向互动的网络思想政治教育管理制度的运行过程。首先，网络思想政治教育管理制度运行要体现时代性，网络思想政治教育管理制度面临大数据、人工智能、物联网等新技术发展带来的机遇和挑战，融合新技术是时代发展的迫切要求。其次，网络思想政治教育管理制度运行要与教育者互动，对教育者的教育目标、任务安排、教育形式都要制定具体规则，并督促教育者实施。最后，网络思想政治教育管理制度运行要与受教育者互动，促进受教育者的感情接纳，规范奖励机制，使其主动转换角色，有获得感、价值感，积极主动探索网络思想政治教育的本质属性。

3. 创新网络思想政治教育管理制度的保障

网络空间的竞争，归根结底是人才竞争，创新网络思想政治教育管理制度离不开高水平的教育工作者队伍、充分的资源、先进的技术和优质的服务。首先，组建网络思想政治教育管理制度的专业化队伍，并设定思想政治工作者的工作态度、能力、情感等制度指标，完善教育者考核、培训的制度准则，强化教育队伍的责任感和使命感。其次，要构建科学的网络思想政治教育管理制度资源流动、分配、使用机制，对所需的知识、技术、人才资金等资源要设置规范化的标准，从而高效利用资源。再次，提供网络思想政治教育管理制度的技术支持，互联网技术、新媒体技术、数据处理技术、网络监管技术、效果分析技术等都是网络思想政治教育管理制度的基础性技术，要促使管理水平与技术相匹配。最后，网络思想政治教育管理制度要明确服务目标，为教育对象提供专业化、优质化的服务。

4. 创新网络思想政治教育管理制度的评估

网络思想政治教育管理制度的评估是网络思想政治教育制度的重要环节，它对制度完善、制度创新具有重要作用。首先，要加强网络思想政治教育管理制度定性评估与定量评估的协同配合。既要依据网络思想政治教育管理制度的评估标准,也要定量分析网络思想政治教育管理制度的统计数据,创新网络思想政治教育管理制度评估的数学模型,计算出各项指标及其数值。其次,要创新网络思想政治教育管理制度的评估模式。网络思想政治教育为网民服务、对网民负责,所以,要坚持自下而上的评估流程,建立梯级式的评估模式,要注重部门、个人之间的横向评估,尊重客观事实,尊重网民对网络思想政治教育管理制度的客观评估。

5. 创新网络思想政治教育管理制度的组织

网络思想政治教育管理制度组织是网络思想政治教育管理制度的保障条件,创新网络思想政治教育管理制度组织有利于形成制度约束、明确权责任务、节约管理成本。首先,要建立网络思想政治教育管理制度的党委领导制,坚持党在网络思想政治教育管理制度中的领导核心作用,发挥党员的先锋模范作用,抓好"一把手"的责任落实,要把握发展规律,加强理论创新、应用创新、产品创新和制度创新,创造性地开展网络思想政治教育工作。其次,要建立政工学团相协调的组织格局,促使政府部门、工会、团委、学校、社会团体齐抓共管网络思想政治教育管理制度,形成网络思想政治教育管理制度的协同组织,要着眼提升网上育人质量,加强网下能力建设,增强网上传播实效,改进网下工作方法。同时,深化育人成效,加强网络素养教育,积极培育校园好网民。最后,要深入学习贯彻习近平新时代中国特色社会主义思想,特别是习近平关于网络强国的重要论述,推动思想政治工作的传统优势同信息技术高度融合,推动社会主义核心价值观的网络传播与弘扬,增强时代感和吸引力,强化资源统筹与配置,激发网络工作队伍的动力与合力,共建清朗网络空间。

第二节 网络思想政治教育的平台管理

网络思想政治教育平台作为网络思想政治教育的载体,是思想政治教育积极占领网络新阵地的重要渠道,其管理运营的效果直接影响着网络思想政治教育的成效。面对网络意识形态领域的风险与挑战,加强对网络思想政治教育平台的监控和安全管理是必不可少的,这一方面应当是系统、及时、完善的,另一方面也应该是高效、科学的。而对于网络思想政治教育平台的安全管理,同样也需要科学完备且专业规范。

一、网络平台中的内容与信息更新管理

习近平指出:"做好网上舆论工作是一项长期任务,要创新改进网上宣传,运用网络传播规律,弘扬主旋律,激发正能量,大力培育和践行社会主义核心价值观,把握好网上舆论引导的时、度、效,使网络空间清朗起来。"①我国是一个网络大国,但是距成为网络强国还有一定的距离,网络治理能力不强是我国网络发展面临的一个难题。网络思想政治教育是随着网络发展起来的教育活动,是现实思想政治教育在网络空间的延伸,网络思想政治教育是意识形态领域的一项重要工作,因此,加强网络平台中内容的科学性、深刻性、服务性、丰富性,提高网络平台信息的时效性是把握网络舆论主导权的关键所在。

(一)网络平台中的内容管理

网络思想政治教育内容是网络思想政治教育者传播给教育对象的政治观念、道德观点、价值理念的总和,网络思想政治教育内容在网络思想政治教育活动中居基础性地位,因此,加强对网络平台的内容管理具有重要意义。但是,当前网络平台存在虚假、低俗、媚俗等不良内容,这些内容是网络毒瘤,污染了网络思想政治教育的舆论生态,干扰了网络思想政治教育的运行机制,误导了网络思想政治教育的发展方向,困扰了网络思想政治教育对象的价值选择。所以,网络思想政治教育平台的内容生产要抵制这些媚俗、低级的非科学性内容,加强网络内容建设,做强网上正面宣传,培育积极健康、向上向善的网络文化,用社会主义核心价值观和人类优秀文明成果滋养人心、滋养社会,做到正能量充沛、主旋律高昂。

1. 突出网络平台内容来源的科学性

马克思主义是科学的世界观和方法论,实践和历史证明,马克思主义是指导中国特色社会主义事业的科学思想,马克思主义的指导地位是历史和人民的选择。中国共产党是中国特色社会主义事业的领导核心,代表中国先进生产力的发展要求,代表中国先进文化的前进方向,代表中国最广大人民的根本利益。网络平台内容生产离不开马克思主义指导和中国共产党的领导。但是,网络空间中存在一些"非马""反马"的错误思想,妄图消解马克思主义在意识形态领域的指导地位。对此,网络平台应突出内容来源的科学性,坚持以马克思主义为指导,把马克思主义的科学内容和方法运用于网络平台的内容生产,坚持中国共产党对网络平台内容生产的领导,将马克思主义与网络、思想政治教育和管理相结合,促使网络平台内容为人民服务。

2. 加强对网络平台内容的深度挖掘

网络平台内容的深度指内容的理论性和创造性。当前,一些网络平台的内容多从其他网络平台转载、采集而来,也有一些网络平台专门集合其他平台的信息,这样的内容生产形式不仅会降低网络平台内容的质量,也会破坏网络平台的创造氛围,不利于网络平台的持久发展。因此,要提倡网络平台内容生产的原创性,注重对重大舆论的深入解读而非单纯的信息转载。网络平台内容生产也非在他人所创内容基础上的小修小补,而是创造

---

① 《习近平谈治国理政》第1卷,外文出版社2018年版,第198页。

出个性化、专业化的内容,实现从内容报道向内容创作和解释的转变,提升网络平台内容生产的理论性和创造性。

3. 利用新技术加强对网络平台内容的监督

网络平台内容生产有多个环节,各个环节之间相互制约,若某一个环节出现错误或受到干扰,其他环节也会受到影响,因此,要运用新技术加强对网络平台内容生产的监督。物联网使网络思想政治教育者能够实现网络平台内容生产的互联互通,大数据使网络思想政治教育者能够获取网络平台内容生产的全部数据,人工智能使网络平台内容生产能够实现自动化。总之,物联网、大数据、人工智能等技术能够被运用于内容把关,筛选、甄别虚假内容,维护网络平台内容生产者的合法权益,提高预警研判能力,分析网络平台内容的发展趋势,提高网络思想政治教育者对网络平台内容监督的有效性。

4. 丰富网络平台内容的呈现形式

网络平台内容的呈现形式制约着网络平台内容效果的实现,为满足人们对网络平台内容的发展需求,要丰富网络平台内容的呈现形式。一方面,除了用文字形式呈现网络平台内容外,还可以将网络平台内容以声音、图像、视频等多种形式生动地呈现出来,促使网络思想政治教育对象在动静结合、声情并茂的呈现方式中更好地吸收网络思想政治教育内容。另一方面,网络思想政治教育者可以将宣传主旋律、弘扬正能量的影视资料、综艺节目、流行歌曲等推送给网络思想政治教育对象,用亲和、感染、渗透、隐性的方式提高网络思想政治教育的影响力,使网络平台内容的呈现形式更为丰富多彩。

5. 提高网络平台内容的服务质量

网络思想政治教育的目的和意义是为了实现人的全面发展,促进人的自由个性。将网络平台内容融入人民群众的现实生活,满足人民群众对网络平台内容的需求是网络平台内容生产的落脚点。网络平台内容要契合人民的喜好,针对人民群众在学习、生活和工作中的现实要求,围绕人民关注的热点、难点问题,注重网络平台内容与学习要求、工作目标和生活理想相结合,使网络平台内容具有生活性、理论性、深刻性和预见性。此外,还要建立责任问责机制,促使网络平台内容生产负责人关注人民的困难,回应人民的期盼,进而提高网络平台内容的服务质量和水平。

(二)网络平台中的信息更新管理

网络平台中的信息是网络舆论的体现,也是网络思想政治教育的切入点。网络平台信息是网络空间建设的基础,网络平台信息要引领舆论就必须体现时效性,因此,网络平台中的信息更新是网络思想政治教育发展的重要影响因素。

1. 培养管理者的网络平台信息更新意识,及时更新网络平台内容

当前一些网络平台信息管理者缺乏责任意识,忽视网络平台信息更新的时效性,抱着每天完成基础工作量的心态,导致网络平台信息更新缓慢、信息过时。一些网络平台的信息长期没有更新,网站没有充分发挥促进官方与个人沟通交流的功能。网络平台信息更

新的时效性是网络平台发展的内驱力,只有增强网络平台信息的时效性才能在网络社会的竞争中取得主动权,同时,人们对信息时效性的要求也不断提高。所以,网络平台管理者要树立信息更新意识,提高信息更新的敏锐度,注重网络平台新内容的引进,增强网络平台的吸引力,及时把握舆论动态,掌握网络平台信息更新的主动权。

2. 完善网络平台信息更新的监管机制,提高信息采集的质量

完善的监督机制是网络平台信息更新的保障,应加强对网络平台信息更新的监督,注重信息更新的质量,抵制庸俗、媚俗、低级等不良信息,防止别有用心者趁机传播西方资本主义思想来消解马克思主义在网络社会中的主导地位。同时,要加强对原创信息更新的版权保护,维护网络平台信息创造者的合法权利,依法打击侵犯网络信息更新相关权利的行为。此外,还要注重网络平台信息更新的科学性,提升信息采集能力,扩大信息采集的范围,精确把握信息更新的现实依据,分析得出准确、客观的结论。

3. 打造网络平台信息更新的专业人才,精准信息审核流程

网络平台信息更新的专业人才是网络信息更新的主体,具有主观能动性,他们决定着网络平台信息更新的质量与水平。要加强对网络平台信息更新专业人才的培训,使他们对网络平台信息更新心中有数、有度,能够掌握相关理论,运用相关技术,积极发挥网络平台信息更新的特色和优势,提高网络平台信息更新的专业化能力。同时,要科学制定网络平台信息审核的流程。流程不宜繁杂,否则不仅浪费资源,还会降低信息的时效性,但流程也不宜过简,否则会使得网络平台信息更新的质量得不到保证,网络平台信息更新审核流程的科学化与管理者的专业化是同向同性的。

4. 建立网络平台信息更新的长效机制,严控信息发布归档

网络平台信息更新只有进行时,没有完成时,所以要建立网络平台信息更新的长效机制,将网络平台信息更新纳入网络平台考核体系,将网络平台信息更新与网络平台管理者的奖惩体系挂钩,建立责任机制,完善制度规范,增强网络平台信息更新的长效性和持续性。同时,要落实信息的发布归档工作,建立信息发布归档的数据库,加强数据库之间的关联性,提高分析能力,及时更新信息发布归档数据库,规范管理,避免信息重复发布,提高网络平台信息更新的时效性。

二、网络思想政治教育网站的栏目设置与针对性管理

网络思想政治教育网站的栏目是网络思想政治教育网站建设的主要内容,一般是指网络思想政治教育网站的导航栏目、二级栏目或三级栏目等,其设置目的主要是增强用户体验,帮助用户快速找到所需信息。网络思想政治教育网站的栏目设置应遵循以用户为导向、简便、一致、安全、灵活等原则。栏目是组织网络思想政治教育网站信息资源的重要工具,网络思想政治教育网站只有合理规划栏目、高效配置资源,才能使网络思想政治教育网站发挥实效。

（一）网络思想政治教育网站的栏目设置管理

网络思想政治教育网站的栏目设置管理包括栏目基本设置管理、栏目权限设置管理和栏目呈现设置管理三个方面的内容，只有以上三个管理环节协同配合，才能保证网络思想政治教育网站栏目设置管理的有效性。

1. 网络思想政治教育网站的栏目基本设置管理

首先，加强栏目分级管理，即确定网络思想政治教育的网站栏目是横向式的、纵向式的还是纵横交错式的，也就是网络思想政治教育栏目分几级的问题。要注重网络思想政治教育网站栏目的分级简化，方便用户一目了然地获取需要的信息。其次，加强栏目名称的管理，突出横向栏目名称之间的并列平级关系，纵向栏目名称之间的递进包含关系，防止栏目名称之间交错混杂，干扰用户的信息接收，并突出栏目名称设置的方向性、规范性、科学性和吸引力。再次，加强对栏目语言、关键词的管理。为了顺应国际化发展趋势，网络思想政治教育网站栏目可考虑引入英文，凸显网络思想政治教育的国际化水平，同时要设置精准的栏目检索关键词。最后，加强栏目的内容管理，除了基础理论类栏目外，网站栏目还应包括与网络思想政治教育有关的办事指南、服务咨询、资料下载、友情提示、相关链接等类型，保证栏目设置的系统性、完整性。

2. 网络思想政治教育网站的栏目权限设置管理

网络思想政治教育网站的栏目根据权限设置可分为开放栏目、半开放栏目和认证栏目，相应地，网络思想政治教育网站栏目的开放对象范围也依此逐步缩小。首先，加强栏目的浏览、查看权限管理。设置栏目主要是为了合理配置教育内容，引导网民的网络行为和价值选择，要发挥栏目的信息传播、教育引导功能。其次，加强栏目的复制或下载权限管理。由于栏目中的部分内容有独立版权或涉及个人隐私等，因此要规范信息下载或复制的权限，保护版权所有者的合法权益和用户的基本权利。再次，加强栏目的添加权限管理。栏目添加者通常是网站管理者，但是，由于网民不断产生新的需求，栏目内容难免会出现不能满足用户需要的情况，所以要加强对栏目添加权限的管理，将实名制、等级高、信誉好的用户纳入栏目添加体系，增强互动性。最后，加强栏目的评论权限管理。网站管理者应加强对评论的审核，筛选出与网络思想政治教育价值相契合的、有助于弘扬正能量的评论，反之则过滤、抵制，做好栏目评论的把关人，增强评论的辐射效应。

3. 网络思想政治教育网站的栏目呈现设置管理

虽然网络思想政治教育网站的栏目设置提倡"内容为王"，但是栏目的呈现方式会影响栏目的受众，制约网络思想政治教育目标的实现，因此要注重对栏目呈现设置的管理。首先，加强对检索式栏目的管理。检索式栏目是一种以关键词的方式呈现给用户的形式，用户可以通过检索关键词查阅相关信息。管理检索式栏目要突出关键词的精准性，保证关键词和栏目内容的一致性。其次，加强对列表式栏目的管理。列表式栏目是一种将教育内容按时间、类别、重要性等划分标准进行排列并呈现给用户的形式，时间、类别、重要性等划分标准各有优劣,所以栏目呈现既要体现时效性,分轻重缓急,也要合理划分类别。最后,加强对推荐式栏目的管理。传统的栏目推荐方式是编辑推荐,但是,互联网、大数据、物联网的发展使个性化推荐模式成为可能,管理推荐式栏目应结合新技术,提高推荐内容的针对性,突出个性化特色。

(二) 网络思想政治教育网站栏目的针对性管理

网络思想政治教育网站栏目的针对性管理是指根据用户的特点,创建与用户特点相契合的网络思想政治教育栏目。网络思想政治教育的特殊性、对象的特殊性和技术载体的特殊性,要求提高网络思想政治教育网站栏目管理的针对性。

1. 突出网络思想政治教育网站栏目的特色

网络思想政治教育的目标在于规范网民的网络行为、培育网民的精神价值、促使网民形成积极的网络心态,网络思想政治教育是思想政治教育在网络社会的发展,也需要对网民开展思想观念、政治观点和道德规范教育,培育人格健全的网民。所以,网络思想政治教育的栏目设置要突出马克思主义理论,党的路线、方针和政策,党史国史,形势政策,心理健康理论等内容,凸显思想政治教育的调节、导向、激励、约束功能,注重对网民世界观、人生观、价值观的培育,促使网民养成较高的网络社会道德水准。网络思想政治教育网站的栏目可以设置网民关注的热点话题,但是不能偏离网络思想政治教育的轨道。

2. 提升网络思想政治教育网站栏目的用户体验

网络思想政治教育网站栏目的用户体验是网民在使用网站栏目的过程中产生的主观感受,是网络思想政治教育网站栏目对用户思想、情感、信仰、认知、生活等方面产生的影响。网民浏览网络思想政治教育网站栏目无非是想获得对自己生活、学习、工作有帮助的内容,网民的性别、年龄、职业、性格、经历、爱好等都会影响网络思想政治教育网站的栏目设置。提高网络思想政治教育网站栏目的用户体验也是加强栏目针对性管理的需要,通过大数据和人工智能技术,可以获得不同用户的栏目访问来源、搜索内容、访问时间、访问内容、访问频次、用户分布区域等信息,可以计算出用户关注度较高的关键词、信息资料,可以发现用户与管理者互动的频次、主题等,这些都是影响网络思想政治教育网站栏目针对性的关键因素。通过分析以上数据,可以设置符合用户特色的个性化栏目,提升用户体验。

3. 把握网络思想政治教育网站栏目的发展趋势

网络思想政治教育网站栏目的针对性也体现在栏目的发展趋势中,网络思想政治教育网站栏目的粘合用户、潜在用户关注的栏目内容,是网络思想政治教育栏目的改进方向,通过分析用户对网络思想政治教育网站栏目内容的关注时长和频率,可以分析用户需求的发展趋势。网络思想政治教育网站栏目管理要利用大数据技术,实现从网络思想政治教育网站栏目访问用户的数据统计到数据分析研判的转变,直观、深入地分析网络思想政治教育网站栏目访问用户的各项数据,编制数据分析报告,同时也要加强对数据的收集与共享,加强对流量的监测,分析用户的网络思想政治教育需求,发现栏目设置的供需差距,从而加强网络思想政治教育网站栏目的针对性管理。

4. 提高网络思想政治教育网站栏目的外部推广能力

网络思想政治教育网站栏目的知名度制约着网络思想政治教育网站栏目的针对性管理,网络思想政治教育网站栏目有一些潜在用户,但是他们并没有充分利用网络思想政治教育网站栏目的系统资源,所以要加强网络思想政治教育网站栏目的外部推广,将网络思想政治教育网站栏目内容输送给有需要的用户。利用大数据和物联网技术,可以发现网络思想政治教育网站栏目的潜在用户,他们转发、评论、收藏网络思想政治教育信息,但是他们没有发现专门的网络思想政治教育网站栏目,这就需要利用相关技术,有针对性地向这些用户输出信息,促使潜在用户转化为网络思想政治教育网站栏目的显性用户,提高网络思想政治教育网站栏目的外部推广能力。

5. 加强网络思想政治教育网站栏目管理者的培训

网络思想政治教育网站栏目管理者是网络思想政治教育网站栏目的管理主体,随着网络思想政治教育载体的变化,要注重培育网络思想政治教育网站栏目管理者针对性管理的意识,使其转化管理思维,加强理论学习、技术运用和网站建设能力,提升网络思想政治教育网站栏目管理者设置针对性内容的能力和有针对性地展示网站栏目、关键词、栏目内容的能力。同时,要提高网络思想政治教育网站栏目管理者的分析总结能力,培育管理者的信息敏锐度,使其能够辨别不同群体的信息接收喜好和需求,进而有针对性地提高栏目信息采集、审核、处理和发布能力。此外,网络思想政治教育网站栏目管理者要学习新技术,掌握大数据、物联网、人工智能等技术,加强针对性管理的技术操作能力,提高管理者的针对性管理能力。

网络思想政治教育网站的栏目设置和针对性管理是网络思想政治教育网站建设的重要环节,加强网络思想政治教育网站栏目设置和针对性管理有助于充分发挥网络思想政治教育功能,合理配置网络思想政治教育资源,同时也能为用户提供个性化的服务内容,增强网络思想政治教育的吸引力和科学性。

三、网络思想政治教育平台运行中的监控与安全管理

随着网络时代的发展,网络思想政治教育越来越受到党和政府的高度关注,做好网络社会的意识形态工作是思想政治教育工作者当前面临的重要任务。网络信息来源多样、种类繁多、处理困难,加之网络社会的虚拟性带来的网络主体虚拟、信息媒介虚拟、社会关系虚拟加剧了网络思想政治教育的安全风险。虚假、低俗、庸俗的信息,网络黑客的攻击和国际敌对势力的侵袭,网络平台运行的生态环境恶化等问题的出现,给网络思想政治教育平台监控和管理带来了新的挑战,加强网络思想政治教育平台运行监控与安全管理成为网络思想政治教育发展要解决的基础性问题。

(一) 网络思想政治教育平台运行中的监控管理

网络思想政治教育平台运行的监控是指对网络思想政治教育平台的工作状态进行实时监测,并根据系统反馈的信息对异常部位实施闭合控制,促使网络思想政治教育平台高效发挥性能,保证网络思想政治教育内涵式发展。

1. 建立网络思想政治教育平台运行的分布式监控点

网络思想政治教育平台运行监控点的设置对信息接收的全面性、系统性、及时性有重要影响,所以网络思想政治教育平台运行的监控点设置要科学、合理。而建立网络思想政治教育平台的分布式监控点能够及时发现异常,有针对性地解决故障,是监控管理的一种重要方式。分布式监控是指将网络思想政治教育平台运行的监控分为多个子监控,部署在不同的服务器上,确保每一阶段、每一环节的平台运行都设有监控系统,防止监控点集中、堆积在某一平台或某一环节,并确保监控点之间是畅通的,即可以通过控制某一监控点来控制整个监控系统,使网络思想政治教育平台运行监控能够做到及时发现、及时反馈、及时处理。集中的监控点不利于掌握完整的网络思想政治教育平台运行状况,分布式监控点不仅能弱化集中式监控点的缺陷,而且能凸显监控的时效性和针对性。

2. 提高网络思想政治教育平台运行的监控频率

网络思想政治教育平台运行的监控频率是指发挥监控平台功能的次数,监控频率的高低决定平台运行监控的效度和信度,但是一些监控系统形同虚设,长期处于关闭状态,失去了监控平台运行的功能,也不能保证及时解决平台出现的故障问题,所以,要提高网络思想政治教育平台运行的监控频率。要促使网络思想政治教育平台监管者提高监控意识和责任意识,多频率、全方位地对网络思想政治教育平台运行情况进行监控。要重点对平台的流量进行追踪,发现点击率高、影响力大的网络信息,及时调控平台的点击率和信息传播速度,防止监控盲区和无效监控。同时要有针对性地对网络思想政治教育平台进行监控,提高平台运行监控的频率,推动网络思想政治教育平台运行监控的常态化。

3. 搭建形式多样的网络思想政治教育平台运行监控警报

网络思想政治教育平台运行的监控警报是监控系统向监控者发出的监控信号,是监控系统反馈平台运行效果的重要途径,所以搭建多渠道的网络思想政治教育平台运行监控警报有利于及时、准确地解决运行故障,提高网络思想政治教育平台的监控质量和水平。在信息时代到来之前,监控警报要通过多个部门、经历多个程序才能传达给监控者,而且传输信息的形式也较为单一。但是,移动通信技术、多媒体技术、互联网技术的发展带来了形式多样的网络思想政治教育平台运行监控警报。移动通信技术的发展使得以短信、电话传输为主要形式的监控警报成为可能,多媒体、互联网技术的发展促使通过微信、邮件、APP 软件推送监控警报成为现实,通过短信、电话、微信、邮件等形式传送监控警报有助于简化流程、节约时间,保证监控者及时掌握网络思想政治教育平台运行的监控信息,提高解决网络思想政治教育平台运行故障的时效性。

4. 建设网络思想政治教育平台运行监控的数据库

信息海量是互联网、大数据时代的显著特征,这既是网络思想政治教育的发展优势,也是网络思想政治教育发展面临的新挑战,如何高效地从众多信息中获取有价值的信息是网络思想政治教育需要解决的难题。同时,对网络思想政治教育平台运行监控的增多,会产生大量的监控信息,但是这些信息的价值并非是一次性的,挖掘海量信息潜在的价值能够节约监控成本,提高信息资源利用率,所以要建设网络思想政治教育平台运行监控的数据库,挖掘监控数据库的巨大价值。规范化的网络思想政治教育平台运行监控的数据库应提供平台的运行情况监控、性能监控、故障监控、各平台之间的监控对比等数据,这些数据是完善网络思想政治教育平台运行监控的基础数据,只有掌握平台运行监控的基础数据才能保证监控的科学性和方向性。

5. 建立网络思想政治教育平台运行的协同监控机制

网络思想政治教育平台运行监控并不是一个部门或一个团体的私事,只有完善网络思想政治教育平台运行监控的协同机制,才能形成网络思想政治教育平台运行监控合力,发挥监控的最大效能。当前网络思想政治教育平台监控机制是相关部门各司其职、互相独立、互不干涉,这样的运作方式确保了权责明确,但是不利于监控资源的优化配置。建立网络思想政治教育平台运行监控的协同机制要建立领导负责制,由相关领导负责各自区域的平台运行监管工作,同时宣传部门、规划部门、技术部门等要共同发挥监控职能,保证区域、部门内部平台监控的正常运转。此外,各区域、部门之间要加强交流协作,共享网络思想政治教育平台运行监控资源和经验,形成网络思想政治教育平台运行监控的大环境,进而产生网络思想政治教育平台运行监控的协同效应。

(二)网络思想政治教育平台运行中的安全管理

互联网是人们通过现代信息技术了解社会、获取信息的重要渠道,网络改变了思想政治教育的内容、场域、方式。网络思想政治教育平台运行的安全管理是人们安全、绿色、健康接收网络思想政治教育内容的重要保证,涉及管理的主体、客体、制度和环境等,所以,网络思想政治教育平台运行的安全管理离不开对管理主体、客体、制度和环境等的管理。

1. 提升网络思想政治教育平台运行安全管理主体的素质

网络思想政治教育平台运行安全管理的主体是网络思想政治教育平台运行安全管理的组织者和策划者,对网络思想政治教育平台运行安全管理起关键作用,因此要注重提升管理主体的专业素质。具体而言,一是网络思想政治教育平台运行安全管理主体要加强系统性知识学习,夯实理论基础;二是加大安全管理培训力度,提升管理主体的安全管理思维和专业化技能;三是建立管理主体的考核评价机制,提升管理队伍的专业素养和管理水平;四是建立管理主体的奖惩机制,拓宽晋升渠道,表彰先进、惩处消极怠工主体。通过上述方式,有助于提升网络思想政治教育平台运行安全管理主体的自我管理、自我提升、自我监督能力,使其做到思维与行动、理论与实际、理想和现实的结合。

2. 转化网络思想政治教育平台运行安全管理的客体

网络思想政治教育平台运行安全管理的客体是网络思想政治教育平台运行安全管理的对象,包括以物的形式存在的客体和以人的形式存在的客体。网络思想政治教育平台运行安全管理的物化客体是指管理环境、手段、平台等,也即促使网络思想政治教育平台运行安全管理的环境绿色健康、手段合理合法、平台良性运转等,防止出现管理的环境乌烟瘴气、手段非人性化、平台运转失灵等现象。网络思想政治教育平台运行安全管理的人化客体是活生生的人,人是有思想、能掌握事物运动规律的高级动物,所以要促使网络思想政治教育平台运行安全管理的人化客体树立安全管理意识、维护平台运行安全管理秩序、积极营造管理的安全环境、加强对网络思想政治教育平台运行安全管理的监督,推动其从客体角色向主体角色转化。

3. 完善网络思想政治教育平台运行安全管理的制度

网络思想政治教育平台运行安全管理的制度主要包括网络思想政治教育平台运行安全管理的规范、标准、任务、考核评价等,制度是网络思想政治教育平台运行安全管理的保障。网络思想政治教育平台运行安全管理的规范是有关部门为加强完善网络思想政治教育平台运行安全管理而作出的相关规定。网络思想政治教育平台运行安全管理的标准即安全管理的参照体系,明确说明安全管理的原则、手段、目标等。网络思想政治教育平台运行安全管理的任务和考核也就是要落实安全管理的责任清单,将管理责任细化、落实,形成责任制,同时也要规范对平台运行安全管理的考核评价,因为安全管理的任务与考核评价相辅相成。总之,网络思想政治教育平台运行安全管理的制度是不可或缺的保障体系,要发挥好制度的硬性管理作用。

4. 优化网络思想政治教育平台运行安全管理的环境

网络思想政治教育平台运行安全管理的环境影响着网络思想政治教育平台运行的安全程度,因此,要加强对管理环境的治理,让健康、绿色的网络环境为网络思想政治教育平台运行安全管理提供坚实的保障。首先,要坚决抵制冲击网络思想政治教育的虚假、低级、媚俗等不良信息,坚决打击破坏党的领导、损害国家统一、不利于民族团结的网络行为,建立网络信息安全管理制度,增强网络安全防御能力和威慑能力。规范网络社会行为。其次,要创作优秀的网络思想政治教育作品,促成网络思想政治教育成果转化,用优秀的网络作品鼓舞人、以正确的网络舆论引导人、以健康的网络文化塑造人,宣传、弘扬社会正能量,传播激发人、鼓舞人、引导人的网络思想政治教育内容,为网络思想政治教育平台运行安全管理提供健康的网络环境。

5. 加强网络思想政治教育平台运行安全管理的交流合作

"网络安全是国家安全的重要组成部分。维护国家网络安全需要整体设计、加强合作,在相互学习、相互切磋、联合攻关、互利共赢中走出一条好的路子来。"[1]网络思想政治教育平台运行安全管理不仅是思想政治教育部门面临的问题,也是其他学科、行业乃至国家都会面临的难题。所以,网络思想政治教育平台运行安全管理应该加强与其他学科、其他行业网络平台运行安全管理的交流与合作,借鉴其他学科网络平台运行安全管理的成功经验,吸收优秀理论成果,加强各个部门之间、行业之间和国家之间的沟通协作,做到既凸显中国特色,又彰显国际交融,让网络思想政治教育平台运行管理充分体现时代特点、中国特色和世界情怀。

第三节 网络思想政治教育的队伍建设与管理

在新技术赋能下加强高校网络思想政治教育队伍的建设与管理,对于推进高校思想政治教育的发展,提升网络思想政治教育的实效性有着十分重要的意义。当前,随着新媒体、大数据、人工智能、区块链、物联网等技术的发展,教育环境的变化引发了教育过程基本要素的重组和置换,直接影响到教育者和受教育者交流和传递信息的方式,从而使得教育者的角色从传统向现代转变,这一转变对网络思想政治教育的队伍建设与管理提出了更高的要求。

一、队伍建设的目标与原则

网络思想政治教育队伍是网络思想政治教育的组织者和策划者,是实施网络思想政治教育的骨干力量,是网络思想政治教育对象成长成才的引路人和指导者,是网络思想政治教育不可或缺的重要力量。

(一)网络思想政治教育队伍建设的目标

网络思想政治教育队伍建设有推动网络思想政治教育发展、提升网络监管水平、培育网民良好的网络道德、维护国家网络安全等目标,网络思想政治教育队伍建设要为网络思想政治教育提供积极的网络氛围,促使网民坚定拥护马克思主义、社会主义制度和党的领导,为建设中国特色社会主义网络强国而奋斗。具体而言,网络思想政治教育队伍建设有如下目标。

1. 加强和改进网络思想政治教育是队伍建设的首要目标

加强和改进网络思想政治教育是网络思想政治教育队伍建设的首要目标,网络思想政治教育队伍承担着网络思想政治教育的职能,是网络思想政治教育的组织者和策划者,

---

[1] 中共中央党史和文献研究院编:《习近平关于网络强国论述摘编》,中央文献出版社2021年版,第96页。

网络思想政治教育的发展水平取决于网络思想政治教育队伍建设的成效。教育队伍要紧紧抓住互联网、大数据和移动通信技术发展带来的机遇,创新网络思想政治教育的研究内容、研究范式和研究领域,丰富网络思想政治教育的载体,拓展网络思想政治教育平台,推动网络思想政治教育成果的转化,实现网络思想政治教育创新性发展,将网络思想政治教育引领至更高的水平和阶段。

2. 加强网络思想政治教育监管是队伍建设的基础目标

由于网络思想政治教育面临信息泛滥、安全防范能力较弱等困境,网络思想政治教育面临复杂的发展环境,所以加强网络思想政治教育监管是网络思想政治教育队伍建设的基础目标。网络社会环境是制约网络思想政治教育发展的各种外在因素的总和,对网络思想政治教育目标的实现具有重要影响。党的十八届三中全会针对网络管理提出"积极利用、科学发展、依法管理、确保安全"的方针,网络思想政治教育队伍建设要配合实现以上网络管理要求,传播科学的网络思想政治教育内容,促成和谐的网络思想政治教育舆论生态,主动为网络思想政治教育发展提供积极、健康、文明、和谐、稳定的网络环境。

3. 加强对网民的教育引导是队伍建设的核心目标

网络思想政治教育的主要对象是成千上万的网民,网民既是网络思想政治教育的客体,也是网络思想政治教育的潜在主体。网民的网络素养和道德素质对网络思想政治教育具有重要影响,所以,加强对网民的教育引导是网络思想政治教育队伍建设的核心目标。网络思想政治教育队伍要加强对网民的政治思想教育、社会主义核心价值观教育、心理健康教育和网络规范教育,引导网民形成正确的世界观、人生观和价值观,培育网民积极向上的网络心态,引导网民遵守文明、礼貌、守法的网络交往准则,增进网民对马克思主义、社会主义、共产主义的价值认同,培育网民的爱国情感和民族团结意识,将网民培育为网络思想政治教育发展的生力军。

(二)网络思想政治教育队伍建设的原则

网络思想政治教育队伍建设的原则是网络思想政治教育队伍建设的保障,脱离这些原则,网络思想政治教育队伍建设就会偏离科学的发展轨道。网络思想政治教育队伍建设要坚持顺应网络思想政治教育发展的时代诉求、遵循网络思想政治教育发展的基本规律、实现网络思想政治教育队伍的自身转型等原则。

1. 顺应网络思想政治教育发展的时代诉求

习近平在党的十九大报告中明确指出,中国特色社会主义进入了新时代,这是对我国历史方位的精准把握。进入新时代,我国的主要矛盾、主要任务、战略方针发生了深刻的变化,同样,网络思想政治教育也面临新的时代诉求。我国经济发展步入"速度、结构、政策"的"三期叠加"阶段,全面深化改革进入深水区与攻坚期,各种利益矛盾凸显,文化多元氛围呈现,多种社会思潮交融,意识形态领域斗争激烈,网络思想政治教育面临的危机风险因素增多。网络思想政治教育队伍建设要顺应网络思想政治教育发展的时代诉求,提升教育队伍的风险管理意识,有效化解网络思想政治教育面临的复杂矛盾,增强巩固马克思主义在意识形态领域指导地位的本领,用科学的办法解决网络思想政治教育发展中的难题。顺应网络思想政治教育发展的时代诉求是网络思想政治教育队伍建设要坚持的首要原则。

2. 遵循网络思想政治教育发展的基本规律

网络思想政治教育的规律是网络思想政治教育诸要素之间必然的、本质的、稳定的联系,是客观存在的,不以教育者的意志为转移。网络思想政治教育队伍不能改变网络思想政治教育的发展规律,因此必须掌握、遵循网络思想政治教育发展的基本规律。网络思想政治教育是现实与虚拟、主体与客体、人文和科技交互发展的结果,网络思想政治教育面临的对象、环境、载体等具有虚拟性和可变性,加之当下大数据、人工智能、云计算、物联网等技术渗透到网络思想政治教育过程中,所以,网络思想政治教育融合新技术、新媒介,促成了网络思想政治教育研究范式的转型、研究方法的创新、研究成果的转化,成为其发展的必然要求。因此,教育队伍必须遵循网络思想政治教育发展的基本规律,并用其指导教育实践。

3. 实现网络思想政治教育队伍的自身转型

当今时代,信息、科技发展日新月异,网络思想政治教育领域竞争激烈,时代变化对网络思想政治教育队伍建设提出了更高的要求,网络思想政治教育队伍建设是掌握网络思想政治教育主动权的关键所在。网络思想政治教育队伍要想在激烈的竞争中获胜,首先,要加强对网络思想政治教育理论知识的学习,掌握扎实的专业知识体系,不断提高专业化水平;其次,要坚持问题导向,善于发现网络思想政治教育面临的新问题,关注教育对象的发展需求;再次,要加强对网络思想政治教育队伍的规范化管理,建立教育队伍的考核评价机制,严格教育队伍的晋升流程,提高网络思想政治教育队伍的职业化水平;最后,要加强对网络思想政治教育队伍的培训,促使其掌握先进的教育理念、技术、方法和手段。实现网络思想政治教育队伍的自身转型是网络思想政治教育队伍建设应坚持的重要原则。

二、队伍管理的职业化与专业化建设

网络思想政治教育队伍管理的职业化与专业化建设是实现培育中国特色社会主义事业的建设者和接班人这一教育目标的重要保障。面对网络思想政治教育队伍素养与网民需要之间的差距,面对新时期社会转型对网络思想政治教育造成的冲击和影响,面对意识形态斗争激烈的网络环境,网络思想政治教育亟须建设一支职业化与专业化水平较高的队伍,承担网络思想政治教育的重任,发挥好教育、管理、引导、示范、熏陶的功能,全面提升网络思想政治教育的效果与质量。

(一)网络思想政治教育队伍管理的职业化建设

职业是指现实生活中人们为谋生而进行的专门的工作,职业化就是工作的标准化、制度化和规范化,包括专业的职业素养、职业技能和职业行为。网络思想政治教育队伍的职业化建设旨在促使网络思想政治教育队伍在成长发展过程中形成健全、规范的职业标准、制度和准则,并使其成为指导网络思想政治教育队伍职业行为的依据。网络思想政治教育队伍的职业能力和职业道德制约着网络思想政治教育目标的实现,对教育对象思想、观念的形成具有重要影响。

1. 加强网络思想政治教育队伍的职业操守建设

首先,要着力培养网络思想政治教育队伍的职业道德,促使网络思想政治教育者做到真心热爱网络思想政治教育工作,立志为网络思想政治教育事业奉献,主动践行网络思想政治教育职业的道德要求,认真履行网络思想政治教育的职业道德规范。其次,要注重树立网络思想政治教育队伍的职业形象,促使网络思想政治教育者展示出积极向上的精神面貌,向受教育者传达忠诚爱国、积极进取、爱岗敬业、服务集体、乐于奉献等精神,发挥教育者的标杆示范作用。最后,要加强网络思想政治教育者与受教育者之间的交流沟通,让教育者主动关注、把握受教育者的思想变化情况,融入受教育者的现实生活,做到关心、关爱、关照受教育者,树立为受教育者服务的意识,坚持以促进受教育者的全面发展为职业目标。

2. 加强网络思想政治教育队伍的职业技能建设

网络思想政治教育不仅是思想政治教育的理论研究工作,更是教育者主动探索网民思想变化、发展规律的实践活动,所以,网络思想政治教育队伍不仅要掌握系统的思想政治教育理论,更要熟练运用网络思想政治教育的技术、载体、平台。首先,要加强网络思想政治教育队伍对网络思想政治教育理论知识的学习。掌握网络思想政治教育理论知识是教育队伍开展思想政治教育工作的前提,只有教育队伍形成专业化、体系化的理论体系,才能更好地指导网络思想政治教育实践。其次,要加强教育队伍对互联网、新媒体、大数据、人工智能、区块链等新技术的学习。教育队伍要运用新技术开展网络思想政治教育工作,提高网络思想政治教育的吸引力和针对性,深化个性化教育方式的探索。最后,要加强学习型队伍的建设。随着社会和技术的更新换代,网络思想政治教育面临的环境、问题日新月异,所以,要培育教育队伍的终身学习思维,提高教育主体抵御风险和化解危机的能力。

3. 加强网络思想政治教育队伍的职业理想建设

网络思想政治教育作为新兴学科,其研究范式、研究方法、研究思路仍在发展过程中,所以学界对网络思想政治教育的学科定位还有待明晰,这也导致了一些网络思想政治教育者对职业发展的不自信。首先,要加强网络思想政治教育队伍的职业自信,促使教育者认识到网络思想政治教育的重要地位,认识到网络思想政治教育对网民发展、社会稳定和社会主义核心价值观的践行都有重要影响,认识到网络思想政治教育队伍自身的不可替代性,从而增强职业自信。其次,培育网络思想政治教育队伍的职业理想,使教育队伍能够把握互联网发展趋势,掌握思想政治教育与互联网融合的规律,预见网络思想政治教育的发展势头,确立积极维护网络意识形态安全、促成网民全面发展、实现网络思想政治教育创造性转化的理想。

（二）网络思想政治教育队伍管理的专业化建设

网络思想政治教育队伍的专业化建设就是促使网络思想政治教育队伍在成长发展过程中，获得较高的网络思想政治教育专业素质、专业标准和专业地位，提高专业水平，形成规范化的网络思想政治教育队伍建设的专业制度。

1. 提高网络思想政治教育队伍的专业化意识

提高网络思想政治教育队伍的专业化意识是提升网络思想政治教育队伍管理专业化水平的前提和根本条件。首先，要提高各级队伍管理者的专业化意识，严格选拔政治性强、业务精、作风严的网络思想政治教育人才，建立规范的网络思想政治教育人才选用机制，并对新入职的网络思想政治教育者进行系统的培训和教育，多渠道提高网络思想政治教育队伍的专业素养和专业技能。其次，要注重提高网络思想政治教育队伍自身的专业化意识，促使其认识到网络思想政治教育是一项艰巨、光荣的职业，要在岗为岗、在职为职，不断提高自身的专业化水平。

2. 加强网络思想政治教育队伍的专业知识学习

网络思想政治教育是互联网与思想政治教育的融合，是自然科学与社会科学的交叉，所以网络思想政治教育是兼具理论高度与实践深度的思想政治教育，提高网络思想政治教育队伍的专业知识水平十分必要。首先，入职前要严格考核网络思想政治教育队伍的专业知识水平，既要重点加强对马克思主义理论和马克思主义中国化时代化的理论成果等理论知识的考核，也要加强对计算机技术、互联网技术、新媒体技术等专业辅助知识的考核，筛选出网络思想政治教育专业知识较强的教育队伍。其次，入职后要加强对网络思想政治教育队伍的专业知识培训，有计划、有目的地提高网络思想政治教育队伍的专业知识水平，健全网络思想政治教育队伍的培训机制，提高培训服务能力，建立培训研修基地，引入系统化的课程、有影响力的专家对教育队伍开展培训，培养网络思想政治教育队伍中的领军人才，实现全过程、全方位学习。

3. 建设网络思想政治教育队伍的专业化制度

网络思想政治教育队伍的专业化制度是实施队伍管理的行动准则和可靠依据，是实现网络思想政治教育队伍专业化的制度保证。首先，要建立规范的网络思想政治教育队伍准入制度，设置科学合理的网络思想政治教育岗位，严格教育人才的选拔聘用制度。其次，落实网络思想政治教育队伍的责任制度，建设权责清晰、职责分明的网络思想政治教育队伍，细化网络思想政治教育队伍的专业职责，实现网络思想政治教育的无缝衔接。再次，建立专业的网络思想政治教育队伍的考核评价制度，制定明晰的教育队伍考核量化表，实现定性考核与定量考核相结合，搭建教育队伍的多方评价体系，保证社会、单位、个人共同参与教育队伍评价流程，制定完善的评价参照体系。最后，建立规范的网络思想政治教育队伍的激励制度，坚持物质激励与精神激励相结合，规范教育队伍的岗位流动机制,公平、公正、公开实施激励制度。总之,要通过准入、责任、考核评价、激励等制度的完善,建立网络思想政治教育队伍建设的专业制度。

三、队伍管理的发展特征与动态趋势

随着网络社会的发展,人们的认知方式、生活方式和思维方式都发生了重大的变化,由此,网络思想政治教育队伍管理也出现了新的特征和要求。网络思想政治教育队伍管理的发展特征与动态趋势反映了网络思想政治教育队伍管理发展的规律,加强对网络思想政治教育队伍管理的发展特征、动态趋势研究是网络思想政治教育队伍管理的重要内容,也是提高网络思想政治教育质量的重要举措。

(一)网络思想政治教育队伍管理的发展特征

网络思想政治教育队伍是网络思想政治教育的保障,网络思想政治教育队伍的质量决定网络思想政治教育的水平和效果,只有把握网络思想政治教育队伍管理的发展特征,才能促进网络思想政治教育队伍管理的科学化。

1. 网络思想政治教育队伍管理的扁平化

随着网络思想政治教育的发展,网络思想政治教育队伍管理扁平化的特征不断凸显。首先,网络思想政治教育队伍管理要注重教育者的主体地位,建立管理者与管理对象之间的平等关系,促使管理主体逐渐树立民主、法治、平等的管理理念。其次,网络思想政治教育队伍管理要坚持以人为本,建立学习型教育队伍,提倡柔性管理原则,积极为教育者提供优质的管理服务。

2. 网络思想政治教育管理的分众化

随着大数据、云计算和物联网技术的发展,网络思想政治教育队伍的分众化管理势在必行。通过收集教育者的生活习惯、社交行为、学习动态、思想变化等数据,可以分析出与之相匹配的管理方案,设计出个性化的网络思想政治教育队伍管理模式。同时,随着社会分工的精细化,各领域的专业性加强,针对不同层级、不同部门和不同背景教育队伍的特点,需要提高网络思想政治教育队伍的分层、分级管理能力。因此,随着网络社会的发展、科学技术的进步和教育对象个性化需求的提高,网络思想政治教育队伍管理的分众化、个性化是显著的发展特征,这也有利于提高网络思想政治教育队伍管理的针对性和持续性。

3. 网络思想政治教育队伍管理的理性规约

网络思想政治教育队伍管理的理性规约是重要的发展特征。首先,网络思想政治教育队伍管理要运用理性分析思维,防止生搬硬套管理制度,不断激发网络思想政治教育队伍的自我管理意识,满足教育队伍的自我价值实现需求,促使教育者严格规范自己的职业行为,提高自身的职业道德。其次,网络思想政治教育队伍管理离不开专业的技术支撑,互联网技术、计算机科学和人工智能的发展,使网络思想政治教育队伍管理能够实现定性管理与定量管理的结合,通过可视化的数据结果科学研判网络思想政治教育队伍的行为,

提高教育队伍管理的理性程度。最后,要健全网络思想政治教育队伍管理的规范意识,把握部门管理标准的约束性和特殊性,协调好普遍与特殊、共性与个性的关系,提高教育队伍管理的科学性。

4. 网络思想政治教育队伍管理的常态化

随着网络思想政治教育价值的不断凸显,各领域对网络思想政治教育的重视程度逐步提高,网络思想政治教育队伍管理会随着时代的发展不断完善、强化,网络思想政治教育队伍管理的常态化也是重要的发展特征。首先,国家治理体系和治理能力的现代化对网络思想政治教育队伍提出了更高的要求,不仅要保证网络思想政治教育队伍具有较高的政治素养,而且也要使网络思想政治教育队伍形成良好的职业道德。其次,随着人才竞争优势重要性的凸显,要想掌握网络社会的主动权,就要培育能够攻坚克难的网络社会治理人才。网络思想政治教育是维护国家网络安全的重要途径。通过政治、经济、社会等方面的综合考量,网络思想政治教育队伍管理的专业化、标准化、规范化要求不断提升,网络思想政治教育队伍管理的常态化成为重要的发展特征。

(二) 网络思想政治教育队伍管理的动态趋势

唯物辩证法认为,一切事物都处在不断地运动、变化和发展之中,变化发展是事物具有的普遍、客观的特征。网络思想政治教育队伍管理作为网络时代人类的社会活动,同样处于不断地变化、发展之中,网络思想政治教育队伍管理的首要特征就是动态性,政治环境、经济发展水平、文化进步情况及互联网等方面发生的变化都会促使网络思想政治教育队伍管理发生重大改变。因此,必须从网络思想政治教育队伍管理的动态趋势中把握队伍管理的发展规律,进而有针对性地改进网络思想政治教育队伍管理活动。

1. 顺应网络思想政治教育者的发展规律

马克思主义认为,人的发展要经历"人的依赖关系占统治地位的阶段""以物的依赖关系为基础的人的独立性的阶段""人的自由和全面发展的阶段",当前人们正处于从第二个阶段向第三个阶段的跨越时期,最终将要实现人的自由而全面的发展。因此,网络思想政治教育队伍管理应树立以人为本的管理理念,坚持柔性管理的原则,关注教育者的发展需求,积极搭建网络思想政治教育队伍专业培训、提档升级、内涵发展的交流平台,使教育者主动参与网络思想政治教育管理活动。同时,要注意网络思想政治教育队伍的自我实现需要,充分尊重教育者的主观能动性,为教育队伍提供自我展示的机会,挖掘网络思想政治教育队伍的创造能力,助力其实现人生价值。

2. 提高网络思想政治教育队伍管理内容的时效性

互联网时代具有信息更迭的高速性、信息传播的广泛性、信息载体的多样性等特征,网络思想政治教育应顺应互联网的发展,所以网络思想政治教育也应体现互联网时代的基本特征,管理内容要体现动态性、时效性。网络思想政治教育队伍管理是网络思想政治教育的重要内容,网络思想政治教育队伍的质量决定了网络思想政治教育目标的实现程度。网络思想政治教育队伍管理要密切关注内容的时效性,移动通信技术使教育者之间的联系越来越密切,拓展了教育队伍的视野,一定程度上缩小了教育队伍之间的信息鸿沟,信息传播、信息储存、信息检索突破了时间、地域的限制,对时效性提出了更高的要求。网络思想政治教育队伍管理要体现权威性、说服力,增加感染力和渗透性,必须提高管理内容的时效性,用及时、高效的管理内容增强教育队伍管理的规范性和科学性,进而提高教育队伍对管理的认同与接受效果。

3. 运用新技术开展网络思想政治教育队伍管理

科学技术是网络思想政治教育队伍管理的内生动力,掌握先进的技术有助于保证教育队伍管理的领先。信息技术是不断发展的,所以在网络思想政治教育队伍管理中引入新技术是推动其动态发展的必然要求。在网络思想政治教育队伍管理中引入先进技术不是将二者简单相加,而是要促使先进技术与网络思想政治教育队伍管理相融合,利用先进技术丰富队伍管理的内容呈现、传播形式,增强内容的吸引力。同时也要利用先进技术主动输出管理内容,促使教育队伍行为的自觉转化。利用先进技术可以提高与教育队伍的交流频率,及时掌握教育队伍思想情感的变化情况,提高教育队伍的分析研判和危机解决能力。此外,开展网络思想政治教育队伍管理应该注重利用新技术加强信息管理,将教育者的基本信息、工作信息、成长信息、人际交往信息等纳入专门的教育队伍管理资料库,从而提高教育队伍管理的信息再利用、信息共享价值。

4. 运用新兴手段进行网络思想政治教育队伍管理

新兴手段是网络思想政治教育队伍管理的新方式,也是网络思想政治教育队伍管理内容的新呈现形式,更是网络思想政治教育队伍管理的现代化途径。智能化是网络思想政治教育队伍管理的动态趋势,人工智能逐渐被运用于教育、商业、交通等领域,将智能设备投入队伍管理的监督、计算、预警等活动之中,有助于节约管理的成本。此外,还可以开发专门的网络思想政治教育队伍管理软件,寓管于软,将网络思想政治教育队伍管理的题中之义和基本要求呈现在管理软件平台上,设置教育人员的签到、发言、学习、咨询栏目,促进教育队伍与管理层的交流互动。同时建立网络思想政治教育队伍管理的反馈评价平台,将社会、教育者、管理层多方对网络思想政治教育队伍管理的效果、评价、反馈意见等集中到一起进行动态分析,进而完善教育队伍管理的机制。总之,网络思想政治教育队伍管理活动需要运用新兴手段,从而顺应时代发展趋势,并不断更新管理手段、方法和途径。

第四节 网络思想政治教育管理的创新发展

在当前日新月异的信息时代,网络环境的形成为高校思想政治教育带来了巨大的冲击,只有以创新的姿态面对网络时代的高校思想政治教育工作,我国的高等教育才能为国家培养出数以千万计的高素质的、具有创新精神、人文精神和科学精神的建设人才。近年来许多高校的思想政治教育工作及教学方面的不断创新,正在使我国高等教育的质量走上一个新的台阶,基于管理创新与发展的要求,网络思想政治教育管理观念和领域也随之发生了改变和拓展。

一、网络思想政治教育管理观念的新发展

管理是人类的基本活动,是人们不断探索世界、创造价值的过程,人们在崇尚管理、接受管理、创新管理中发现新世界。管理学经历了古典管理、现代管理和当代管理三个发展阶段,网络思想政治教育管理也应运而生。网络思想政治教育管理虽然是新事物,但是也在不断变化发展,随着网络思想政治教育管理对象、管理环境、管理手段的变化,网络思想政治教育管理观念也发生了变化,管理观念逐渐向法治管理、柔性化管理、精细化管理、动态管理、服务管理和智慧管理发展。

(一)人治管理向法治管理观念的发展

传统的网络思想政治教育管理观念以人治为主,依靠个别领导者的权威实行管理活动,网络思想政治教育管理权力呈单向、自上而下、等级式的特点,这种线性的权力关系不利于各层级之间的交流、沟通,容易滋生腐败、专断等。

随着我国全面依法治国的稳步推进,全面依法治国成为党领导人民治理国家的基本方略。与此同时,网络思想政治教育不断趋于成熟,网络思想政治教育管理活动逐步规范化、科学化,所以,网络思想政治教育管理观念逐渐向法治管理发展,法治也为全社会所接受。网络思想政治教育管理践行法治,法律面前网络思想政治教育管理活动人人平等,网络思想政治教育管理活动参与者共享管理权利。在法治管理观念的指导下,网络思想政治教育管理权力关系呈网状格局,权力是双向、自下而上、横向分布的,这有助于管理者与管理对象之间的交流,有助于网络思想政治教育管理的平等、民主,共享管理成果。

(二)管理制度向柔性化管理观念的发展

传统的网络思想政治教育管理主要以管理制度为主,为了维护正常的网络思想政治教育管理工作,有关部门制定了网络思想政治教育管理的相关规定,用以指导、约束网络思想政治教育参与者的社会行为。网络思想政治教育制度化管理具有规约性和强制力,虽然这样的管理方式在一定程度上有助于网络思想政治教育管理的规范化和程序化,但是网络思想政治教育管理制度是一种外在约束力,不利于网络思想政治教育参与者树立自我管理意识,自觉转变网络行为,在一定程度上压制了人的个性发展。

随着我国不断促进社会公平,多渠道满足每个人自由、全面发展的个性化需求,网络思想政治教育管理也明显进步,网络思想政治教育管理观念向柔性化管理发展。网络思想政治教育管理不再单一采用强制性的约束,而是尊重人的独立和个性,尊重每个人的主体地位,隐性地把组织、集体意志转变为个人的自觉行动。网络思想政治教育管理不再以

管理制度为主,而是结合网络思想政治教育参与者的心理发展过程,依赖正面激励机制,通过言传身教、正面影响、感染渗透等方式激发参与者的主动性和创造力。柔性管理使网络思想政治教育管理具有弹性和自适性,并且使管理主体与客体之间形成权利共享、和谐共生的关系。

(三)粗放管理向精细化管理观念的发展

粗放管理是网络思想政治教育管理的最初形态,由于各种条件的限制,管理者不能科学计算管理成本,管理活动不是基于长远规划而实施。粗放管理未能将网络思想政治教育管理的近期目标与长远目标相结合,政策也具有不稳定性,管理的抗风险能力较弱,最终导致网络思想政治教育管理的效率、质量水平均不高。

网络思想政治教育的粗放型管理已不能适应我国经济社会发展的要求,加之人们对网络思想政治教育管理质量要求的提高,网络思想政治教育的精细化管理观念应运而生。由于网络社会的环境复杂、竞争激烈、安全风险增多,网络思想政治教育管理者需要全面提高自身的管理能力,而且在制定管理决策之前,管理者应通过多种手段权衡决策后果,平衡决策利弊,结合长远目标与近期目标不断细化管理流程,透过网络思想政治教育管理的表层现象开展深入研究,通过探究网络思想政治教育管理对象的发展规律和现实需求进行决策,在分析管理对象特点的基础上制定个性化管理方案,从而提高网络思想政治教育管理的效率、质量,为管理对象提供更优质的服务。

(四)静态管理向动态管理观念的发展

网络思想政治教育的静态管理也指网络思想政治教育的常规管理,即网络思想政治教育管理者根据教育规律、网络社会发展规律制定稳定的工作流程和制度规则。网络思想政治教育静态管理是制度化、规范化管理的体现,这样的管理观念使网络思想政治教育管理有章可循,有助于网络思想政治教育参与者形成较好的网络习惯,促使网络思想政治教育各项活动有序推进。网络思想政治教育的静态管理也体现为网络思想政治教育管理的文化养成和环境熏陶,促使管理对象在潜移默化中改变自己的行为。在一定时期内,网络思想政治教育管理的计划、实践、目标等都比较稳定,而且管理人员的结构及其岗位职责也呈现静态发展的特点。但是,在静态管理观念的指导下,网络思想政治教育管理的适变性、创新性发展不明显,不利于网络思想政治教育的风险控制和危机管理。

与静态管理相对应的是网络思想政治教育的动态管理,动态管理不仅是一种管理观念,更是一种管理思维。网络思想政治教育静态管理是相对的,动态发展是网络思想政治教育管理的绝对过程。网络思想政治教育管理要突破静态的管理格局,根据变化的形式和管理对象的身心变化规律,建立动静结合的管理制度、程序和目标,及时修正滞后的、过时的管理准则。网络思想政治教育动态管理观念强调变革、创新,面对不同的管理环境和管理对象,网络思想政治教育要变革管理内容、管理观念和管理手段,依托最新发展成果,顺势而为、顺势而上,推动网络思想政治教育管理活动的创造性转化和创新性发展。总之,动态管理观念是网络思想政治教育管理不可逆的发展趋势。

(五) 收益管理向服务管理观念的发展

创造最大收益是网络思想政治教育管理的重要目标,收益管理观念持续指引着网络思想政治教育管理实践。收益管理是通过分析网络思想政治教育管理对象的多样化需求,为其提供多种网络思想政治教育管理服务,进而优化网络思想政治教育管理资源,在成本不变或缩减的情况下创造更大的网络思想政治教育管理收益。虽然网络思想政治教育收益管理有助于节约管理资源、降低管理成本,但是也会出现盲目关注管理收益,忽视网络思想政治教育管理活动中的人性化因素,不利于网络思想政治教育管理的持久性和价值目标的实现。

我国的国家性质决定了我国经济、政治、文化等一切活动都要为人民服务,满足人民日益增长的美好生活需要和对美好生活的向往,网络思想政治教育管理活动也是如此。网络思想政治教育是维护国家政治稳定、保障网络意识形态安全、营造健康的网络舆论氛围的实践活动,网络思想政治教育管理要提供优质的服务,为人民提供稳定、和谐、健康、安全的网络生态,让网络成为人民发展的积极推力,让人民轻松愉悦地享受网络生活,深刻感受到网络思想政治教育管理给人们生活、工作、学习带来的积极影响。网络思想政治教育管理要顺应人的发展规律、满足人民的网络发展需求,不断促进服务管理观念的发展。

(六) 知识管理向智慧管理观念的发展

知识是人类对物质世界和精神世界探索的结果,知识是人类文明的外在表现,知识生产的停滞也会导致人类发展止步不前。掌握知识是人们进行网络思想政治教育管理的前提,网络思想政治教育知识管理观念是传统网络思想政治教育的重要管理理念。人们认识到掌握知识是在激烈社会竞争中掌握主动权的关键,因此,在网络思想政治教育管理活动中,管理者注重知识挖掘、知识积累、知识重组、知识储存和知识创新,对网络思想政治教育管理知识的获得、运用进行管理,让拥有的知识变为管理优势,使其发挥更大价值。但是知识不全是科学,难免会造成管理失误。

相较于知识管理观念,网络思想政治教育的智慧管理观念可谓是更高层级的管理观念,是新的发展趋势。网络思想政治教育智慧管理观念比知识管理更复杂、抽象,因为智慧管理是对知识、方法、技能、思想、规范、评价等多个子因素的综合管理,智慧管理将各个子因素合理布局,运用最简便、高效、节约的方式实现网络思想政治教育管理,这不仅仅是知识重组和更新,更体现为价值判断、资源优化配置、协同攻关、智能控制、高效领导、情感连接、潜能激发等。通过智慧分析、智慧决策、智慧实施、智慧评价等流程,网络思想政治教育智慧管理能够提高管理的正确性、灵活性、可辨性、可操作性,解决知识管理不能解决的难题,使网络思想政治教育管理更科学、合理,从而激发网络思想政治教育管理的更大价值。

二、网络思想政治教育管理领域的新拓展

网络思想政治教育管理是计算机技术与思想政治教育学、管理学的融合,但是网络思想政治教育管理作为思想政治教育的重要内容,实现其创新发展不能仅限于融合以上几门学科。随着各类研究对学科交叉的要求不断提高,网络思想政治教育管理向高等教育、积极心理学、人力资源管理、新媒体、大数据、人工智能等领域的拓展是其发展的要求和必然趋势。

(一)网络思想政治教育管理在高等教育领域的拓展

在社会主义现代化建设中,教育具有基础性、先导性、全局性的地位和作用。高等教育是我国教育的重要组成部分,高等教育承担着人才培养、科学研究、文化传承、社会服务等职能。其中,高等教育是我国教育发展的重要引擎,人才培养和科学研究是高等教育的主要职能。政府、学校、社会、个人要共同促进高等教育的发展,网络思想政治教育管理要向高等教育领域拓展。首先,要提高高等教育各部门对网络思想政治教育管理重要性的认识,将网络思想政治教育管理的基本要求与高等教育的任务、目标相结合。其次,要将网络思想政治教育管理引入高等教育内容,学校应开设网络思想政治教育管理的相关课程,通过网络思想政治教育管理的相关课程推动高等教育与网络思想政治教育管理的融合。最后,各职能部门要加强对高层次人才的网络道德、素养、规范的考核评价,通过课程培育、文化熏陶、实践养成等途径,提高高层次人才参与网络思想政治教育管理的主动性、自觉性和持续性。

(二)网络思想政治教育管理在积极心理学领域的拓展

积极心理学是心理学发展的重要里程碑,积极心理学研究的是幸福、快乐、向善,关注人类积极、健康、幸福心理的发展。心理学是网络思想政治教育管理所依托的基础学科,网络思想政治教育管理要基于一定的心理学理论,否则难以掌握管理对象的心理发展规律。人们心中的幸福界定、幸福程度、幸福走向是积极心理学研究拓展的新空间,网络思想政治教育管理同样也要主动探索积极心理学领域,通过研究网络思想政治教育管理对象的幸福、快乐、向善等心理强化网络思想政治教育管理。网络思想政治教育管理要主动研究管理对象的积极情绪、积极人格和积极网络环境,促使管理对象提升管理的主观体验,主动激发内在潜能,高效实现自我管理、自我教育、自我革新,同时要注重营造和谐、团结、健康的网络管理环境,通过管理对象之间的交流、互助、协作,提升人们对网络思想政治教育管理的满意度和快乐情感。网络思想政治教育管理向积极心理学领域拓展是网络思想政治教育管理发展的必然要求,网络思想政治教育管理是与人打交道的活动,要向关注人、帮助人、引导人的方向迈进。

(三)网络思想政治教育管理在人力资源管理领域的拓展

人力资源管理是在经济学、人学思想的指导下,优化配置人力资源,科学地为企业、组

织、政府发展提供所需专门人才的活动。人力资源管理通过人才招聘、筛选、培训、考核等形式,调动人才积极性,挖掘专业人才的创造潜能,提高企业发展、人才成长的效益,保证组织目标与人才发展目标的实现,网络思想政治教育管理水平的提高需要借助人力资源管理,运用人力资源管理思维开展网络思想政治教育管理活动。第一,网络思想政治教育管理要科学规划所需人力资源,保证网络思想政治教育管理活动与所需人力相匹配,防止人力资源利用不足或过剩。第二,网络思想政治教育管理要招聘互联网、思想政治教育、管理学的专业人才,从而保证网络思想政治教育管理的专业化和职业化。第三,要加强对网络思想政治教育管理人才的培训和开发,激发管理人才的创造力,培育高质量的管理人才,提高网络思想政治教育管理水平。第四,要加强对网络思想政治教育管理人才绩效、薪酬、福利的管理,规范管理人才的绩效考核、薪酬发放、配套福利制度,公平对待每个人的劳动成果,保证管理人才的收入与付出相匹配。第五,要加强对网络思想政治教育管理人才劳动关系的管理,促使管理人才承担相应的责任与义务,保证网络思想政治教育管理的高效运作。

(四) 网络思想政治教育管理在新媒体领域的拓展

新媒体是相对于传统的书籍、报纸、广播等媒体发展而来的新型媒体形态,数字电视、手机视频、博客、微信、数字图书等都属于新媒体领域。与传统媒体不同的是,新媒体依托互联网、数字通信等向人们传递信息、提供服务。"推动传统媒体和新兴媒体融合发展、是占领信息传播制高点、扩大宣传思想文化阵地的必然要求。"[1]新媒体既能够为受众提供相同的信息又能提供个性化的信息,所以,网络思想政治教育管理在新媒体领域的拓展会提高网络思想政治教育管理的针对性和实效性。网络思想政治教育管理可以通过以下方式进行,首先,利用数字电视、手机应用程序等开展管理,向管理对象隐性、快捷、高效地传播网络思想政治教育管理信息。其次,设置视频、音频等形式的展示方式,增强网络思想政治教育管理的吸引力、互动性、可视性。最后,开发专门的网络思想政治教育管理APP,并对其进行规范化管理和更新,方便管理对象随时随地接收网络思想政治教育管理信息。网络思想政治教育管理要借助新媒体研究管理对象的个性特点,进而向其输送个性化的管理内容,并通过社交朋友圈的关联分析,有针对性地设计符合特定社群特色的管理信息。总之,网络思想政治教育管理要运用新媒体提高管理能力。

(五) 网络思想政治教育管理在大数据领域的拓展

近年来在大数据领域,学界的研究涉足大数据影响、大数据价值、大数据技术和大数据应用等各领域,虽然学界尚未达成统一共识,但是我们不能否认大数据的潜在价值。大数据不仅能使我们掌握海量的数据信息,而且能对所获信息进行专业化处理,实现数据增

---

[1] 中共中央党史和文献研究院编:《习近平关于网络强国论述摘编》,中央文献出版社2021年版,第67页。

值。大数据时代,网络思想政治教育管理的数据具有海量性、种类多、更新快、价值密度低的特征,向大数据领域的拓展是网络思想政治教育管理的理论、实践研究的新走向。首先,利用大数据可以掌握网络思想政治教育管理所需的全部数据,数据是开展管理活动的前提和基础,结构化和非结构化数据形式有助于网络思想政治教育管理的可视化。其次,大数据技术有助于提高网络思想政治教育管理的预警能力,通过分析、研判网络思想政治教育管理活动的数据,能够及时发现管理风险,设计解决方案。再次,网络思想政治教育管理利用大数据能够进行数据关联,进而提高网络思想政治教育管理的社群化能力。最后,大数据的关键作用在于提高网络思想政治教育管理的针对性,通过对管理对象的精准分析、研判,设计个性化的管理方案。加强大数据与网络思想政治教育管理的融合是网络思想政治教育管理发展的新要求,因此,网络思想政治教育管理要向大数据领域拓展。

(六)网络思想政治教育管理在人工智能领域的拓展

"发展新一代人工智能,是关系我国核心竞争力的战略问题,是必须紧紧抓住的战略制高点。当今时代,任何国家要赶上时代发展步伐,都必须牢牢抓住科技革命的机遇,否则就要落后。"[①]人工智能是当前计算机科学发展的重要分支,人工智能自诞生以来已引起政府治理、企业生产、商品销售、学校教育等各领域的高度重视,人工智能不断向人类生产、生活、思维领域延伸,已然成为社会发展的助推器。智能机器人、语言识别、计算机视觉、语言处理、自动化是人工智能的代表性领域,网络思想政治教育管理要与人工智能结合,使网络思想政治教育管理向人工智能领域拓展。首先,网络思想政治教育管理要主动探索智能机器人在管理中的运用,用网络思想政治教育管理智能机器人从事语言识别、信息回复、材料写作等工作,用智能机器人代替部分网络思想政治教育管理者的工作,提高网络思想政治教育管理的自动化和时效性。其次,网络思想政治教育管理智能化要设计自动翻译、图片识别、自动字幕等项目,针对管理对象发出的语言、图片信号,自动分析并统计结果,促使网络思想政治教育管理有针对性地输送管理内容。最后,网络思想政治教育管理要加强人工智能专业人才的培育和挖掘,打造一批高层次的网络思想政治教育智能管理的专业人才,因为专业人才是网络思想政治教育管理智能化的坚实保障。

---

① 中共中央党史和文献研究院编:《习近平关于网络强国论述摘编》,中央文献出版社 2021 年版,第 119 页。

后 记

本书作为思想政治教育本科专业教材之一,是在全国高校思想政治教育研究会学术委员会、思想政治教育本科专业教材编写委员会的指导下,特别是在郑永廷教授的悉心指导下,在吴潜涛教授、骆郁廷教授等的支持和帮助下编写的,他们提出的指导性修改意见使编写组深受教益,也使本书在框架设计上更为合理,在内容上更具有针对性。

本书是编写组全体成员分工合作、共同努力的成果。按照内容的先后顺序,各章作者如下:

绪　论　网络与网络思想政治教育的兴起与发展(张瑜)

第一章　网络思想政治教育的要素与结构(李辉)

第二章　网内思想政治教育与网外思想政治教育(曾庆桃)

第三章　网络思想政治教育的信息与安全(吴满意)

第四章　网络思想政治教育的舆论引导(王嘉)

第五章　网络思想政治教育的道德与法治建设(谢玉进)

第六章　网络思想政治教育方法的创新发展(曾令辉)

第七章　网络思想政治教育的平台建设(陈华栋)

第八章　网络思想政治教育的管理(刘强)

艾四林负责全书设计和统稿,张瑜负责组织联络和统稿工作,南婷参与资料收集与整理。

感谢高等教育出版社的领导以及王溪桥、王钦等各位编辑的大力支持。

在当前互联网快速发展与广泛应用的时代背景下,相关理论研究尚不够及时和充分,书中难免有不足之处,敬请广大读者批评指正。

艾四林

2022 年 11 月于清华大学

郑重声明

高等教育出版社依法对本书享有专有出版权。任何未经许可的复制、销售行为均违反《中华人民共和国著作权法》，其行为人将承担相应的民事责任和行政责任；构成犯罪的，将被依法追究刑事责任。为了维护市场秩序，保护读者的合法权益，避免读者误用盗版书造成不良后果，我社将配合行政执法部门和司法机关对违法犯罪的单位和个人进行严厉打击。社会各界人士如发现上述侵权行为，希望及时举报，我社将奖励举报有功人员。

反盗版举报电话　（010）58581999　58582371
反盗版举报邮箱　dd@hep.com.cn
通信地址　　　　北京市西城区德外大街4号
　　　　　　　　高等教育出版社知识产权与法律事务部
邮政编码　　　　100120

防伪查询说明

用户购书后刮开封底防伪涂层，使用手机微信等软件扫描二维码，会跳转至防伪查询网页，获得所购图书详细信息。

防伪客服电话　（010）58582300